集美大学学科建设经费、集美大学出版基金资助

杨岭 刘慧 ◎ 著

高职院校技能型
创新人才培养研究

Research on the Cultivation of High-skilled and
Innovative Talents in Higher Vocational Colleges

厦门大学出版社 国家一级出版社
XIAMEN UNIVERSITY PRESS 全国百佳图书出版单位

图书在版编目(CIP)数据

高职院校技能型创新人才培养研究/杨岭,刘慧著.—厦门:厦门大学出版社,
2020.11

ISBN 978-7-5615-8000-4

Ⅰ.①高⋯ Ⅱ.①杨⋯ ②刘⋯ Ⅲ.①高等职业教育—人才培养—研究—中
国 Ⅳ.①G718.5

中国版本图书馆 CIP 数据核字(2020)第 235915 号

出 版 人	郑文礼
责任编辑	吴兴友
封面设计	赵 龙
美术编辑	李嘉彬
技术编辑	朱 楷

出版发行 厦门大学出版社

社　　址	厦门市软件园二期望海路 39 号
邮政编码	361008
总　　机	0592-2181111　0592-2181406(传真)
营销中心	0592-2184458　0592-2181365
网　　址	http://www.xmupress.com
邮　　箱	xmup@xmupress.com
印　　刷	厦门集大印刷厂

开本	720 mm×1 000 mm　1/16
印张	18.75
插页	3
字数	310 千字
版次	2020 年 11 月第 1 版
印次	2020 年 11 月第 1 次印刷
定价	68.00 元

本书如有印装质量问题请直接寄承印厂调换

厦门大学出版社
微信二维码

厦门大学出版社
微博二维码

前　言

习近平总书记在党的十九大报告中指出:建设知识型、技能型、创新型劳动者大军。努力形成人人渴望成才、人人努力成才、人人皆可成才、人人尽展其才的良好局面,让各类人才的创造活力竞相迸发、聪明才智充分涌流。[①] 高职院校承担着技能型人才培养的重任,应该着力培养学生的创新精神和创新能力,提高综合素质,使之成为新时期高素质创新型的技能人才。高职院校技能型创新人才的培养要结合自身特点,着力进行人才培养模式改革。本书重点探讨这几个问题:什么是技能型创新人才,这类人才应该具备哪些素质,而目前我们的高职人才培养的现状是怎样的、存在哪些问题,国外高职教育技能型创新人才培养有哪些值得借鉴的成功经验,如何构建高职院校技能型创新人才培养模式。

首先,本书从概念界定出发,阐述高职院校技能型创新人才的内涵及特征。提出高职技能型创新人才的知识结构要凸显知识的应用性和复合性,能力结构要具备较强的专业技能、综合技能、专业创新能力,同时要有创新活动与创新成果,且这类人才主要从事的是具体的社会生产实践活动。归结起来,技能型创新人才必备的素质有:一是知识素质,掌握"够用"的知识。二是能力素质,具有较强的创新实践

[①] 马媛,黄瑾.促进人才融合发展建设知识型、技能型、创新型劳动者大军[N].中国组织人事报,2018-12-21.

能力。三是心理素质,具备创新性心理。其中创新思维是核心系统,创新人格是动力系统。四是具有创新成果。这类人才具有高素质、强技能、善创新三大特征。

其次,通过搜集整理高职院校办学的大量资料,以及访谈、问卷获取一手资料,总结高职技能型人才培养的现状,分析人才培养的目标定位、课程设置、教学模式、环境支持等方面的问题。此外,本书对德国、美国等发达国家的高职技能型创新人才培养进行了比较和分析,既分析了它们在高职人才培养上的差异和特色,又总结了这些国家高职人才培养的共同经验,为我国高职技能型创新人才培养提供借鉴。在此基础之上,本书对高职院校技能型创新人才培养模式构建提出了相应的策略:第一,转变高职人才培养理念。创新教育从共性层面向分层分类转变,教育价值从制器向育人转变,教育质量从就业导向向生涯发展转变,教学上从知识技术的模仿、被动接受向继承、批判与创新转变,教育主体从师道尊严向以生为本转变,人才成长从"拔苗助长"向自然生长转变。第二,改革高职人才培养内容。课程开发主体上,凸显多方参与;课程结构上,构建高职新的课程体系;课程内容上,更加突出个性和特色。第三,改进高职人才培养方式。"职业技能教育""素质教育""创新教育"三块基石奠定教育教学理念;建立新的教育教学制度;改革课堂教学方法;构建创新能力评价体系。第四,创新高职考试与评价改革。推进招生考试制度改革,实现中高职教育有机衔接与分阶段协同育人;促进"技能高考"改革,选拔具有创新潜能和潜质的学生;深化高职院校自主招生考试改革,帮助创新潜质人才破壳而出;变革高职人才培养过程中的评价机制,顺应技能型创新人才成长规律。第五,营造有利于学生个性发展的环境。政府、社会、院校共同努力,为技能型创新人才成长营造良好氛围,院校层面要注重在硬件环境建设上,加强企业创新基地和学校创新平台的建设;软件环境建设上,打造创新型教师队伍,营造校园创新文化。

　　最后,本书以案例研究为切入点,展示了宁波职业技术学院创新创业教育的开展现状,并进一步总结了宁波职业技术学院创新创业教育特色,分别是"三跨三化"及"新增长力1＋3＋5"发展理念、院校现代化治理、文理管工专业交融、立体化课程、"双师型"师资队伍建设和创新创业校园文化等特色。通过对宁波职业技术学院创新教育实施状况研究,提炼宁波职业技术学院创新教育特色,进一步分析高职创新教育特色的形成机制,探索高职创新教育特色形成的深层次原因及其主要影响因素,为高职院校创新教育的有效开展提供科学的理论基础。这既是对高职创新教育实践状况的反思,也是通过经验总结的方式,为我国高职院校创新教育实践提供有益借鉴的一种探索。

　　本书由杨岭提出总体目标、研究思路和具体方案,进行统一的构思与设计,拟定写作大纲,并撰写了主要章节,以及对全书进行了统稿。全书以学位论文及课题等前期研究成果为基础,除绪论外共分五个章节,执笔情况如下:绪论、第一章、第二章、第三章、第四章主要由杨岭执笔,共27万字左右;第五章主要由刘慧执笔,共4万字左右。

　　由于时间仓促,加之作者水平有限,书中难免有疏漏与不足之处,敬请各位同行和读者批评指正!

作者

2019 年 9 月 30 日

CONTENTS

目 录

绪 论

第一节 研究背景

近年来,我国的高等职业教育(以下简称高职教育)得到了快速发展,已经成为高等教育的中流砥柱,占据了半壁江山。高职教育作为我国高等教育体系中的重要组成部分,在社会主义现代化建设中具有举足轻重的地位。高职教育主要培养基层第一线的生产、建设、管理、服务所需要的高级技能型专门人才。而我国目前在生产一线的劳动者素质偏低和创新型技能人才紧缺问题十分突出。对于为社会培养和输送高素质专业技能型人才的高职院校来说,培养出有创新能力、综合素质较高的人才成为其生存之本。高职院校作为高等教育系统的一个有机组成部分,应致力于为国家培养有创新精神和创新能力的高素质技能型人才。因此,如何提高高职院校学生的综合素质和创新能力,培养出大批高素质创新型技能人才,是目前高职教育发展中的重要课题。

创新教育是当下我国重要的教育主题之一。2014 年夏季"达沃斯论坛"上,李克强总理发出"大众创业、万众创新"的号召,掀起全社会创新创业热潮。为响应国家政策要求,各大高校纷纷推动创新创业教育改革,开设创新创业课程,培养大众创业、万众创新生力军。《国家中长期教育改革和发展规划纲要(2010—2020年)》中强调,要通过人才培养体制改革探索贯穿各级各类教育的创新人才培养途径,创造有利于拔尖创新人才脱颖而出的环境。人才培养是大学的一个基本职能,高职院校应成为技能型高素质创新人才培养的摇篮和基地。这不仅仅是新时代的呼吁,更是提升我国综合国力和国际竞争力、建设人力资源强国的迫切需要,也是高职教育持续发展的不竭动力。

高职技能型创新人才培养在我国职业教育体系中占有重要地位。高职院校作为我国教育系统的重要组成部分,发挥人才培养的重要功能,是我国开展创新创业教育的一支重要力量。在新的时代需求下,高职院校在创新人才培养、塑造大学生创新能力方面发挥着不可忽视的作用。至2020年,我国大部分高职院校开设了创新课程,很大一部分高职院校设立了创新创业独立学院,高职院校创新创业率呈现增长趋势。可以说,高职创新教育开展情况影响着我国创新教育的整体水平,关乎我国创新人才培养的质量。研究高职创新教育开展情况,探索高职创新教育特色,不仅是基于高职院校创新教育质量保障的需要,更是基于我国创新教育体系质量保障的需要。因此,探索高职创新教育是十分必要的。同时,高职创新教育经验有待总结和推广。《国务院办公厅关于深化高等学校创新创业教育改革的实施意见》提出全面深化高校创新创业教育改革,形成科学先进、广泛认同、具有中国特色的创新创业教育理念,形成一批可复制、可推广的制度成果,普及创新创业教育,实现新一轮大学生创业引领计划预期目标。[①] 总结创新教育改革经验成为当下一项重要任务。高职创新教育作为我国创新教育系统中的重要组成部分,其相关经验不可忽视。

---

① 国务院办公厅关于深化高等学校创新创业教育改革的实施意见[EB/OL].http://www.gov.cn/zhengce/content/2015-05/13/content_9740.htm,2015-05-13.

第二节　研究意义

本书对于高职院校教育教学改革和创新人才培养具有理论和实践方法的指导意义。

一、理论意义

目前,国内外的研究者对创新人才培养以及人才培养模式等问题进行了研究,并取得很多的成果,但是对于高职技能型创新人才培养模式的研究远远不够,需要我们进一步的研究与探讨,这也是本书的创新之处。一方面,本书有助于高职创新人才研究的发展,有助于促进我国对高职技能型创新人才培养的关注和研究,进一步深化技能型创新人才培养与高职教育教学改革的研究,丰富了高职创新人才培养的理论,为高职技能型创新人才的培养提供方法指引。另一方面,本书有利于拓宽创新人才培养的研究视野,在某种程度上帮助、引导更多研究者关注高职学生创新精神和创新能力的培养,加深对高职创新人才培养的研究,加强对各级各类教育创新人才培养的探讨,进一步丰富和完善创新型人才培养的理论体系。

此外,目前高职创新教育相对来说还是一个新事物,国内较为缺乏高职院校开展创新教育的成功案例,高职创新教育的开展缺少行之有效的经验。我们有必要寻找高职创新教育典型案例,深入挖掘,总结有益经验,并进行推广。宁波职业技术学院(以下简称"宁职院")在我国高职教育系统中占有重要地位,它是国家首批示范性高等职业院校之一,是教育部首批现代学徒制试点院校之一,在我国率先开展了创新教育,具有典型性。本书将宁职院作为典型案例,探索宁职院创新教育特色,挖掘高职创新教育特色形成机制,分析宁职院特色的推广价值,为高职创新教育提供建议,有助于为高职院校创新教育的开展提供经验性的策略,丰富高职创新教育理论研究,具有一定的学术价值。

二、实践意义

《国家中长期教育改革和发展规划纲要(2010—2020 年)》指出,探索贯穿各级各类教育的创新人才培养途径。虽然目前国内不少高职院校已开始尝试开展创新教育,各种创新实验班、创新计划竞相涌现。但无论从理论层面来看还是从实践层面来看,高职创新人才的培养仍处于"摸着石头过河"的探索阶段,这些学校所开展的创新教育单兵作战,大多是根据领导者的个人经验或者模仿普通高等教育创新人才培养的一些做法,缺乏理论的指导。因此,高职技能型创新人才培养模式的研究有利于指导高职的创新教育实践,有利于启发高职院校探索创新人才培养的思路,培养高职技能型创新人才。

此外,高职院校开展创新教育需要实践方面的指导,而我国缺乏创新教育实践的成熟经验。因此,及时发现并总结典型高职院校创新教育的成功经验,有利于我国高职创新教育实践的顺利开展。在实践中发现成功案例,从实践中提炼成功经验,从实践中总结基本特色,最终服务于高职创新教育实践,是本书的出发点和落脚点。本书通过对宁职院创新教育开展情况进行实践调查,提炼宁职院创新教育的理念特色、治理特色、专业发展特色、课程与教学特色、"双师型"教师建设特色及创新文化特色等,使得对高职创新教育的研究具有实证性的科学依据，也使得对创新教育经验的推广有了主要抓手。这既是对高职创新教育实践的反思，也是通过经验总结的方式树立实践典型，为我国创新教育实践深入开展提供有益借鉴。

第三节　研究述评

学术研究是渐进式地向前发展的漫长过程，既是探求真理的过程，又是继承与创新的艰辛过程，研究问题的提出和研究思路的拓展均离不开前人的研究基础。

一、相关概念界定

（一）创新

创新（innovation）一词是美籍奥地利经济学家熊彼特（J. A. Schumpeter，1883—1950）在 1912 年首先提出来的，他在德文版《经济发展理论》一书中首次使用了该词，将创新界定为"新的生产函数的建立"，即企业家对生产要素之新的组合，把一种从来没过的生产要素和生产条件的新组合引入生产体系。[①] 在《现代汉语词典》中，"创新"的意思是抛开旧的，创造新的。根据《辞源》的解释，"创新"有栽伤、疮、始、造、惩等含义，其主要含义是破坏，同时又有开始和创立的意思。《新华词典》中"创新"则解释为"创造革新"。《现代汉语词典》的解释是"想出新方法，建立新理论，做出新成绩或新东西"。陈劲等人

---

① 熊彼特.熊彼特:经济发展理论[M].邹建平,译.北京:中国画报出版社,2012:12.

提出,创新活动向人类命运总体意义的回归,是习近平"构建人类命运共同体"理念在经济社会领域引领重大理论与实践转向的具体体现。[①]刘文勇提出颠覆式创新不同于过程创新和持续性创新,其特征表现是针对主流市场,以技术和服务为引领,提供给消费者高价值体验且相对低成本的产品或服务,是对原有产品或服务的全面替代过程。[②] 本书认为,谈创新,需要考虑各个层次的创新,不同层面上的创新具有不同的特点与要求。我们不仅仅要关注高层的处于塔尖上的创新,更应该关注基础层次上的更广泛意义上的创新。本书认为,所谓创新,是用新的方式思考和解决问题。

(二)创新人才

我国第一个明确提出创新教育思想的是著名教育家陶行知先生,他在《第一流教育家》一文中提出要培养具有创造精神的人。目前现有各类词典并没有"创新人才"这一词条,国外文献中也没有"创新人才"一词,创新人才尚未有最具权威的界定。关于"创新人才"的含义及特征,众说纷纭,莫衷一是,学者们分别从不同的角度提出自己的观点。本书根据组织机构、心理学者、教育学者这三种不同的研究主体的观点,对创新人才的内涵梳理如下:

组织机构从宏观上提出创新人才的标准以及培养的指导纲要。联合国教科文组织曾对现代人才有过精辟的阐释:"创新意识和创新能力强,已经做出创新成果和业绩的创新型人才。"此处所指的现代人才,实质是一种创新人才。

---

① 陈劲,曲冠楠,王璐瑶.有意义的创新:源起、内涵辨析与启示[J].科学学研究,2019,37(11):2054-2063.
② 刘文勇.颠覆式创新的内涵特征与实现路径解析[J].商业研究,2019,61(2):18-24.

心理学者更多是关注于创新人才的心理结构、素质结构或者创造心理的特征。美国心理学家吉尔福特《创造性才能》和《创造力与创新思维新论》两本著作的问世使创造性人才研究成为一个热门课题。[①]他通过一系列的研究把创新性人才的特点总结成以下几个方面：高度的自觉性和独立性，旺盛的求知欲，强烈的好奇心，探究动机，知识面宽广，想象力丰富，文艺天赋，非凡的意志品质。[②]林崇德、蒋伟、孙泽平等学者基于心理学视角提出创新人才应具有高度的自觉性和独立性、强烈的好奇心、丰富的想象力以及完整的创新人格等特点。[③]

教育学者对创新人才概念的探讨，视野较为宽阔，他们对创新人才的要求既包括心理结构，又包括态度、价值观层面的内容。我国杰出的教育理论家杨贤江认为，创新就是"阐其秘者，补其缺者，创所未始有者，相因相革，相辅相成，而要于发明，故发明实促进文明之母也"。钟秉林认为，创新人才是具有创新精神、创新意识、创新思维、创新能力，并且能够取得创新成果的人才。耿黎霞提出，拔尖创新人才是指在本专业领域学术能力拔尖，能起到引领与示范作用，具备创新精神和创新能力，具有宽广的国际视野和远大的学术志向，德才兼备的杰出人才。[④]任飏、陈安提出，创新型人才主要是指具有创新意识、创新精神、创新思维、创新能力并能够取得创新成果的人才，创新型人才的核心定义是创新。[⑤]陈权等人将拔尖创新人才素质归纳为人格（个性）素养、创新素养、情商素养、领导和管理素养以及科学素养五大

---

①　J.P.Guilford.Traits of Creativity[M].New York:Harper&Publisher,1959:142-161.

②　国旗.拔尖创新人才核心价值观塑造研究[D].武汉:中国地质大学,2011:11.

③　同上.

④　耿黎霞.吉林大学本科拔尖创新人才培养模式研究——以"唐敖庆理科试验班"为例[D].长春:吉林大学,2019:10.

⑤　任飏,陈安.论创新型人才及其行为特征[J].教育研究,2017(1):151-155.

方面;①创新人才是在知行领域中有所发现和发明,为社会做出了贡献的人;②独立进取的个性品质和内在动机是促进创新人才创造、创新的动力系统。③ 通过以上关于创新人才内涵及特征的梳理,可以看出研究者们主要是从创造性、创新意识、创新精神、创新能力等角度阐释创新人才或创造型人才的。综合研究者们提出的观点以及本书的思考,本书把"创新人才"理解为:具备较好的综合素质,并且能够以自己独特的方式、方法学习知识、思考问题、解决问题,产生一定的新的、有价值的想法或实践的人才。

(三)人才培养模式

根据《现代汉语词典》的解释,所谓"模式",是一种通过对事物进行定性化抽象研究而形成的某种事物的标准形式,或使人可以照着做的标准样式,它是对实践活动的简约化。

从政策文件看,教育部《关于深化教学改革,培养适应21世纪需要的高质量人才的意见》认为,人才培养模式是学校为学生构建的知识、能力、素质结构,以及实现这种结构的方式,它从根本上规定了人才特征并集中地体现了教育思想和教育观念。《教育部关于加强高职高专教育人才培养工作意见》第一次正式提出高职高专教育人才培养模式这一概念,并概括出其基本特征,同时组织实施了"新世纪高职高专教育人才培养模式和教学内容体系改革与建设项目计划"。

从学术界相关观点看,周远清对人才培养模式做过更为通俗的解释,即人才培养模式实际上就是人才的培养目标、培养规格和基本培

---

① 陈权,温亚,施国洪.拔尖创新人才内涵、特征及其测度:一个理论模型[J].科学管理研究,2015(4):106-109.

② 陶富源.大学生创新素质养成与创新人才造就[J].安徽师范大学学报(人文社会科学版),2017(4):445-450.

③ 黄小平,李毕琴.高校科技创新型人才素质结构研究[J].心理学探新,2017(5):454-458.

养方式,它决定着高等学校所培养人才的根本特征,集中体现了高等教育思想和教育观念。王永红认为人才培养模式涉及培养目标、课程、教学、管理、评价等方方面面。[①] 莫甲凤从基本能力、课程学习、教学内容、教学方法和教育评价 5 个维度对研究型大学本科人才培养模式的具体内容进行建构。[②] 余瑶对人才培养模式的把握则是从专业设置、课程设置、教学方式、人才培养规格、人才培养定位以及人才培养目标等各个方面着手。[③]

综合归纳政策文件以及研究者们关于人才培养模式的理解,提炼出共同的核心要素,本书将"人才培养模式"的内涵与要素界定为:在一定教育思想指导下,按照特定的人才培养目标和规格,以相对稳定的课程体系和教学模式,在教育环境催化下实施人才培养的过程的总和。它的内涵主要包括人才培养目标、人才培养内容、人才培养方式、外部条件支持四个基本要素之间的规律性联系。其中,人才培养目标主要涉及人才培养的定位,即要把人培养成什么样的问题;人才培养内容主要指课程设置,包括课程结构、课程内容等;人才培养方式主要指教育教学方式与人才评价制度,包括教育教学理念、教育教学制度、教学方法、学生考核评价体系;外部条件支持包括硬件环境以及软件环境。硬件环境方面,本书重点考查学校的创新平台和企业创新基地,软件环境主要考查师资队伍、文化氛围这两大要素。(如图 0-1 所示)

[①] 王永红."以学习者为中心"人才培养模式的内涵解读[J].课程・教材・教法,2017(10):84-88,83.

[②] 莫甲凤.中国研究型大学人才培养模式:概念模型与基本特征——基于全国 15 所"985 工程"高校学生的调查分析[J].中国高教研究,2016(9):69-76.

[③] 余瑶.高等教育内涵式人才培养模式创新研究[J].中国成人教育,2016(7):56-58.

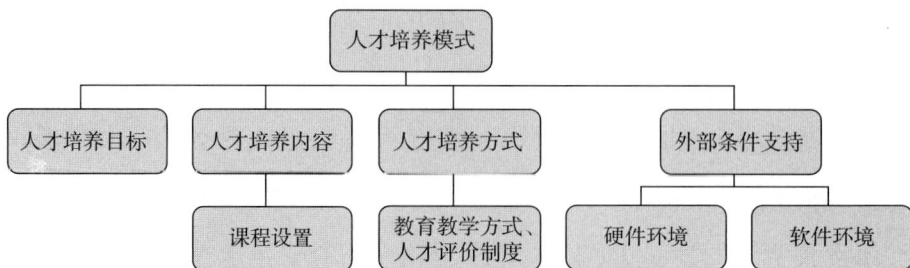

图 0-1　人才培养模式图

（四）高职院校

《1997 国际教育标准分类法》将第三级教育（高等教育）分为三个阶段（如图 0-2 所示）。第一阶段（序数 4）相当于升学预备班；第二阶段（序数 5）相当于专科、本科和硕士生教育；第三阶段（序数 6）相当于博士生阶段。第二阶段又分为 5A、5B 两类，5A 类是理论型的；5B 类是实用技术型的；5A 类又分为 $5A_1$ 与 $5A_2$，$5A_1$ 一般是为研究做准备的，$5A_2$ 一般是从事高科技要求的专业教育。

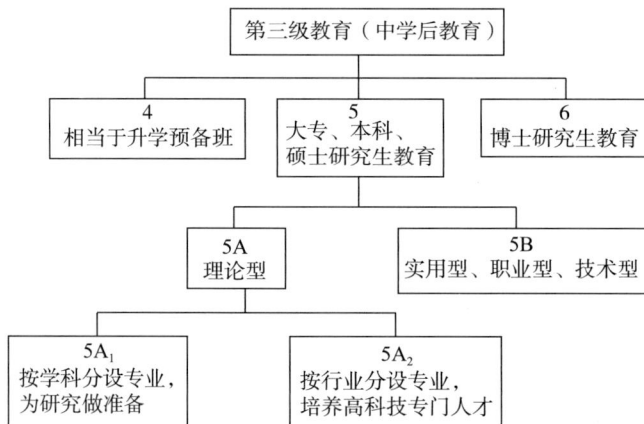

图 0-2　联合国教科文组织第三级教育分类示意图

　　党的十六大提出,全面推进素质教育,造就数以亿计的高素质劳动者、数以千万计的专门人才和一大批拔尖创新人才;因此,参照1997年《国际教育标准分类法》,结合我国高等教育的实际,高等学校可分为三种基本类型:学术型大学、应用型本科高校和职业技术高校(如图0-3)。第一种类型是学术型大学,即传统的综合性大学或所谓的"研究型"大学。第二种类型是应用型本科高校。第三种类型为高等职业技术院校,其培养层次为:专科(副学士学位或职业技术文凭)→职业技术本科(学士学位或职业技术文凭)→职业技术硕士(学位或职业技术文凭)。主要以学习各行各业职业技能为主,培养不同层次的生产、建设、管理、服务第一线的技能型人才。这一类型的院校,我国当前是以培养专科层次的人才为主的,基本学制为三年。但随着生产集约化程度的提高,将逐渐延伸为本科层次以至培养研究生,也可转入应用型本科继续学习,如中国台湾的技职学校一样,成为有别于普通高校的独立系统。① 第三种类型即是本书所指的高职院校,在联合国教科文组织第三级教育分类图中对应的是5B。

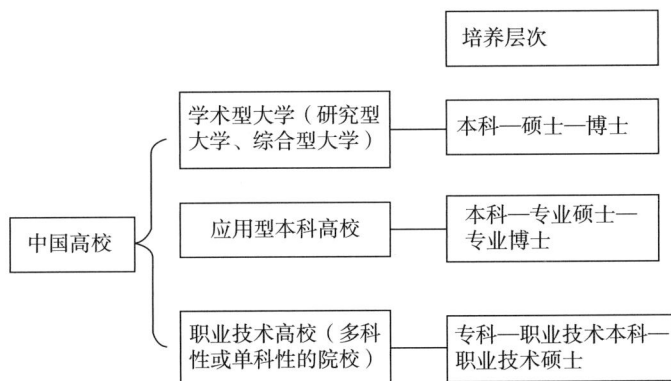

图 0-3　中国高校分类图

---

① 潘懋元.当前高等教育改革与发展的若干趋势[J].临沂大学学报,2011(1):1-5.

本书中，"高职"是开展高等职业教育的院校的简称。高等职业教育是国民教育体系中高等教育中的一种类型，是和普通高等院校不同类型的高等教育。它是在具有高中文化水平的基础上，面向职业的，为生产、建设、管理、服务第一线培养高级实用型技术人才的专门教育。高等职业教育包括下述要素：（1）受教育者的文化基础应具有高中文化水平；（2）培养面向经济建设第一线服务的实用型人才；（3）教育层次是高等教育，培养的是高级人才；（4）教育形式是专门教育，包括有学历的专业教育和非学历的专门培训；（5）高等职业教育的培养目标和教学内容具有实际的、技术的、职业的特殊专业课程。①

高等职业教育是沟通人才成长通道的重要桥梁。通过职前与职后的教育，将职业教育融入产业经济发展中。高职教育与终身教育体系相互融合。二者融合有助于现代职业教育体系和终身教育体系的构建，进一步提高教育现代化水平，增加教育和经济的有机融合。高职教育向终身教育体系的融入，发挥职后教育的职责，利用自身资源，整合社会各界提供的条件和环境，共同将职后教育、企业教育、社区教育等融合进终身教育体系之中，为劳动者继续学习和终身发展提供重要的可能性，发挥出高职教育和终身教育的功效。

高等职业教育在终身教育体系中扮演着过渡的角色，承接着制度化教育和非制度化教育两种类型，在普通教育和继续教育中发挥着沟通的作用。尤其是高等职业教育的招生范围由2007年起突破了只招收中职生的限制，高中应届生成了高等职业教育的重要生源。高职院校的学生通过专升本、自考、成人教育、远程教育等多种形式进一步提升自身的学历，将专科学历提到了本科学历，因此，高等职业教育为更高层次的院校输送了大批生源，与此同时更是推动了中等职业教育的进步，因而高等职业教育在中职教育与普通本科教育之间发挥着承上

---

① 陈英杰.中国高等职业教育发展史研究[M].郑州:中州古籍出版社,2007:3.

启下的功能。高等职业教育作为工业革命与产业变革的产物,成为中等职业教育的一种有益补充,二者共同为社会的发展发挥带动作用。进一步接受高等职业教育也是大批中职生进一步提升学历的重要出路。高等职业教育在各种形式的教育互通中发挥着"四通八达"的作用,既为社会成员提供继续教育和职业培训,给予社会成员接受专科教育的机会,又为普通本科教育提供了生源,与普通本科教育一道推动终身教育向前发展。

二、关于创新人才的研究述评

(一)国内研究综述

关于创新人才培养的相关研究,国内已有不少相关的研究。哈尔滨师范大学教育科学研究所情报研究室曾编辑出版一本名叫《怎样培养创造型人才》的内部资料。顾明远的《教育:传统与变革》,郭淑英、戴万津的《高素质创新人才研究》,孟天雄编的《创造型人才的培养》,李金松的《创造型人才的培养与学校教育》,孙玉朱等的《知识经济与创造型人才培养》,终景才的《创新教育与创新人才培养》,沈世德等的《创新与创造力开发》,赵卿敏的《创新能力的形成与培养》,叶黔达等的《创新能力开发》,魏所康的《培养模式论》,这些著作分别提出了创新人才培养的观点,较系统地阐述了创新人才的内涵以及创新人才培养的途径和方法,为以后的研究者研究创新人才奠定了理论基础,提供了理论借鉴。[①]

创新人才培养成果的丰富除了反映在一系列著作之外,还体现在相关的学术论文中。20世纪90年代,就已经有不少学者开始关注和研究创新人才。中国比较教育研究会第十届学术年会主题是"跨世纪

---

① 刘宝存.创新人才理念的国际比较[J].比较教育研究,2003(5):6-11.

创新人才培养的国际比较",并在会后出版了年会的学术论文选《跨世纪创新人才培养国际比较》,此论文选是创新人才培养众家之观点的汇编。

此后,关于创新人才的研究逐年增多,越来越多的学者在这个领域上开展创造性的研究,他们分别从不同的视角提出了创新人才培养的观点。郑朝卿认为拔尖创新人才具有稀缺性、多样性、引领性、阶段性和实践性。[①] 李桢提出聚焦知识、能力、情感态度价值观的统整目标,通过认知、社会与文化"三位一体"的整体建构,实现学生的自觉成长。[②] 李滋阳等人主张基于"教育链—创新链—产业链"深度融合的创新型人才培养模式构建,对模型的外部要素、推动者、链条单维发力路径、链条节点嵌合程度、运行动力机制和协同育人功能进行解读,最后提出放开管制干预、形成支持合力、健全容错机制等构建策略及建议。[③] 吴云勇提出注重以创新学科理念来主导学科专业课程布局、以深化教师综合素养来推进专业化师资队伍建设、用一流创新人才培养标准来构筑培养监评体系,通过多维协同理念,推进"双一流"大学创新型人才培养目标的理路构建。[④]

(二)国外研究综述

国外比较著名的创新人才培养模式主要有:Osborn(1963)的头脑风暴法,MCL Williams(1972)的认知—情感交互作用理论,Treffinger(1980)的创造性学习模型,Renzulli(1992)的创造力培养理论,Covington(1965)的创造性思维教程,Edward de Bono(1970)的侧向

---

① 郑朝卿.拔尖创新人才选拔培养新论[M].北京:清华大学出版社,2017:10-12.
② 李桢.探索"三位一体"的创新人才培养模式[J].中国高等教育,2018(21):31-32.
③ 李滋阳,李洪波,范一蓉.基于"教育链—创新链—产业链"深度融合的创新型人才培养模式构建[J].高校教育管理,2019,13(6):95-102.
④ 吴云勇."双一流"大学创新型人才培养:理论内核、特质要义与建构方略[J].内蒙古社会科学,2020(1):194-200.

思维训练,Adey、Shayer 和 Yates(1995)的思维科学课程,Torrance(1972)的创造技能训练等。国外创新人才研究成果可以帮助我们开拓研究的视野和思路,加深研究的广度和深度。

　　纵观创新人才培养的国内外研究情况,本书认为进展是主要的。创新人才培养的相关研究非常多,不管是著作还是论文,研究成果数量逐年上升,这为本书直接或间接地提供了重要的学术背景和宝贵的资料。但是,目前存在的问题有:(1)国内研究中,观点重复较多,一些结论被反复引用或简单改造,许多研究存在比较严重的重复研究现象,未突出不同类型创新人才的特点,缺乏应有的现实针对性,关于高职技能型创新人才的培养的相关研究不足。(2)创新人才的相关研究主要集中于理论型创新人才的探讨,集中于拔尖创新人才的培养。基于素质教育的高职创新人才培养关注较少。(3)国内对创新人才的理解大多局限于"创新"上,对人才的知识结构、能力结构、个性品质等素质关注不够。我国对创新人才的理解差异很大,有的受政策影响较大,有的受西方心理学的影响较大,表现出很强的实用性,缺乏支持其概念的理论基础。[①] (4)我国关于创新人才培养的研究充斥着不少的经验总结式、行政报告式的研究,科学性、客观性明显不够,论述也不够严谨,研究质量值得怀疑。

三、关于高职人才培养的文献述评

　　随着经济社会不断变革和高等教育持续发展,高职院校越来越受到重视,逐渐成为我国教育研究和发展中的热点问题,与之密切相关的高职人才培养问题更为许多教育界人士所关注。除涌现出大量著作、期刊论文之外,还出现很多相关的硕士、博士学位论文,这都为本

---

① 刘宝存.什么是创新人才? 如何培养创新人才? [N].中国教育报,2006-10-09.

书的写作提供了参考和借鉴之处。本书通过阅读大量的文献资料,对其加以细致的总结和分析。已有的研究主要涉及以下几个方面:

(一)关于高职人才培养模式的研究

关于高职人才培养模式的研究,我国学者提出了不少高职人才培养模式,"订单式"模式、"2+1"模式、"学工交替"模式、"全方位合作"模式、"实训—科研—就业"模式、"双定生"模式、"工学结合,校企双向介入"模式、"结合地方经济全面合作"模式、"以企业为主"合作办学模式等。下面举例几种典型模式。(1)"订单式"模式。王喜苗从协同开发人才培养标准、协同推进专兼职师资培养体系、建立校企资源共享机制和构建全程融入式协同评价体系等方面,提出了进一步推进订单培养模式改革的对策。① 翁连海等人提出"职前—职后全程订单式"人才培养模式构建。② (2)"准员工2+1"模式。职业教育普遍采用的"准员工2+1"模式被证明是一种有效的专业人才培养模式,这一模式推动我国职业教育人才培养能力。③ (3)"学工结合"模式。教育部前部长周济在职业教育工学结合座谈会讲话中强调大力推行工学结合、半工半读的人才培养模式。刘惠芹、王晓提出"德技并修""工学结合"育人机制构建,其中,工学结合强调"做中学、学中做",其本质是"学习的过程是工作,通过工作实现学习"④。(4)"全方位合作"模式。刘永亮提出高职院校"六融合五贯通"文化育人模式。⑤ 季瑶娴提出,在产教融合背景下,实施专业链、人才链与产教链"三链合一"人才培养模

---

① 王喜苗.高职轨道交通类专业订单培养的策略研究——以广州铁路职业技术学院为例[J].中国职业技术教育,2018(20):92-96.

② 翁连海,遆家富,徐亚杰."职前—职后全程订单式"人才培养模式构建——以长春职业技术学院为例[J].职业技术教育,2019(8):28-32.

③ 柏晶,尹睿.职业教育新模式"准员工2+1"人才培养探讨[J].继续教育研究,2016(1):79-81.

④ 刘惠芹,王晓红.德技并修、工学结合育人机制构建[J].中国高等教育,2018(21):58-59.

⑤ 刘永亮,张翔,郝平.高职院校"六融合五贯通"文化育人模式研究与实践[J].中国职业技术教育,2020(7):93-96.

式,是切实提高教师专业水平和素质,提高学生的培养质量和竞争力的有效途径。[①] (5)"双定生"模式。杨丽敏的研究,以昆明冶金高等专科学校为个案,阐述了高职"双定生"人才培养模式界定、构想、实施步骤、成效、反思,分析"双定生"模式当前遇到的问题及对策,提出对"双定生"模式未来的思考。(6)"JSP"模式。刘景丽等人提炼出以岗位需求(Job)为导向、以职业素质(Skill)为核心、以工程实践(Practice)为根本的"JSP"人才培养模式。[②] (7)"专创融合"模式。杨利静同样基于"专创融合"视角讨论高职院校人才培养模式,盛小娟、李立威提出"专创、产教"双融合视角下的实践创新人才培养模式。[③] 蒋丽君在接受专访时谈及专创融合,将创新创业教育融入人才培养全过程。

研究者们提出的"订单式""2+1""学工交替"等人才培养模式,虽名称和形式上各有不同,但内涵和实质却存在相似之处,即都强调职业技能型人才培养要通过校企合作、工学结合的途径来进行。一方面,这些丰富的研究成果有助于高职人才培养模式的进一步创新与发展,也为本书高职技能型创新人才培养模式的构建提供了启示和借鉴。另一方面,这些研究所提出的高职人才培养模式大多是站在人才培养整体的角度提出来的,而对于高职不同专业的人才培养模式关注较少,应该在具体专业人才培养模式的研究上进一步加强和深化,因为人才培养模式的构建应立足于"整体性与多样性相结合",在"产学合作、工学结合"的统一模式下,探索具体专业人才培养模式。

---

① 季瑶娴.高职院校产教融合"三链合一"人才培养模式探索——以浙江商业职业技术学院为例[J].职教论坛,2020(1):133-138.

② 刘景丽,谭晓丹,杨琨.高职现代学徒制"JSP"人才培养模式探析[J].教育与职业,2019(16):53-56.

③ 盛小娟,李立威."专创、产教"双融合视角下的实践创新人才培养模式研究与实践[J].实验技术与管理,2019,36(9):206-210.

　　除了高职人才培养模式的研究和构建之外,不少研究则是从人才培养模式的子系统入手,比如高职的课程、教学模式、师资队伍等,更细致、更全面地对高职人才培养模式进行探讨。路海萍重点研究了高职教育课程文化的内涵、问题与建构,提出确立以人为本,凸显传承与创新,尊重多元文化的课程价值取向;确立以技术哲学为基础,注重情感、态度、信念教育的课程内容文化;形成以理解、合作、民主、体验等为特征的课程实施文化;增强文化意识,形成文化自觉的课程理性督导等方面提出高职教育课程文化的建构思路。① 张文健针对当前高职院校教学中的现实问题,基于极限学习过程理念,设计了"问题导向""学习中心"和"以学定教"的改革方案。② 蒋祥龙提出高职人才培养要注重校园文化建设,高职校园文化建设要以先进的高职教育理念为引领,构建多元兼容的校园精神文化;以优美的职业环境建设为基础,打造彰显人文关怀的校园物质文化;以优秀的企业文化对接为导向,完善刚柔并济的校园制度文化。③ 孟庆东指出高职院校培养一大批能够同时承担学历教育和培训任务、驾驭学校与企业"两个讲台"的"适应双岗需要"的教师,是承担职业培训职责使命、推动职业院校转型发展、提高劳动人口技能素质的必然要求。④

　　这些研究分别从不同的切入点,分析高职人才培养模式现存的问题以及对策建议。既有通过比较研究的视角分析比较若干个国家的高职人才培养模式中的一个子系统,又有通过实证研究获取高职人才培养的第一手资料。这些研究成果有助于丰富高职人才培养的理论体系,使得高职人才培养模式理论日益成熟和完善。

① 路海萍.高职教育课程文化的内涵、问题与建构[J].中国职业技术教育,2019(29):29-32,70.
② 张文健.高职院校教学模式改革:基于极限学习过程的创新实践[J].中国职业技术教育,2020(8):60-66.
③ 蒋祥龙.论高职校园文化建设[J].国家教育行政学院学报,2012(4):30-33.
④ 孟庆东.新时代高职院校"适应双岗需要"教师队伍建设研究[J].职教论坛,2020(2):76-80.

另一些研究者则关注国外高职人才培养模式,研究国外先进的人才培养模式,比如美国的"合作教育"、德国的"双元制"、英国的"三明治"和日本的"产学结合"以及苏联的"基地企业模式",并探讨其对中国高职人才培养的启示。陈桃珍从研究新加坡职业教育人才培养特色和实地考察学习出发,探讨新加坡高职人才的培养特色。① 汪玲通过对德国"双元制"职教模式演变历程及特征的阐述,分析其在欧洲化过程中经历的三个阶段及发展方向,反思我国在职业技术教育过程中就课程设计、与企业的合作交流、职教保障机制方面应汲取的经验。② 张磊对澳、英、美、德四国职业教育课程政策做了比较研究发现,追求各方利益平衡、注重行业实际需求和公平发展是各国的共同目标。③

对国外高职教育典范的研究与借鉴,可以为我国高职教育教学改革与人才培养模式的构建提供参照蓝本。但是研究者们的视野多集中于发达国家高职教育的研究,比如美国社区学院、德国"双元制"、英国、法国、澳大利亚这些国家高职教育的分析与借鉴,而对于亚洲、拉美、非洲国家相关研究还比较不足,这还需要更多研究者们进行深入挖掘和研究,使高职教育国际比较研究的视野更加开阔。

(二)关于高职创新教育的相关研究

关于高职创新教育的相关研究,学界一般将创新创业教育均包含在创新教育的范畴之中,因而本部分对高职创新教育的研究综述将拓展至对高职创新创业教育的研究梳理中。高职创新教育研究成果数量一直呈增长态势。也就是说,从学术期刊论文量的变化趋势上看,2015年以来,学界对高职创新创业教育的关注度越来越高。这与

① 陈桃珍.新加坡高职人才培养模式的启示——以数字时代出版人才培养为例[J].高教探索,2012(1):119-122.

② 汪玲.德国双元制职教模式演变历程及欧洲化进程研究[J].职教论坛,2018(12):151-156.

③ 张磊.澳、英、美、德四国职业教育课程政策的比较研究[J].国家教育行政学院学报,2018(5):80-87.

2015年国家深化高等学校创新创业教育改革的政策导向不无关系。但是,我们需要认识到的是,相比于其他研究主题,关于高职创新创业教育的研究论文数量仍然有限,学者们对于高职创新创业教育的关注度还远远不够。

此外,为了解高职创新创业教育研究的整体情况和水平,以"高职创新创业教育"为主题词进行检索,发现相关教育学领域权威刊物发表数量和质量均有待提高。这在一定程度上说明,高职创新创业教育主题还未能受到高水平学术研究人员的广泛关注。同时这也让我们反思,对于高职创新创业教育的研究,不应当仅是职业教育研究领域的责任,其他研究领域的专家同样应将更多的注意力集中到高职教育研究上来。

同时,关于高职创新教育研究相关著作有限。代表性著作有吴光明的《中国高职院校创新创业教育人才培养的理论与实践》和中国职业技术教育学会中职分会秘书处、全国中职业学校校长联席会秘书处主编的《职业院校创新创业教育理论与实践论文集》。吴光明立足中国高等职业教育发展的现实需要,客观分析了高职院校创新创业人才培养的现状,研究提出基于学生创业园的高职创新创业人才培养模式,构建了高等职业教育创新创业教育课程体系、质量监控体系和高职院校学生创业园与周边产业集群协同创新机制,并借鉴分析了国内外高职院校创新创业人才培养的典型案例。[①]《职业院校创新创业教育理论与实践论文集》有部分论文探讨了高职创新创业教育人才培养模式、高职学生自主创业及其影响因素等问题。[②]

另外,关于高职创新教育研究,2000年至2019年中国知网数据库

---

① 吴光明.中国高职院校创新创业教育人才培养的理论与实践[M].沈阳:东北财经大学出版社,2016:5.

② 中国职业技术教育学会中职分会秘书处,全国中职业学校校长联席会秘书处.职业院校创新创业教育理论与实践论文集[M].北京:化学工业出版社,2016:6.

相关硕士论文共有 37 篇,关于高职创新创业教育的博士学位论文仅有 3 篇。学位论文多以某职业院校作为切入点,进行高职创新创业教育现状、问题及对策方面的研究,对高职创新创业教育特色探索为主题的研究有待进一步引起关注。

近年来,高职高专学生创新能力培养的课题日益引起研究者们的关注,出现了一些研究成果。其中最具代表性的便是吴兴富的研究成果,他对高职院校学生创新能力的现状进行了分析,对高职高专院校学生创新能力培养机制存在的问题进行了探讨,并进一步提出了对高职院校学生创新能力培养的试行模式。马祥武提出技能型创新人才培养要创建开放的创新教育环境,注重教育各领域及教育教学内部各环节之间的有机联系,形成多元的课程体系,激发学生的动力和潜能。① 陈秋娜从文化“通”、改革“新”、教育“联”角度对职业院校实现技能导向型创新人才培养进行了突破②。应该说,这些研究与本书的关注点多多少少有相似之处,其研究成果能够直接或间接为本书的开展提供有益的启示,但是这些研究中所关注的高职创新人才的培养较多的是把普遍意义上的创新人才培养套用于高职人才培养中,高职教育的特点与创新人才培养结合的紧密性有待进一步增强。

1.高职创新教育课程教学研究

在高职创新教育课程设置的问题方面,理论界从多个维度进行了探讨。马冰清、刘蜀、段昌东围绕企业、高职院校、学生和教师,对创新创业教育的认识四个维度开展调研,进行高职创新创业教育课程体系研究,形成了高职院校创新创业教育课程体系研究调研分析报告,认为高职院校普遍开展创新创业课程,要解决体制不健全、形式缺乏多样性、学生对创新创业课程认识的深度不够、教师水平不高等问题,就

---

① 马祥武.职业教育技能型创新人才培养的思考[J].教育发展研究,2011(11):75-78.

② 陈秋娜.职业院校技能导向型创新人才培养研究——基于“区域经济共同体”建设的背景[J].职教论坛,2019(2):128-132.

要搭建具有学院自身特色的创新创业课程体系,进一步完善人才培养质量标准。[①] 可以看出,这个分析具有较强的代表性,因为它指出了目前创新创业教育中普遍存在的问题。另一个学者马睿指出,高职创新创业教育课程对自身的定位模糊,课程缺乏实践环节,课程辐射度和受益面不够等问题,为此要明确创新创业课程培养"双创"人才的基本定位,增加课程教学的实践环节。[②] 这个认识也指出了高职创新创业教育中的共性问题,但如何解决这些问题却缺乏有效对策。孔婷婷认为创新创业教育课程体系不够清晰,高职院校开展创新创业教育载体较单一,创新创业教育缺乏有效实践环节,师资队伍有待加强,提出完善创新创业教育课程标准,构建政校企协同的创新创业教育载体,完善创新创业教育的实践平台等对策。[③] 这个认识虽然反映了部分现实,但并不准确,因为现在高职开展创新创业教育载体比较多样,问题的关键在于目前创新创业教育没有与专业教育形成有效的融合,从而使教学实践机制建设也受到了制约。

在高职创新教育课程设计方面,有学者结合具体区域或具体专业进行了探讨。如卢志高、余一明以广东女子职业技术学院为例,探讨了高职创新创业教育"4+1"模块化课程体系构建。[④] 王海涛、陈志平、郑翘介绍了面向哈尔滨地区电力电子行业创新创业型人才培养模式改革中创新创业特色课程的设置,并以一门特色课程为例,介绍课程改革情况。[⑤] 这一研究对该领域的课程建设具有一定借鉴意义,但是否具有推广意义则需要进一步考察。程洁总结了高职院校创新创业

① 马冰清,刘蜀,段昌东.高职院校创新创业教育课程体系研究调查分析报告[J].经营管理者,2017(11):198-199.
② 马睿.高职院校创新创业教育课程改革[J].现代交际,2015(1):156-157.
③ 孔婷婷.政校企协同下高职院校创新创业教育课程体系研究[J].科技之窗,2017(2):132-134.
④ 卢志高,余一明.高职创新创业教育"4+1"模块化课程体系构建与实践——以广东女子职业技术学院为例[J].职业技术教育,2018(5):55-58.
⑤ 王海涛,陈志平,郑翘.高职院校学生创新创业特色课程建设的研究[J].哈尔滨职业技术学院学报,2016(3):23-25.

教育课程设计的不同模式,提出了新形势下构建高职院校创新创业课程设计思路,并以武汉船舶职业技术学院市场营销专业为例,对高职院校创新创业教育课程设计方案与实施提出建议。① 不能不说,这一创新创业课程设计思路是比较合理的,而且结合具体专业提出了实施建议,具有很强的可行性。

　　在课程体系构建和教学资源建设方面,学者们着重进行了策略性研究。朱益新、颛孙丰勤在科学地认识创新创业教育的基础上,对高职院校创新创业教育的现状与存在的问题进行客观分析,提出"平台＋模块"的课程模式。② 这个思路具有可行性。卢卓提出要根据创新创业教育的规律和特点,建设开放、共享的创新创业教育资源库,构建"知识资源＋实训资源＋实战资源＋拓展资源"组成的四位一体的资源体系,同时建立科学规范的运行体系,以保障其顺利实施。③ 不难看出,这个研究对创新创业教育资源认识比较全面。薛红艳认为高职院校可以结合自身优势和特色,探索创业教育与素质教育、专业社团建设、专业教学融合的共赢模式,构建企业、政府、社会联动机制,共同推进创新型人才的培养。④ 此研究虽然对创新创业教育的主体因素认识把握较为到位,但缺乏具体实施对策,从而容易流于空泛。廖宁陵认为高职创新创业教育课程建设应关注国家经济发展需要,彰显校本特点,与专业教育相融合,突出实践环节;课程目标应注重创新精神和创业意识的激发,创业知识的掌握,创新创业能力的提高;公共课、专业课、选修课应同步进行;要依托创新创业教育模拟平台开展实践课程,依托校园活动、创新创业大赛、创新创业教育实训基地等开展创新创

---

　　① 程洁.高职院校创新创业教育课程设计[J].武汉船舶职业技术学院学报,2015(6):73-77.
　　② 朱益新,颛孙丰勤.高职院校创新创业教育课程体系构建研究[J].创新与创业教育,2016(10):40-45.
　　③ 卢卓.高职院校创新创业教育教学资源库建设探析[J].职业技术教育,2011(4):57-59.
　　④ 薛红燕.高职院校创新创业教育课程体系构建研究[J].青岛职业技术学院学报,2014(12):37-39.

业教育实践课程等。① 这个认识虽然没有错误,但也没有多少实践指导意义。

总之,关于高职创新教育课程教学方面的研究是较为全面的,不仅包括课程设计、教学体系构建,而且关注到教学资源建设等。但需要指出的是,这部分研究深度不足,研究的理论性有待增强。

2.高职创新教育师资队伍建设研究

易苗探讨了高职创新教育教师的成长路径,认为应明确教师的能力定位,从政策环境、管理制度、内生动力三个方面探讨高职创新创业教育教师的成长路径。② 可以看出,这个认识具有启发性,但如何深入探讨却无良策。王李珺、汪发亮、沈志霞认为高职创新创业教育管理质量和教学质量都存在不足,为此要加强高职创新创业教育教学管理团队建设,提高管理质量和教学质量。③ 这个建议虽好,但没有提出具体的实施措施。吴俊强、朱俊则从供给侧视角下看高职院校创新创业教育师资建设研究,提出高职创新创业教师应具备较强的专业创新创造能力和创业经验,要从顶层设计、师资培训平台构建、经费支持、专兼职师资队伍体系建设等方面进行师资队伍建设。④ 可以发现,这个建议比较宽泛,要具体实践还需要进一步探讨。丁桂枝在分析高职创新创业教育目标定位及内容的基础上,从转变观念、找准定位、提升能力三个方面说明高职创新创业教师面临的挑战,并提出以下策略:学习引导,唤醒创新意识;分类培训,帮助找准定位;政策激励,促进能力提升;专兼结合,建设高水平队伍等。⑤ 这些建议都很合理,但要具体

---

① 廖宁陵.高职学生创新创业教育课程的开发与建设[J].常州信息职业技术学院学报,2016(4):29-32.

② 易苗.论高职院校创新创业教育教师的成长路径[J].教师教育论坛,2016(11):30-33.

③ 王李珺,汪发亮,沈志霞.高职院校创新创业教育教学团队管理建设[J].中小企业管理与科技,2016(22):93-94.

④ 吴俊强,朱俊.供给侧视角下高职院校创新创业教育师资建设研究[J].职教通讯,2016(11):53-56.

⑤ 丁桂枝.高职院校创新创业教育的师资队伍建设[J].计算机教育,2016(12):132-135.

实践却不那么容易。可以看出,关于师资队伍建设方面的研究,学者们进行了较为深入的探讨,这对于建设"双师型"教师队伍具有一定的启示意义。

3.高职创新教育机制、体制、路径与对策研究

有些学者从强调学生特点出发,探讨了高职创新创业教育机制构建问题。朱佳艺认为创业效能感的高低直接影响学生的创新创业意向和创业成功率。高职院校在进行创新创业教育时,应注重培养学生的创业效能感。[①] 可以说,这个提醒是有价值的。陈松洲、沈民奋认为在经济发展新常态下,高职院校必须结合高职教育的规律和特点,以及大学生的特点和实际推进创新创业教育,从转变职业教育理念、健全体制机制、加强课程体系建设、加强师资队伍建设、构建科学的实践体系、营造校园文化环境和健全保障体系等方面,探索高职院校实施创新创业教育的路径。[②] 不难看出,这个认识也是对的,但对实践的引领却无法体现。

有的研究结合具体学院,探讨了高职创新创业教育体制机制建设。比如,王涛总结了成都职业技术学院在开展创新创业教育过程中,要整合政府、行业、企业、学校等多种资源,以及理顺管理体制的相关经验。[③] 这个认识没有什么新意,因为反映的是学界的共识。段丽华、刘艺结合安徽机电职业技术学院构建创业就业教育体系的实践,从人才培养目标、课程体系、实践平台、师资队伍和服务机制等方面探索了专业教育与创新创业教育融合的思路和做法,构建了基于"专业

---

① 朱佳艺.高职院校创新创业教育模式研究——基于创业效能感理论[J].职教论坛,2015(6):110-113.

② 陈松洲,沈民奋.新常态下高职院校实施创新创业教育的路径选择[J].南方职业教育学刊,2016(5):1-8.

③ 王涛.高职院校创新创业教育模式探索——以成都创业学院为例[J].职业技术教育,2015(2):23-26.

+"的高职院校创新创业教育体系。① 可以说,这个研究针对了创新创业教育面临的难点,这种"专业+"思想是合理的。

还有的研究提出了高职创新创业教育发展路径与对策。朱爱胜、许敏、俞林从目前高职院校创新创业教育存在的问题出发,提出系统改革课程体系、整合各方资源,尤其是实施创新创业项目、完善机制建设等策略,并提出要以此优化高职院校创新创业教育体系。② 这个认识比较笼统,缺乏实践指导意义。

可以发现,关于高职创新教育机制、路径方面的研究,呈现多角度切入的特点,学者们从学生角度、学院角度等进行了探索,这反映了高职创新教育研究维度的灵活性,具有一定的启示意义。

4.高职创新教育特色的相关研究

关于高职特色内涵的研究。高职特色的内涵在职业教育学术界还未形成一致意见,主要代表性观点有"独特风貌说""个性特征说"。《高职高专院校人才培养工作水平评估方案(试行)》中对特色也做了界定,具体解释为:特色是在长期办学过程中积淀形成的、本校特有的、优于其他学校的独特优质风貌。不难看出,这个解释仍然比较笼统。关于高职特色构建方式及其存在的问题研究,周建松、陈正江提出,扎扎实实推进职业教育类型特点的形成,强化职业教育属性,如积极推进"1+X"证书制度试点,建设"双师型"教学团队,推进产教融合、校企合作,抓好职业培训,重视实践实训等;同时,还要坚持高等职业教育的高教属性,着力在服务学生发展上下功夫,努力把服务市场需求与服务学生发展结合起来。③

① 段丽华,刘艺.基于"专业+"的高职院校创新创业教育体系研究与实践[J].职教论坛,2016(3):23-27.
② 朱爱胜,许敏,俞林.高职院校创新创业教育优化策略[J].江苏高教,2014(6):120-121.
③ 周建松,陈正江.贯彻落实《实施方案》着力推进高职教育类型特色建设[J].职教论坛,2019(7):73-78.

可以看出,关于高职特色的研究层层深入,渐入佳境。学者们不仅对高职特色的内涵进行了探索,还讨论了高职特色的表征、构建方式及存在的问题等。这为后来的研究人员充分认识高职特色提供了便利条件。但是学者们过于强调对"特色"本身的探讨,而较少研究高职特色形成的深层机制和影响因素,以及可推广性,比如关于高职特色如何与各高职院校结合的问题的研究就相对较少。此外,关于高职创新创业教育特色的内涵研究、表征研究、构建方式及其存在问题研究、可推广性研究等极少,很难发现学者们关于高职创新创业教育特色的研究。这也告诉我们,进行高职创新教育特色研究是具有急迫性和必要性的,研究者要将精力放到高职创新教育特色研究上来,进一步丰富该领域理论研究。这是本书重要研究内容之一。

通过对高职人才培养研究文献的梳理,我们可以看到,对高职人才培养模式的建构,研究者们多以提高学生技能、提升就业能力为出发点,较少把高职生素质的全面发展、创新精神、创新能力的提升引入到人才培养模式的设计中,因而高职技能型创新人才培养的模式构建的相关研究较不足。

高职创新人才相关的研究较不足。高职院校的创新人才培养,包括高职院校创新人才培养目标的界定、创新人才培养方式的实践等尚在摸索阶段,没有形成一套完整的理论体系和实践操作办法,大部分高职院校的创新人才培养仍然停留在兴趣班、研究室的单兵作战阶段,缺乏创新人才培养模式的整体构建;[①]在构建和发展有高职院校特色的、个性化的创新人才培养模式方面,还有大量可以改进的地方。关于宁职院的研究,主要以该校或者该校具体专业为例展开。如以宁职院为例进行课程与教学方面的研究。黄燕进行了基于"一体化"课

---

①　何文晓.高职院校创新型人才培养的问题与对策[D].南京:南京师范大学,2019:15-17.

程模式的创新型人才培养研究。[①] 还有学者进行了合作共建方面的研究。张震、王本亮基于校企合作,探究高职院校人才培养模式创新。[②] 此外还有学者进行了办学和管理方面的研究。蔡晨晨、蒋承杰对高职院校集团化办学管理机制进行了讨论。[③]

关于对宁职院的研究,多是宁职院在职教师或关注者进行的研究,这些研究从很大程度上起到总结、提炼和升华的作用,有助于宁职院厘清发展思路,实现院校的可持续发展。但是关于宁职院或者其个案探讨,尤其是创新教育特色的研究,则需要研究者进一步关注。

四、研究的反思与展望

(一)研究反思

考察高职创新教育研究的数量分布、研究热点及研究成果等,可以发现我国高职创新教育研究总体呈现以下特点:

第一,研究受国家政策影响而产生不同的研究热度。2010 年之前高职创新创业教育研究成果有限,2010 年以后,尤其是 2015 年国务院颁布《国务院办公厅关于深化高等学校创新创业教育改革的实施意见》以后,研究热度大为提升。

第二,研究主题多样化,研究视角不断拓展。研究主题呈现多样化特点,基本涵盖高职创新创业教育的各方面主题,如高职课程建设、师资队伍建设、教学资源建设、文化建设、机制体制构建、模式与路径研究等。还有一些研究主题,如体制机制研究较多,可能出现重复研

---

① 黄燕.基于"一体化"课程模式的创新型人才培养研究——以宁波职业技术学院国际商务专业为例[J].科学导刊,2014(5):42,75.
② 张震,王本亮.基于校企合作的高职院校人才培养模式创新探究[J].中国高教研究,2017(12):101-103.
③ 蔡晨晨,蒋承杰.信息化背景下高职院校集团化办学管理机制研究[J].中国职业技术教育,2017(10):52-54,58.

究的现象。此外,从心理学、管理学、文化学、社会学视角进行研究,拓展了研究者的研究视角。

第三,研究方法较为多样,但理论深度稍显不足。从文献分析看,研究方法较为多样。采用了调查法,对高职创新创业教育现状进行研究;采用个案研究法,对省、校进行个案研究;还运用了访谈法、问卷法等研究方法。但是,研究多囿于实践调查、现状描述及对策构想等,其理论提炼稍显不足。

第四,研究成果相对有限,质量需要进一步提高。从前面的分析可知,2010 年以后,高职创新创业教育研究逐步增加。数量虽然有所增长,但是总量依然很少。在高水平期刊上发表的论文数量不多,而且从检索结果看,国内著名教育学者关于高职创新创业教育的论文、著作发表的数量和质量仍然有待提高。

(二)研究展望

第一,加强自主研究,持续关注高职创新教育与创新人才培养。高职创新创业教育的研究受国家政策导向明显,国家政策关注度增加,研究热度就增加。未来研究应当加强自主研究,认识到高职创新创业教育是我国创新创业教育体系甚至是整个教育体系的重要组成部分,是值得研究者持续关注、持续研究的。

第二,加强理论研究,提升研究的理论高度。通过前面的分析可知,高职创新创业教育的研究缺乏理论高度。该研究主题的特性使得研究更偏于实践调查研究。这就导致我们所做的研究缺乏整合性和理论性。对于高职创新创业教育特色的总结要建立于高职道路、高职经验之上,要对其深层原因和主要因素有更为科学化的认识,进行多层次的理论分析,创造研究的理论价值。

第三,丰富研究内容,创新研究方法。未来的研究要进一步拓展研究内容,创新研究方法。从目前的研究来看,研究主题虽然较为全面,但是存在着重复和泛化的现象,由点到面、由个性到共性的研究较少,理论性提升的研究内容则更少。在研究方法上,也因循较为常用的研究方法,应创新研究方法,可以引入行动研究方法等。

第四节　研究思路

本书试图重点探讨这几个问题:什么是高职院校技能型创新人才?这类人才应该具备哪些素质?而目前我们的高职人才培养的现状是怎样的?存在哪些不利于技能型创新人才培养的问题?如何构建一套高职院校技能型创新人才培养模式?因此,本书在阐释高职院校技能型创新人才的内涵与特征的基础上,采用访谈法、问卷法、比较研究法对高职院校人才培养的现状进行调研,发现人才培养中存在的问题,并借鉴国外高职技能型创新人才培养的先进经验,提出高职院校技能型创新人才培养的对策建议,构建高职院校技能型创新人才培养模式。

具体的研究步骤主要有:(1)整理文献、专家咨询,形成培养创新人才的一般理论,阐释高职院校技能型创新人才的内涵与特征。(2)现状调查,了解高职院校人才培养的现状。(3)分析问题,了解目前高职教育教学中存在的问题,从人才培养目标定位、课程设置、教学模式、考试评价制度、外部环境支持四个方面进行分析。(4)比较研究,选取国外高职教育的成功典范,比较分析其成功的经验。(5)理论构想,构建高职技能型创新人才培养模式。(6)高职院校创新教育的典型案例。(7)科学总结。

研究的主要内容由以下几大部分组成:绪论部分主要包括研究背景、研究思路与研究方法、概念界定、文献述评(总结国内外相关研究成果及存在的问题);第一部分为高职院校技能型创新人才的内涵及特征;第二部分为高职院校人才培养的现状研究;第三部分为国外高职人才培养典型分析与比较;第四部分为高职技能型创新人才培养模式构建;第五部分是关于宁职院创新教育状况的个案研究。本研究进行了宁职院创新教育特色探索,详细总结了宁职院创新教育内容,探索了宁职院创新教育特色形成机制分析及其可推广性,并为我国高职创新教育的开展提出了一些对策。在对高职创新教育特色概述的基础上,对宁职院进行多次实地调研,总结宁职院创新教育特色,探究其创新教育特色形成的动力机制,并反思宁职院创新教育特色的独特性和共通性,论证其创新教育特色的可推广性,提出高职创新教育开展的系列对策。

第五节　研究方法

本书借助教育学、心理学、社会学等学科理论,根据研究的需要,综合采取了文献法、调查法、比较法等研究方法。

(一)文献研究法

通过检索高职创新创业教育相关期刊、著作和学位论文等,对高职创新创业教育相关文献资料进行搜集、整理、分类、概括和总结,深入了解关于高职创新创业教育研究的研究成果和最新动态,把握高职创新创业教育及其相关概念的内涵和理论基础,为展开进一步研究做足准备。同时,分析现有研究存在的不足之处,进而确立自己的研究内容。

近几年,创新人才培养、高职教育、人才培养模式等已成为研究热点,产生了不少的研究成果。从图书资料和电子期刊上检索有关创新人才培养、高职教育、人才培养模式等方面的文章和图书,通过整理、分析、归纳和总结,为研究提供翔实的理论依据,奠定了良好基础。

(二)调查研究法

研究前期主要采用的是对教师、专家的访问调查,研究后期主要采用的是对教师、学生的问卷调查。

1.访谈法

访谈法是指访谈者根据调查研究所确定的要求与目的,按照访谈提纲或问卷,通过个别访问或具体交谈的方式,系统而有计划地收集资料的一种调查方法。[①] 在具体研究中,到宁职院展开多次实地调研活动,通过访谈法等,广泛搜集宁职院开展创新创业教育的相关资料,作为研究的重要基础。此外,访谈高职院校的领导和任课教师,了解高职院校人才培养的现状,对厦门市高职院校的人才培养进行调查研究,对高职院校的校领导和授课教师进行访谈调查。收集第一手资料,为研究提供真实有效的资料。

2.问卷法

运用问卷调查,调查高职院校人才培养的现状。用数据直观地反映出高职人才培养的方方面面,通过教师问卷和学生问卷,调查人才培养中的课程、教学情况以及人才培养外部环境支持等,针对共性问题进行梳理分析,为本书提供充分的现实依据。

---

① 瞿葆奎,叶澜,施良方.教育学文集·教育研究方法[M].北京:人民教育出版社,1988:11.

（三）比较研究法

比较分析法是人们认识客观事物的重要方法，也是从事教育科学研究的基本方法之一。本书比较分析四个高职教育的成功典范——美国、德国、加拿大、澳大利亚的高职技能型创新人才培养状况，既分析了它们在高职人才培养上的差异和特色，又总结了这些国家高职人才培养的共同经验，为我国高职技能型创新人才培养提供借鉴。同时，利用国外对技能型创新人才研究的相关资料，找出可供借鉴的成果，为本书提供思路。

（四）个案研究法

个案研究法亦称个案历史法，是追踪研究某一个体或团体的行为的一种方法。它包括对一个或几个个案材料的收集、记录，并写出个案报告。在现场收集数据的叫作"实地调查"。它通常采用观察、面谈、收集文件证据、描述统计、测验、问卷、图片、影片或录像资料等方法。[①] 选择宁职院作为典型案例，采用个案研究的方法，对宁职院作深度挖掘，提炼其成功经验，展开高职创新创业教育特色探索，实现由点到面、由个别到整体的研究目的。

第六节　重难点与创新点

本书的重点是理清高职院校技能型创新人才的内涵及特征，在与国外高职人才培养的比较分析和国内高职人才培养现状的描述，以及高职人才培养模式的构建中渗透这些内涵，特别是在高职技能型创新

---

① 瞿葆奎,叶澜,施良方.教育学文集·教育研究方法[M].北京:人民教育出版社,1988:11.

人才培养模式的构建中,体现"高素质""强技能""善创新"的要求。

本书的难点主要在于:第一,高职技能型创新人才的含义及特征,如果不能解决这类问题,整个研究就会缺乏支撑。第二,在搜集到的材料进行梳理方面,高职教育、创新人才培养的材料种类繁杂,关于创新人才的概念模糊,要将这些梳理清楚、为本书所用,确实比较困难。第三,高职院校技能型创新人才培养模式的构建及可行性与前瞻性问题。

可能的创新点在于:(1)学术思想创新。以往谈到创新,人们自然而然地联想到拔尖,谈到创新人才培养,就联想到研究型大学中学术型创新人才的培养,而较少关注职业技能型创新人才的培养。本书创新点可能在于提出技能型创新人才的培养,并将素质教育和创新人才培养思想贯穿于整个高职院校人才培养模式的设计中,通过分析比较国外高职人才培养经验,并结合我国高职院校人才培养现状,试图构建一套高职技能型创新人才培养模式。(2)研究范式创新。本书综合运用问卷调查、访谈、案例研究和比较分析等多种方法进行跨学科研究,通过对技能型创新人才的内涵与特征的深入剖析与研究,探索高职院校技能型创新人才培养的新模式与新机制,是对现有研究范式的超越与拓展。

第一章 高职院校技能型创新人才的素质结构及特征

本章从概念界定出发,阐述高职院校技能型创新人才的内涵及特征。高职院校技能型创新人才必须具备的结构包括知识结构、能力结构、素质结构等。其中,知识层面要求掌握"够用"的知识;能力素质要求必备较强的创新实践能力;素质结构较关键的是心理素质,要求具备创新性心理,包括创新思维与创新人格。其中创新思维是核心系统,创新人格是动力系统,此外具有创新成果。高职院校技能型创新人才具有高素质、强技能、善创新三大特征。

第一节 高职院校技能型创新人才的素质结构[①]

高职院校培养的技能型创新人才是以综合素质为基础,以创新精神为核心,以能力为本位的技能型创新人才。高职技能型创新人才的构成要素主要有知识素质、能力素质、心理素质、创新成果。这几大要素有机组合,构成技能型高素质创新人才的素质结构。

---

① 杨岭.基于技能型创新人才培养的高职教育观转变[J].中国石油大学胜利学院学报,2014,28(4):53-56.

一、知识结构

技能型创新人才也需具备一定的学术(学科)能力和基础学科课程知识,但这种能力和知识强调的是理论在实践中的应用,这方面的知识满足"必需、够用"即可。首先,掌握一定的知识是人们进行创新的必要前提和基础。我们不能否认知识的重要性,一个人倘若对某一领域的知识毫无所知,那么他在该领域的创新行为就很难产生。创新必须站在前人的肩膀上有所突破,缺乏必备的知识,创新只会是无源之水、无本之木。但是,知识与创新不是成正比的。一个人拥有的知识越多,并不代表他的创新能力就越强。有时候,一个人掌握的知识越多,反而越受所学知识的束缚,无法突破前人的观点和理论,创造性反而被抑制了。创新是在继承的基础上有所突破、有所开拓,倘若只是局限在已有知识的范围之内推演知识,那是难以创新的。因此,我们提出技能型创新人才应当掌握"必需""够用"的知识,高职学生至少应当具备一定的文化基础知识,另外对所学专业的相关知识和理论有所理解,只有掌握了一定的知识,创新才有可能。

技能型人才必须具备技术理论知识,即主体通过把专业知识运用于岗位实践活动,并借助批判和反思升华实践经验而得来的知识。这种知识是技能型创新人才所具有的独特实践经验以及对这些经验的整合。技能型人才的知识结构应包括专业知识、行业相关知识和拓展知识三方面,其知识结构更应凸现知识的应用性和复合性。其中,知识的应用性是指技能型人才的知识结构中关于某一专业领域的技术科学知识体系,因此,技能型创新人才的培养必须从基础科学知识和专业基础知识入手,让学生在学习和掌握专业知识的基础上,形成对职业环境和岗位目标的全面认识,具备扎实而专业的行业知识。技能型人才处在企业岗位的第一线,其工作情景以及在工作中所面临的问题经常是复杂而非单一的,这就要求该类人才必须具备多学科的知识底蕴,知识结构要表现出复合、全面的特点。① 因此,技能型人才还需要具备行业相关知识和拓展知识。行业相关知识是指在发现和解决问题时,不仅要对本专业有深刻的了解,还要熟悉所处行业的现状、规则、发展阶段和在国民经济中的地位,了解影响行业发展的各种因素和对行业的影响力度。拓展知识主要包括文化知识、地理知识、自然知识、艺术知识等。

二、能力结构

创新实践能力是一种外显能力,能够保障创新活动的顺利进行,是高职院校创新人才最显著的特点。创新实践能力指的是掌握操作技能,在实践过程中通过技术理论指导运用、改变、创造知识和技术,并取得效果。这是核心与优势所在。技能型创新人才应当具有娴熟的操作技巧,这是传统技能型人才强调的,也是目前所有高职院校强调的,目前高职院校人才培养的定位绝大多数是高端技能型人才。实践操作能力是高职学生必须具备的一种素质,往往也是高职生核心竞争力的关键因素。但是如果仅仅强调这类人才娴熟的操作技能,那么这类人充其量只能被称为一台台非常精确而熟练的机器,不能被称为创新人才。所以,技能型创新人才更加重要的能力素质是,应该具备在实践中不断发现事物的缺陷和找出新问题、并且创造性地解决问题的能力。比如,他们能够在生产、建设、管理、服务的第一线发现问题,并且加以完善;改善生产工艺;改进生产流程;提出一套新的管理方式;提出某些策略提高劳动生产率、降低劳动成本等。因此,创新实践

---

① 管平.知识、能力、素质与高技能人才成长模式研究[J].机械职业教育,2006(1):9-11.

能力不仅仅强调实践操作能力,更加强调在实践中进行创新的能力。

(一)具有较强的技术应用能力与专业技能

技术应用能力与专业技能是指运用所学的专业技术知识和专业技能解决生产实践中具体问题的能力,是高技能人才所应具备的最基本能力。其主要包括:树立良好的职业意识,形成与职业或岗位相对应的较完备合理的专业知识结构;掌握基本的职业技能操作方法和操作规范,并达到上岗所要求的熟练程度。前者的衡量尺度一般遵从国家制定的相关职业标准,后者以取得职业资格证书为准。具有较强的技术应用能力与专业技能,可以保证技能型创新人才胜任既定岗位的工作。以机械专业的学生为例,技术应用能力与专业技能应有以下几项:(1)具有编制和实施板料、塑料成型工艺的能力。(2)具有设计冷冲模、型腔模的能力。(3)具有编制并实施模具制造工艺,编制数控加工程序的能力。(4)具有钳工和一到二种模具加工主要设备的基本操作技能。(5)具有计算机在本专业的应用和操作能力。(6)具有生产和技术管理的初步能力。(7)初步具有所在职业或者岗位相关领域内的活动能力。(8)初步具有吸收和利用国内外新技术的能力。

(二)具有较强的综合实践能力与综合技能

技能型人才要具备利用综合知识解决实际问题的能力,尤其要具备解决现场突发性问题的应变能力。其具体可以概括为四个方面:第一,对特定职业在职场中的发展趋势及最新动态的把握能力;第二,对相关最先进职业理念及技能、操作方法的把握能力;第三,对新的职业技能自主学习的能力;第四,不断扩大本领域和交叉学科的知识面,形成既全面又具备较强延伸性的能力。这样的人才不仅能实现成功就业,而且必要时还能顺利实现转岗或再就业,在职场上进退自如,赢得更好的职位,谋求更好的发展。

(三) 专业创新能力

技能型人才的专业创新能力主要包括:第一,在工作中不断发现存在问题和缺陷,不断找寻新问题、解决新问题的能力;第二,创造性地解决一定工作和生产技术问题的能力;第三,根据当前工作需要有创造性地提出具有革新和可行性的设想,并能在具体的实践、操作和开发中修正和完善这些设想的能力;第四,在掌握专业领域基础知识的基础上不断扩大自己知识面的知识获取能力。技能型人才只有具备这四个层面的能力,其工作能力才能在职业生涯的不断发展过程中得到更大的提升,牢牢地把握住难得的创新机会,突破发展瓶颈,在由单纯谋职到自身事业方面实现自身发展的重大转折以及由阶段性学习向终身学习的转变。[①]

三、素质结构

技能型创新人才的素质结构包括品德修养、体格与心理素质、人际交往、个性发展。其中,品德修养包括政治表现、职业道德、职业操守和职业责任等,要求热爱事业,对社会有正确的认识;道德品质良好,能够正确处理好个人利益与集体利益之间的关系;具有较好的工作态度,工作责任心强;具有艰苦奋斗的精神,能够脚踏实地工作;专心投入工作,不断研究和改进工作方法。体格与心理素质包括身体状况、体育运动、协调能力、自我调节能力等,要求具有健康的体魄和良好的心理素质。人际交往包括团队精神、领导能力、组织能力、交流能力、口头表达能力、外语交流能力等,要求能很好地组织、协调职业活

---

①　李小娟.温州高技能人才培养中存在的问题及对策分析[J].中国高教研究,2008(10):70-71.

动中个人与生产、个人与他人、个人与群组之间的关系，能与人共处与合作，建立良好的人际关系。个性发展包括兴趣、爱好等，要求有广泛的兴趣和爱好。

素质结构中非常重要的是心理素质，即要具备创造性心理。

其中，创新思维是核心系统。创新思维是指发明或发现一种新方式用以处理某种事物的思维过程，具有积极的求异性、敏锐的观察力、创造性的想象、独特的知识结构以及活跃的灵感。[①] 创新思维是创新人才心理素质中一个不可或缺的心理特征，如果把创新人才比作一台机器的话，那么创新思维一定是这台机器的核心部分。

此外，创新人格是动力系统。创新人格是由个体内在创新意愿和创新能力协调统一而构成的较为稳定而独特的心理特征的总和，即创新的动机、态度、意志、情感、个性、性格爱好兴趣等因素，是创新活动的内在动力系统。[②] 本书认为创新人格中，最重要的要素有创新意识和创新毅力。其中，创新意识是指人们根据社会和个体生活发展的需要，引起创造前所未有的事物或观念的动机并在创造活动中表现出的意向、愿望和设想。创新意识是创新心理素质形成的必要前提和基础，它是创新心理素质中一个富有层次性、结构性的动力系统。[③] 创新意识是进行创新活动的主观前提，是创新的动力之源，是人们进行创新的出发点和内在动力。而创新毅力是创新动力得以持久的根本。毅力也叫意志力，是人们为达到预定的的目标而自觉克服困难、努力实现的一种意志品质；毅力，是人的一种"心理忍耐力"，是一个人完成学习、工作、事业的"持久力"。[④] 创新毅力能够帮助创新者在遇到困难时勇往直前、坚持不懈克服障碍，保证创新活动得以坚持下去。

① 吴丹.从心理学视野论创新心理素质培养[J].大众科技,2012(2):177-178.
② 吕进军,刘晓音,吕芝.培养创新人格是创新不竭的动力源泉[J].交通职业教育,2011(5):33-36.
③ 姜喜双.大学生创新心理素质的结构和测量[J].中国集体经济,2010(6):86-88.
④ 毅力[EB/OL].http://baike.baidu.com/view/88733.htm,2012-06-27.

四、外显的行为方式

技能型创新人才还需要通过外显的行为方式即创新活动与创新成果显现其特征。创新活动的范围很广,技术改良、发明创造、流程改革、工艺革新、不断发现事物的缺陷和找出新问题、创造性地解决问题等都可以归入创新活动的范畴,具体是指在生产、建设、管理、服务一线上,想出新方法、建立新理论、做出新成绩或新东西;在现有基础上提出一种新思想、新原理、新方法或推出一种新技术的创造性活动;从继续学习、进修到自主创业;从技术变革到各种工具的改良和设计;从组织生产活动到新的、有效率的加工流程设计;从实用新型的各种外观包装设计到对新包装材料、包装工艺以及包装设备的使用,这些都是该类人才在实际工作中根据需要而提出的具有创造性和建设性的设想;从管理制度创新到新的产品开发再到创新营销方案的设计及实施;从转岗到适应新的工作和生活环境等。显性行为很容易反映技能创新型人才与传统技能型人才之间的差异。在生产实践中,技术创新型人才总是可以发挥自己的主观能动性,并在实践中自觉地改变自己。从一线技能操作员到技术应用创新者的身份。因此,在庞大的生产环节中,他们需要掌握标准化操作技能以至于在生产线中游刃有余,而且还需要对生产线的各个环节有全面的了解和掌握。

创新成果是在创新活动过程中创造的新产品、新理念、新技术等。技能型创新人才最基本的特征是高素质、强技能、善创新和可持续发展。这类人才的成长基于这样一种规律:在知识、技能、素质的学习、掌握、提高的过程中,技术能力和创新意识不断形成;通过工作实践、继续教育与技术培训等途径,能力不断增长,创新能力得以形成。

创新成果就是创新行为外显的实践结果。创新成果必须是"新"

的,即与众不同的新发明、新技术、新思路、新途径、新方法等。技能型高素质创新人才的创新活动包括:在生产、建设、管理、服务一线上,想出新方法、建立新理论、做出新成绩或新东西;不断发现事物的缺陷和找出新问题,创造性地解决问题;根据工作的需要提出创造性的设想;在现有基础上提出一种新思想、新原理、新方法,或推出一种新技术的创造性活动等。

高职院校技能型创新人才的创新主要体现在对自己是"新的,有价值的",他们的创新表现或创新成果可能不具有社会价值,无法为社会做出多大贡献,而更多的是个人的自我实现和自我超越。创新应该具有新颖性和独特性,高职创新人才主要表现在新颖性上,即这种"新"更强调他们自身的纵向比较,不能强求这种"新"是独一无二的。

创新成果分为三个层次,分别是高水平成果、一般层次成果和较低层次成果。高职生的创新,指向的是第三层次的创新,即根据已有的基础理论开发新产品、变革新理念,改进新技术等。因此,只要是独立完成、不抄袭的读书报告、社会实践总结或报告,又或参与完成的校内外一般研究课题,都属于创新成果的范畴。

第二节　高职院校技能型创新人才的基本特征

一、基本特征

高职教育因为其自身的企业和产业基因决定了人才培养的目标必须基于工业革命并与产业匹配的高素质相适应,在互联网大数据、人工智能时代,高职教育唯有迎面赶上,"得人才者得天下",真正"顺进化之理,应未来之需",致力于人才的素质进化和提升,培育高度自律、具有创新精神的人才将是未来高职的重点思考方向。

高职院校培养的技能型创新人才应当具备三大特征,即高素质、强技能、善创新。如果把高职技能型创新人才比作一个三角形的话,那么这三大特征则是三角形的三个顶点,缺一不可。"高素质""强技能"处于下方,表明它们是基础,"善创新"处于顶尖(如图 1-1 所示)。

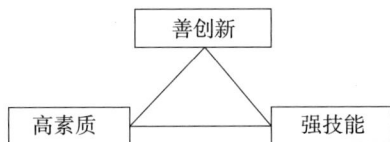

```
        ┌──────────┐
        │  善创新  │
        └──────────┘
           ╱    ╲
┌──────────┐   ┌──────────┐
│  高素质  │───│  强技能  │
└──────────┘   └──────────┘
```

图 1-1　高职高素质创新人才三大特征图

(一)高素质

高职院校培养的技能型创新人才,首先要具备较高的综合素质,特别是职业综合素质和能力。综合素质的发展是创新的基础,是高职生在竞争中能否取胜的关键。没有综合素质,一切的创新都无从谈起,都只是空中楼阁。没有综合素质,我们培养出来的人也不能称之为人才。"高素质"是广义的,是一个完整的体系,具体包括职业素养、职业归属感、思想政治素质、心理素质、人文科技素质、身体素质等。[①]具体来说,高职院校技能型创新人才具备的素质主要有掌握一定的知识水平、较好的社交能力、一定的表达能力、较好的适应社会能力、较强的组织管理能力等。

此外,高素质还意味着这类人才需要具备终身学习的能力。在当下高度竞争和快速发展的社会,为了生存和发展,具有职业能力进一

---

① 董刚,杨理连.高职教育高素质技术技能型人才培养质量研究[J].中国高教研究,2012(9):9-12.

步提升和发展的需求,而提升个人素质和职业能力持续发展的重要途径就是依靠于教育和学习,尤其对于当下中国经济的增长方式由原先的粗放式的增长转变为依靠于知识和技术等新动能,只有具备终身学习的能力,才能适应新的挑战和要求。

高素质还体现在具备职业素养。《国务院关于加快发展现代职业教育的决定》指出,我国对人才的需求正在不断地转型,不仅需要培育技术型人才,更需要培养具备工匠精神的接班人。高职人才的职业素养的重要性越来越凸显。在当前国家推进产业转型和升级的背景下,制造业的发展要求的是朝向精细化、多元化、高质量的方向发展。实现这一发展目标,工匠精神则是必要的前提。新时代背景下,工匠精神为高职院校人才培养奠定了新的内容。工匠精神蕴含着丰富的精神内涵,能够指导高职院校大学生在学习和工作上精益求精,生活更加积极向上,改善不良的学习生活方式。思想政治教育是一项育人活动,旨在提升人的精神境界,建设人的本身,探寻人的存在价值和追求人生的终极意义,对于高职院校大学生而言,新时代工匠精神的培育恰恰是这项育人活动中最为重要的内容。追求精益求精、具备企业和单位所要求的职业能力和职业精神越来越成为高职人才的共识。

(二)强技能

技能是高职学生的代名词,相对于本科院校的严谨学术教育模式,高职的教育目的明确,以培养"高技能"人才为导向。每年全国各种类型的职业技能大赛中,高职学生的"强技能"风采展露无遗。近年来,不少本科毕业生在高职院校"回炉再造",无疑体现了高职院校技能培养方面的优势。当下,高职院校与普通本科院校相比,在技能方面显然是有着一定的优势。本科院校始终以"学术"为教育的重要内容,注重的是理论知识的教授,这种学术型的培养,使得知识的应用缺少实践的检验,从动手能力这方面来看,本科生是普遍弱于高职学生的。在日新月异的当今社会,缺乏的是既懂理论知识、又能动手的高素质技能人才。高职院校的培养目的明确,一直就是以技能培养为主,因此在目前的就业市场中,高职人才普遍在动手能力方面具有一定的优势。通过实践"三段式的培养模式",高职学生接受了在校的理论学习,同时经历了在校的实践,提升了动手能力,最后一年在顶岗实习中得到实践的锻炼。在这样的培养模式下培养出来的高职学生,和本科专业人才相比,虽然在文凭上表现出一定的弱势,但是从动手能力上,他们却有职业方面的优势。高职学生通过在校的实习操作可以拿到中级技工证,这是最直接的能力体现。相比较本科学生,其在校主要是进行理论学习,得到实践学习的机会很少。这也是高职学生的能力优势之一。

职业院校作为高技能人才培养的基础,对于输出我国技能型人力资源、服务于技能人才培养和职业技能培训方面有着重要的作用。《国家教育事业发展第十三个五年规划》就明确提出了在人才培养方面,以人才的专业需求为导向,结合市场的技术发展。这一技能型人才既需要具备丰富的专业知识,也需具有较高的专业技术与操作水平,还需具备应有的良好职业素养。从强技能的表现来看,高职人才的专业类型众多,但无论何种专业,实践实操能力都是直接的体现。不同专业的需求和现状差异也很大,高技能人才多集中于制造业、卫生、教育和建筑业、服务业、信息技术行业等。

高职院校培养的技能型创新人才是一种技能型的人才,需要具备很强的技能。强技能几乎是所有高职院校人才培养的定位和要求。技能包括专业技能、方法技能和社会技能。其中,专业技能包括各专业和相应专业群的技术、工艺和运作技能;方法技能是从事职业活动所需要的工作方法和学习方法;社会技能是从事职业活动所需要的行为技能。

(三)善创新

教育"十三五"规划提出,将创新作为未来教育重点来落实,"双一流"高校的评价指标中,创新也是位列首位。马云就曾指出,"创新是年轻人的事",说明了在社会创新中,青年群体的重要性。他们不仅具有较强的创业能力,同时还有很好的动手能力和实践能力,对于方案的执行、技术的操纵都经过了长期的训练,一方面掌握了较为牢固的理论知识和较强的实践操作能力,另一方面对行业也有清晰的认知,在产学结合的培养中形成了善创新的这一特质。也正是因为这一特点,国家对高职学生的创新教育有了更多的投入,在政策方面也予以了较多的关注。

善创新是高职技能型创新人才的另一个显著的特征。高职院校培养的技能型创新人才,应当具备创新精神和创新能力。著名教育家陶行知先生说过:"处处是创造之地,天天是创造之时,人人是创造之人。"各类人才都可以进行创新活动。技能型创新人才与传统技能型人才的根本区别在于从一线操作者变成了创新者。这不仅要求掌握具体岗位和局部生产环节的操作技能,还要求对生产流水线上的各个环节有全面的了解和把握。① 在实践操作中,不断发现事物的缺陷、找出新问题、提出创造性的设想、创造性地解决问题。

总之,技能人才,特别是高技能人才、技能大师,已成为区域竞争的关键资源,是技术创新、技能进步的主要力量,也是解决地区经济发展和产业转型升级的核心动力。高职院校作为培养专项技术人才的一线,应对接市场需求,在理清市场导向的基础下,从"高素质、强技能、善创新"的角度上去完善人才培养机制。

---

① 张晨,马树超.技能型创新人才培养之辨[J].教育与职业,2007(16):78-79.

二、层次定位

通常，创新人才分为学术型、应用型和技能型三种类型。学术型创新人才是指那些研究事物客观规律、探索科学原理的人才，如数学家、物理学家、天文学家等；应用型创新人才是指利用科学原理和知识为社会谋取直接利益而工作的人才；技能型创新人才是在生产一线或工作现场，通过实际操作将方案、计划、图纸等转变成具体产品的人才，这类人才主要从事的是具体的社会生产实践活动，处于生产、建设、服务等各行各业实际操作的一线环节（如表1-1所示）。

表1-1　学术型创新人才、应用型创新人才、技能型创新人才的比较

项目	学术型创新人才	应用型创新人才	技能型创新人才
主要培养单位	综合性研究型大学	应用型本科院校	高职高专学校
主要任务	科学领域中的客观规律转化为科学原理	依靠所学专业基本理论、专门知识和基本技能，将科学原理及学科体系知识转化为设计方案或设计图纸	依靠熟练的操作技能来具体完成产品的制作，他们把决策、设计、方案等变成现实，转化为不同形态的产品，主要承担生产实践任务
知识结构	基础科学的知识体系	应用科学的知识体系	应用性与复合性
能力素质	1.批判性思考能力 2.雄厚的专业知识储备 3.专长的技能	1.人际交往能力 2.扎实的专业知识素养 3.通用的工作技能 4.团队合作能力	1.技术应用能力与综合实践能力 2.必须、够用的专业知识 3.职业创新素养

续表

项目	学术型创新人才	应用型创新人才	技能型创新人才
主要特点	以客观规律为研究对象,从事学术性的工作,探求事物的本质和规律	将科学原理或新发现直接用于与社会生产生活密切相关的社会实践领域	解决生产、建设、管理、服务一线的"现实的难题",发现工作中的现实需求或难题,并创造性地将其实现或解决
从事的研究	1.基础科学 2.基础研究	1.工程科学 2.以科学原理及人工自然为研究对象	1.技术科学 2.开发研究,技术开发、产品开发、成果转化、项目策划等
创新场所	实验室、研究室或研究所	职业群和行业	岗位或职业,生产、建设、管理、服务的一线

高职院校培养的创新人才与普通高等院校培养的创新人才不同,不能用统一标准。高职院校培养的是技能型创新人才,而普通高等院校培养的是学术型创新人才和应用型创新人才。技能型创新人才与学术型创新人才的区别主要有:

第一,出发点不同。学术型创新人才主要从事发现和研究客观规律的工作,还包括这方面的学者、理论工作者,他们能动地反映客观规律,转化为科学原理,进行精神产品的生产或抽象劳动,与具体的社会实践很少直接联系。[①] 他们往往是"为思考而实践",这种实践是为了能够更好地进行理论研究,他们从思辨中得到快乐,满足对未知知识的渴求。技能型创新人才往往是"为实践而思考",他们学习理论并思考理论,但这种思考是为了能够更好地处理实际问题,这类人才从行动中得到快乐,进而升华自我。他们的创新是建立在生产建设中的创新、产业服务中的创新和生产一线管理工作中的创新。[②]

---

① 杨念,等.高等职业技术教育特色论[M].长沙:湖南师范大学出版社,2005:45.
② 同上.

第二，解决的问题不同。学术型创新人才和技能型创新人才所进行的创新活动，本质上说都是一种发现问题并创造性解决问题的活动。学术型创新人才要解决的问题是"科学的未知"，发现客观规律并将其转化为科学理论知识；[①]认识自然现象、揭示自然规律，获取新知识、新原理、新方法。技能型创新人才要解决的问题是生产、建设、管理、服务一线的"现实的难题"，他们要发现工作中的现实需求或难题，并创造性地将其实现或解决。

第三，创新活动的场域不同。学术型创新人才进行的创新活动多在实验室、研究室或研究所进行，大多数处于大学这座"象牙塔"内探究真理。技能型创新人才的创新活动多在生产、建设、管理、服务的第一线，与企业或行业联系密切，共同开展创新活动。

第四，创新成果产出所需要的时间不同。学术型创新人才所进行的理论创新解决的往往是重大的理论问题，其中不少研究是基础性研究，耗时较长；技能型创新人才所进行的创新实践解决的是现实存在的实际问题，技能型创新人才的研究多是与企业合作，共同开展研发工作，进行技术革新，强调时效性和经济效益，因此，耗时比前者相对短。

第五，创新成果的效应不同。学术型创新人才的创新活动旨在认识现象，获取关于现象和事实的基本原理的知识，而不考虑其直接的应用。但是创新成果一旦产生，可能会带来质性的突破和变化，广泛而深远地改变人类生活。技能型创新成果一般来说没有理论性创新成果的影响巨大，但它直接决定了理论成果是否能很好地应用于实际，研究结果一般只影响科学技术的有限范围，并具有专门的性质。

---

① 张宁.应用型创新人才培养模式研究[D].厦门：厦门大学，2012：12.

第三节　高职技能型创新人才培养的重要依托——创新教育

一、高职创新教育的内涵

创新教育是一种新的教育形式，它以培养具有创新素质和实践操作能力的人才为核心目标，意在将学生培养成为创新人才。创新教育体现了人才培养内涵的升华。高职创新教育即是指高职院校所开展的创新教育。

高职院校在开展创新教育过程中，逐渐形成的、明显区别于其他办学主体的教育风格和优良特点。在高职创新教育中，特色是其生命力和竞争力所在，是创新教育的灵魂。高职创新教育走特色化发展之路，办有特色的创新教育，不仅是坚持特色立校、特色兴校、特色强校的表现，也是追求内涵式、科学化和长效化发展的体现。高职创新教育特色的形成，必然伴随着创新教育的切实落地、深刻发展与不断完善的过程。这不仅离不开高职院校办学传统的供给，是其办学历史的积淀；更离不开时代的希冀，是高职院校不断响应社会需求，而形成的动态活力系统。

（一）高职创新教育的高职属性

高职院校的办学目标、办学定位、办学风格和办学条件等，无不影响着高职院校创新教育的方方面面，从而使得高职创新教育特色具备高职属性的意蕴。

高职院校承担着培养技术技能型、应用型人才的使命，为国家经济社会的发展输送大批高素质劳动者，具有人民性、职业性和社会性，发挥着经济价值、社会价值、文化价值和教育价值。高职教育发挥经济价值和社会价值。微观上，高职教育的职业性使个体因技术技能获得经济来源，有利于个人价值的实现；宏观上，为社会输送大批高素质劳动者，保障了社会经济有效运行，有利于社会和谐稳定。同时，高职教育作为一种教育形式，发挥着文化蓄水池的作用，具有文化价值。此外，高职教育将专门的技术技能和知识传授给学生，使个人能力素质和人格道德都得到提升，具有教育价值。

高职创新教育在高职教育的基础上，针对培养具有创新意识和创新能力的高素质人才展开，因此，高职创新教育特色也必然体现一定的职业性、社会性、经济性、文化性和教育性内涵。

（二）创新教育的特性

高职创新教育特色因其教育目标的特殊性，即以培养具有创新意识和创新能力的高素质人才，而凸显创新教育的特性。创新教育是不同于传统教育的一种教育模式，它以培养具有创新素质和实践操作能力的人才作为核心目标，意在将大学生培养成为创新人才，以达到"以创业带动就业"的目的。

高职创新教育开展的目标、方式方法和运行机制等促使高职院校形成自身的发展特色。首先，高职创新教育具有明确的人才培养目标，即培养创新人才。高等教育研究视阈中的"目标"，并非简单的概念性陈述，而是一个可进行纵向与横向理解的"几何"概念。高职创新教育目标在教育实践中也会形成复杂的几何概念。高职创新教育目的在于培养具有创新能力的高素质人才，高职院校的学校目标、专业目标、课程目标和单元作业目标都紧紧围绕培养创新人才的目标展开。高职院校培养创新人才的价值性、终极性目标，必然引发创新教育实践中操作层面的改变。因此,高职创新教育特色必然带有较强的创新特性。

(三)高职教育"特色"与创新的主要内涵

特色是一个事物或一种事物显著区别于其他事物的风格和形式,是由事物赖以产生和发展的特定环境因素所决定的,是其所属事物独有的。高职特色是高职院校这一教育类型显著区别于整个教育体系中其他教育类型的风格和形式,是由高职自身特性及其在整个教育体系中的独特定位、所处的具体环境因素所决定的,是高职独有的。高职创新教育特色就是指高职作为创新教育主体所形成的独特风格和形式,明显区别于其他教育类型开展的创新教育。

办学特色具有独特性、稳定性、系统性、公认性和发展性的内涵。高职创新教育形成特色,也需具有一定的独特性、稳定性、系统性、公认性和发展性的内涵。一是独特性。高职创新教育特色的独特性,体现在鲜明的个性上,"人无我有,人有我优",是共性与个性的统一。高职院校在进行创新教育的过程中,形成了独特的办学风格和办学特点。这种独特的办学风格和办学特点基于共同的办学目标,但因办学条件和办学方式等的不同又有别于普通的形式,达到"和而不同"的效果。二是稳定性。高职创新教育特色的稳定性,是指这种特色不是一时的、短期的,而是长久的、稳定的。高职创新教育过程中的办学方式,经过时间检验,逐渐被保存、延续下来,形成稳定的创新教育形态和风格。三是系统性。高职创新教育的系统性,体现在高职创新教育是一个系统工程。系统性要求高职创新教育作为一个有机整体而发展,将学校的物质资源、人力资源和文化资源与广阔的社会资源和企业资源紧密联系,进行系统化、全局化、整合式发展。四是公认性。高职创新教育特色也需具备公认性。特色具有公认性说明了高职创新教育产生了影响力,而且这种影响是积极的。创新教育的开展需要有特色、有影响、有实力的院校作为发展榜样。可见,国家非常重视高校创新教育的开展及其办学经验的总结。公认性体现了公众对高职创新教育的认可,进一步可以复制、推广高职创新教育经验。五是发展性。高职创新教育的发展性,体现了高职创新教育不断升级、与时俱进的品质。伯顿·克拉克认为:"在任何情况下,一个系统的特色总是围绕它的任务而形成的。"①高职创新教育特色是围绕创新型人才培养而形成的,高职创新教育与时代联系更为紧密,新时代需要并呼唤创新型人才。

可见,高职创新教育特色是具有高职属性的,创新教育特性明显,且具备"特色"所具有的独特性、稳定性、系统性、公认性和发展性特征。此外,高职创新教育特色在微观上体现于办学定位、办学方法、人才培养、专业与课程建设、师资队伍建设和院校创新文化培育等方面。

二、高职创新教育的内容

高职创新教育特色主要表征于高职创新教育理念特色、治理结构特色、创新教育实施特色和创新文化特色等。

第一,理念特色和治理结构。理念特色和治理结构特色是高职创新教育顶层设计层面的特色。顶层设计是系统工程的专有名词,是当代较为前沿的科学设计方法。高职创新教育优质的顶层设计,以全局的视角、系统化的方法,对高职创新教育统筹考虑,形成院校独特的办学理念和治理结构。这种办学理念和治理结构贯穿并渗透到高职创新教育系统的各个层面,形成高职创新教育理念特色和治理结构

---

① 伯顿·R.克拉克.高等教育系统——学术组织跨国研究[M].王承绪、徐辉,等译.杭州:杭州大学出版社,1994:6.

特色。

第二，教育实施。教育实施特色是高职创新教育实施过程中形成的特色，是多方联动的结果。高职创新教育实施是将创新目的落实到教育实践的过程，需要各种教育因素的密切配合，主要体现为高职创新教育的专业发展特色、课程与教学特色、师资队伍建设特色等。一是专业发展特色。教育实施特色首先体现为专业发展特色。高职院校结构性、实质性的专业设置与调整，体现其迎合市场需求的前瞻性和敏锐性特征，坚持与社会发展、区域发展相适应的原则，有助于解决高职教育专业设置的弊端，及时向社会输送与经济转型发展需求相契合的高素质人才，形成自身专业发展特色。二是课程与教学特色。课程与教学特色则体现在课程开发建设、教材编制、课堂教学和课程评价与管理的各个环节。高职院校依托区域创新经济与文化优势，在原有的办学传统上，加强创新教育专业调整和课程建设，构建合理的创新教育体系，形成自身的课程与教学特色。本书所讲的高职创新教育课程与教学特色不单指课堂教学特色，还包括其他有利于创新人才培养的教育举措，是广义上的课程与教学特色。比如，课外的创新教育实践基地建设、产学研合作基地建设、"政校企行"合作平台建设等特色，是为了凸显高职产教融合的教育特征，也是"双创"人才培养的重要环节，因此纳入课程与教学特色的讨论范围。三是师资队伍建设特色。师资队伍建设特色是高职创新教育为使其师资队伍专业化、结构合理化，使教师具备实践性的企业素质，采取相关措施凸显出来的特色。

第三，创新文化。创新文化特色是高职院校在开展创新教育过程中，形成的以创新文化为主导的校园文化特色。大学特色具有文化属性，而创新文化本身就是高职创新教育特色的重要彰显。[①] 高职创新

---

① 郭传杰.大学特色的文化属性[J].中国高等教育,2010(1):13-15.

文化不是单一的文化形式,而是具有创新要素内涵的校园文化、企业文化、区域文化和社会文化等多元文化的融合,是继承传统与时代革新相结合的产物。

总之,高职创新教育特色是一种整体性表征,体现在高职创新办学思想、办学理念和办学机制上。其中,理念特色、治理结构特色、创新教育实施特色和创新文化特色等构成了高职创新教育特色的有机整体。

三、高职创新教育的特点

(一)高职院校创新教育受国家政策导向的影响明显

经济发展关乎国计民生,随着我国经济发展进入"新常态"阶段,政府开始多渠道寻求经济发展的驱动源。高职院校作为国家高素质人才的培养单位,天然拥有着大学生资源、教师资源和科学信息技术等资源,为此政府积极出台相关政策,鼓励高职院校开展创新教育。首先,高职院校创新教育作为一种新的高等教育形态,具有新事物的普遍特征,其发展存在一定的不成熟性和不稳定性。而高职院校发展往往具有超稳态特征,其惯性和路径依赖导致高职院校本身在应对新环境和新挑战时往往呈现滞后性特点。对于高职院校而言,目前配套的创新教育机制体制尚不健全,开展创新教育的愿望也不够强烈。国家鼓励政策的出台,对于引导高职院校重视创新教育,激发其开展创新教育的热情具有重要促进作用。另外,高职院校创新教育面临的重大挑战,在于培养出真正具有创新精神和实践能力的人,使大学生真正具有创造潜力。国家政策的出台,从大环境上奠定了支持高职院校开展创新教育的基调,从政策上对高职院校开展创新教育产生了积极影响。

（二）高职院校创新教育受地域特征的影响明显

高职院校开展创新教育与地域社会经济发展需要关系密切。不同地域的经济发展水平、科技进步程度、人口结构与质量、居民消费水平等直接影响着高职院校创新教育的开展,高职院校创新人才培养过程不可避免地受到地域差别的影响。首先,高职院校创新教育在师资选聘上,能否引进具有企业实践经验和创新能力的教师,会受到地域经济社会发展水平的影响。一般来说,经济发展水平高、科技进步、人口结构合理和人口素质高、居民消费水平高的地域,创新教育所需优质教师的可选择性也更大,这有利于高职院校创新教育的开展。其次,高职院校创新教育成果的推广与检验也会受到地域特征的影响。地域的经济社会等各方面发展水平越高,高职院校创新教育成果的推广越容易,受到回应的机会也越大,在逐渐推广的过程中接受市场检验的程度也越深,获得改进和提高的可能性也越大,其成效也越明显。此外,地域特色还可给高职院校创新教育道路选择提供更多的可能。

（三）高职院校是开展创新教育的中坚力量

《国家中长期教育改革和发展规划纲要(2010—2020 年)》明确提出:高校要牢固树立主动为社会服务的意识,全方位开展服务。[①] 我国经济社会发展进入新阶段,高职院校必需更加积极主动地满足发展需要,提升社会服务能力和水平,成为开展创新教育的中坚力量。目前,按办学水平我国高职院校可以分为国家示范性骨干校、普通公办高职院校、民办高职院校等,各高职院校根据学校定位和发展优势,开展多元化、个性化的创新教育。高职院校创新教育层次、类型等与高职院

---

① 国家中长期教育改革和发展规划纲要(2010—2020 年)[EB/OL]. http://www.gov.cn/jrzg/2010-07/29/content_1667143.htm,2010-7-29.

校发展密切相关,高职院校发展的个性化必将带来高职院校创新教育的个性化。其次,创新教育基础设施建设、培育环境建设、师资引进、课程设置、成果评估及创新教育机制体制建立等方面,虽然离不开社会各界的共同努力,但由于高职院校拥有大学生资源,并拥有办学的基础条件,因此高职院校必须成为创新教育的直接践行者和社会资源的整合者。高职院校在开展创新教育过程中,须从自身办学特色和办学类型出发,采用灵活多样的创新教育模式,主动整合各方资源,是创新教育开展的中坚力量。

第二章 高职院校人才培养现状及问题分析

　　高职院校承担着技能型人才培养的重任,应该着力培养学生的创新精神和创新能力,提高综合素质,使之成为新时期高素质创新型的技能人才。高职院校技能型创新人才的培养要结合自身特点,着力进行人才培养模式改革。本章通过搜集整理高职院校办学的大量资料,以及基于访谈、问卷等方法获取的一手资料,总结高职人才培养的现状,分析人才培养的目标定位、课程设置、教学模式、考试评价、环境支持等方面的问题。

第一节　调查研究的整体设计

一、问卷与访谈调查概况

　　为了全面掌握国内高职人才培养的基本状况,研究目前高职院校人才培养存在的问题,探讨培养高职技能型创新人才的方法和途径,我们对厦门市高职院校的人才培养现状进行了调查研究。调查对象为厦门市的高职院校,覆盖了公办高职院校和民办高职院校。

　　教师和学生是学校人才培养过程中最直接的参与者、实施者和体验者,也是对高校人才培养模式最有发言权的两个群体,了解教师和学生的感受是对一所学校的人才培养过程最真实的评价与反映,也是人才培养模式改革最为重要的依据。[①] 因此,依据随机抽样和分层抽样相结合的办法,向四所学校(厦门城市职业学院、原厦门医学高等专科学校[②]、厦门软件职业技术学院、厦门安防科技职业学院)的教师和学生发放问卷,并对部分教师进行了访谈。其中学生问卷共发放 800份,回收 778 份,回收率为 97.3%,其中有效问卷 767 份,有效问卷率为 98.58%。在有效问卷中,男生 449 人,占 58.5%,女生 318 人,占41.5%。教师问卷 400 份,回收 394 份,回收率为 98.5%,其中有效问卷 389 份,有效问卷率为 98.73%(如表 2-1 所示)。

表 2-1　问卷发放统计表

学校及问卷回收情况	学生	教师
厦门城市职业学院	200	100
原厦门医学高等专科学校	200	100
厦门软件职业技术学院	200	100
厦门安防科技职业学院	200	100
回收问卷数量	778	394
有效问卷数量	767	389
有效问卷率	98.58%	98.73%

二、个案研究流程介绍

在高职院校人才培养的个案研究中,主要围绕以下内容展开:首先是宁职院创新教育实施现状,包括宁职院创新教育的开展范围、创

---

① 张宁.应用型创新人才培养模式研究[D].厦门:厦门大学,2012:165.
② 本书稿完成后,厦门医学高等专科学校后面发生了升格和更名,由高职院校升格为全日制公办普通本科高校厦门医学院。因此,以下均用"原厦门医学高等专科学校"名称表示。

新教育课程设置情况、"双师型"教师队伍建设情况、"政校企行"合作开展创新教育的具体做法、创新教育开展的基础条件;其次是宁职院创新教育的特色做法,包括宁职院创新教育的典型、成功的案例与独特做法;再次是宁职院开展创新教育中遇到的问题,包括创新教育效果评价情况、创新教育开展过程中亟待解决的问题。

(一)选择调查对象

为了全面、准确地了解宁职院发展情况,本书将调查对象确定为宁职院领导、教师、学生、校友等各类相关人员。第一部分是校级领导,如张慧波书记、郑卫东校长、学工部部长、质量办主任等。因为校级领导是学校发展的主要决策者,很大程度上决定着学校的发展动向,对宁职院的宏观发展情况也最为了解。将校级领导作为调查研究对象,有利于把握学校顶层设计及治理结构方面的特色。第二部分是二级学院领导,如对跨境电商学院、海天学院、电信学院、建工学院等院院长及特色工作坊负责人等。二级学院是创新教育教学工作的主要承担者。深入了解二级学院的教育教学工作,有利于全面、准确把握宁职院创新教育的实施特色。第三部分是代表性教师,如就业课、素质拓展课、心理健康课、国际学院专业课等课程教师及电信学院辅导员、创业班导师等。教师是创新教育课程的直接实践者,将创新教育课程的相关教师作为调查对象,有利于发现创新教育课程与专业特色,也有利于发现创新教育实施中的不足。第四部分是代表性学生,如有"双创"经验或接受过创新教育的学生、无"双创"经验或未接受创新教育的学生、班集体项目学生代表、特色工作坊学生、挑战杯学生代表等。学生是创新教育的直接参与者、受益者和创新教育效果的最终评判者。将有无"双创"经验的学生作为调查对象,有助于进行对比,发现创新教育的魅力;将班级特色项目、特色工作坊学生作为调查对象,有助于发现宁职院创新教育的特色做法。第五部分是科技园创业校友,如东太欣美人力资源公司、长禾谷自动化科技公司、姚唐影视文化公司等创业公司校友及企业家等。将数字科技园或创业园的创业校友和企业家作为调查对象,有助于了解宁职院创新孵化基地的实际运行方式,进而分析各类创业园在创新教育中的作用。可以看出,对宁职院调查是较为全面的。与此同时,注重"重点"研究,比如将特色工作坊、班集体项目、创业学院、数字科技园等作为调查研究的重中之重。因为只有这样,才能使研究既全面覆盖,又突出重点,有助于发现和总结宁职院创新教育特色。

(二)设计调查流程

对于宁职院创新教育的调查研究共分为五个阶段:第一阶段是进行整体性的研究规划设计。在对宁职院创新教育具有一定了解的基础上,设计整体的研究思路,拟定研究对象,明确研究重点,选择研究方法。将文献资料收集和访谈法作为主要研究方法,并结合团队调研和个人驻地调研的方式展开调查研究。第二阶段进行具体的研究设计。本阶段明确了文献法和访谈法的研究方法,该阶段主要设计具体的访谈提纲,并经过反复讨论,确定最终的访谈方案。第三阶段展开实地调研。实地调研以团队调研和个人驻地调研的方式进行。分别于 2016 年 6 月和 2017 年 3 月跟随进行实地调研,团队成员根据不同的访谈主题,选择不同的访谈对象分组展开访谈,获得了大量研究资料。于 2017 年 11 月初,到宁职院进行为期一个月的驻地调研,以参与式观察的方式,与宁职院师生"同吃""同住",深入宁职院创新教育开展一线调查,针对性地搜集资料。第四阶段是分析整理调研资料。根据多次调研的结果,分析整理搜集到的文献资料和访谈资料。第五阶段是提炼和总结调研资料,得出研究结论。

（三）实施调查

2016 年 6 月，对宁职院的首次调研主要以领导座谈会的方式进行。此次座谈会上，宁职院郑卫东校长向大家介绍了学校的整体发展情况。借助此次机会，我们在座谈会上向郑校长进行了简短提问，又在会后与宁职院其他领导交流，对宁职院创新教育发展情况有了最初的了解。2017 年 3 月，再次来到宁职院进行调查研究。本次调研以团队成员分组访谈的形式展开，根据访谈对象分成领导访谈组、教师访谈组、学生访谈组三组，对不同的访谈对象根据不同的访谈主题展开访谈工作。另外，在本次调研中，本书还获取了宁职院创新教育开展情况的文本资料，如《宁波职业技术学院发展质量报告》等。通过本次调研，获得了大量宁职院创新教育的研究资料，对宁职院整体的发展情况及创新教育的开展情况有了更为深入的了解。基于原有的研究基础，2017 年 11 月初，到宁职院驻地一个月，以参与式观察的方式，与宁职院师生"同吃""同住"，以期对宁职院创新教育发展特色形成更为准确、全面的认识。本调查得到了宁职院党委书记、校长、学工部、质量办、各二级学院尤其是创业学院的大力支持。另外，宁职院师生及创业园校友的配合也让本书获得了更为全面、翔实的资料。这些文献资料、学校发展文本资料及调研过程中收集到的访谈资料等，有力地支撑了本书。

第二节　高职人才培养目标定位分析

从学校整体的人才培养目标定位看，高职院校的人才培养定位是以就业为导向，培养生产、建设、管理、服务第一线需要的高技能人才。

例如,厦门城市职业学院的人才培养目标为,培养出一批社会和地方经济急需的,面向生产、建设、服务和管理第一线需要的,具有较高职业素养和技能的专门人才。原厦门医学高等专科学校的医学类专业侧重于高素质应用型人才培养,其他类专业侧重于优秀高端技能型专门人才培养。

从专业培养目标来看,一般定位为培养某一专业领域的高端技能型人才,比如厦门安防科技职业学院安全防范技术专业的培养目标为,培养熟悉我国安全防范相关法规和行业标准,具有安全防范技术专业知识和技能,能运用电子信息技术、计算机网络技术和安全防范设备,胜任司法、监狱、文博、银行、民航、社区及安全防范产品、服务等行业安全防范技术应用一线工作的高端综合性应用型专门人才。软件设计专业的培养目标为,培养掌握数据库的应用技术,具备计算机软件编程、测试、系统支持,以及安全防范软件开发和辅助开发能力的高端综合性应用型专门人才。[①]

当前,高职院校人才培养目标的定位以及各专业培养规格的定位在大方向的把握上是正确的,但是在实际办学中,特别是在人才培养目标定位落实到人才培养各个方面的过程中,还存在不少有待继续改善和更新的地方。本研究将调查问卷录入电脑,采用SPSS11.0软件包进行统计分析,并结合资料的整理分析,关于高职院校目前人才培养的现状及存在的问题,分析如下:

一、片面强调技能训练培养,综合素质提升有待进一步强化

国家日益重视高职院校的发展,是时代发展的需求。理念是行动

---

① 孙宏,等.关于高职安全防范专业人才职业能力标准的研究[J].职业教育研究,2008(6):20-22.

的先导,不同的发展理念决定着不同的行动方向和行动策略,最终引起不同的行动结果。[①] 我国高职人才培养理念的强弱,就会直接影响高职发展水平的高低,进而影响高职学校的人才培养质量的优劣。然而,部分高职院校的发展理念没有得到重视,教育理念没有得到转换的机会,传统的教育理念还根深蒂固地保留在高职教师的意识中,如比较重视学科的理论知识,忽视学生德智体美劳全面健康发展的要求;注重技能类的学习,无意识地忽视了新时代下对创新意识的培养等。在这种情况下,教育理念的滞后性没有显著变化,从而导致高职院校培养出来的人才和社会需求不能很好地接轨,企业更加需要追求符合他们要求的人才,而这些从高职毕业后的学生职业追求更难以顺利进行。

人才培养目标上的特殊性没有突出,这也就导致人才目标的定位不太准确。[②] 有关教育指导要求,高职教育阶段的人才目标应围绕管理、服务、生产建设等一线高技能综合型人才。[③] 部分高职院校对人才培养的目标没有清楚的认识,教学过程、课程设置、课程内容等方面偏离了社会实际的发展要求。现阶段的高职人才培养与社会实际没有很好地接轨,并且高职学生的家长对于高职教育存在不理解甚至是歧视的态度,没能给予学生和学校有力的支持和保护,高职学生毕业之后较难根据自身的实力进入社会岗位。很多高职院校为了能够升本,就沿用本科教育的模式,忽视了自身的特点,进而使得自身优势逐渐丧失。

人才培养的模式是为了培养出适应当代社会发展的优秀人才,而现在部分高职院校的人才培养目标对人才培养的认知还没有真正搞

---

① 吴婷.高职教育国际化人才培养存在的问题与策略研究[J].职业教育研究,2020(6):17-23.

② 史超超.基于社会需求的应用型本科人才培养策略探究[J].中小企业管理与科技(中旬刊),2018(1):96-97.

③ 韩倩倩.高职商务日语人才培养问题研究[J].辽宁经济职业技术学院.辽宁经济管理干部学院学报,2020(2):143-145.

清楚,存在盲目性。高职教育仍然被"以学科为中心"和以"学术为导向"的教育理念所制约,因而部分高职院校在课程与教学方面无法行之有效地落实到具体实处,这样培养出来的学生没有达到预期的效果。社会对这些从高职院校毕业出来的学生,没有清晰的规划和明确的定位目标。

职业教育人才培养过于强调职业技能,忽视学习者关键能力的培养。职业教育过于强调职业技能和职业培训,忽视了学生终身职业发展的必备素养。关键能力的培养未充分地体现在职业教育的课程设计与教学实施中。在课程的设计上,职业教育凸显技能培养而忽视人文素质类课程,课程设置不合理等。职业教育人才培养定位难以满足学生终身学习和终身发展的需要。终身教育强调人的学习能力与核心素养的养成,凸显学习方法的习得,然而职业教育的毕业生缺乏可持续发展的能力,难以适应社会对其提出的新要求,难以实现终身的成长。[①]

目前,高职院校人才培养非常强调技能的获得,不少高职院校更走上了"技能至上"的极端,片面强调技能的获得,忽视对学生的综合素质发展的关注。这种现象出现的原因主要是受传统职业教育的影响,打着实用主义的旗帜,重视专业技术。另外,社会对技能型人才奇缺的片面宣传,使很多高职院校受此影响。考试具有"以考促学"的作用,技能容易考核,综合素质不容易测试和考核。

重技能而轻综合素质的人才培养定位会产生多方面的弊端,比如不利于学生的全面发展。教育是为了培养全人,而不是简单的"制器",单纯的职业技能培训不利于学生全面素养的提高,也不利于学生的可持续发展。学生发展没有后劲,在知识和技术更新如此快的时代里,就会很容易被社会淘汰。

---

① 贺修炎.终身教育体系中的高职教育[J].教育研究与实验,2009(4):53-59.

当前职业教育更多提供的是学历教育,为增强其吸引力,采用向上打通学历教育通道的方式,而对于学习者职后的真正需求,以及地方经济发展对人的素质与能力的要求并未充分地加以考虑,职业教育内部升序渠道的打通也较少关注到受教育者的需求。在职业教育人才培养过程中还未完全实现不同类型与不同层次学校的学分互认,尤其是职业教育和终身教育、职业教育同普通教育尚未建立起开放融通的连接桥梁,终身性学习难以获得相应机制的支持。①

一直以来,高职教育呈现的是断头教育,随着学习者学习年限的终结,教育也画上了一个句号,高职教育同其他形式教育难以实现相互联通、相互衔接,高职教育向其他形式教育的流动和上升渠道受阻。职业院校学生进一步学习和提升的空间与机会相对有限,职教毕业生终身发展严重受阻,因而高职教育向终身教育的融合,势必要改变当下这种断头教育和终结性教育的困局,变终结教育为终身教育。尤其在高速发展、剧烈变革的新时代,人们所面临的挑战日益激烈,只有将高职教育与终身教育系统相整合,才能够保障职业者终身教育的机会,发展其终身学习的能力。

二、片面凸显技术传承模仿,忽视创新精神和创新能力培养

大部分高职院校在办学定位或者人才培养理念、人才培养定位上,很少出现"创新"这类的字眼,对"创新"关注较少。长此以往,势必造成学生片面发展,千篇一律,没有个性。

高职生仅有技能是不够的,还应该重视创新精神和创新能力培

① 张军平.终身教育理念下现代职业教育体系构建模式与完善路径[J].中国职业技术教育,2019(3):37-40.

养,应该在继承的基础上去创新、去发展。高职教育所培养的人不应当被视为一台台机器,而应该是一个个有创造力的、活生生的人。正如原厦门医学高等专科学校校长王斌在访谈中谈到的:"动手操作能力比较强,这恰恰是高职生比较突出的地方。这涉及人才培养目标的问题。一般本科,培养的是应用型人才。高职的学生定位是高素质技能型,又称高端技能型(是教育部提出来的,原来叫高素质技能型,后来叫高端技能型人才)。人才规格的定位是不是合适?第一,对所有高职高专的所有学生定位,过于单一,不符合高职的所有专业。第二,过分强调技能。当然,对于高职学生来说,掌握技能非常重要。但是只有它就行了吗?我们这几年,在教学改革也好,在课程设置也好,确实突出岗位技能,这比一般本科做得好。但是掌握了技能就意味着成功了吗?未必如此,不能只有技能,创新精神、创新能力、创造力,同样是重要的。这三点核心是创新能力。创新精神是一种意识,培养的一种意识。最核心的是创新能力。创新能力也包括创造力。"

高职人才培养目标定位缺乏与其他教育形式的整合,难以为学生的创新能力和综合素质进行整体的人才培养设计。高职教育与中职教育的沟通衔接不流畅,尽管当前职业教育体系的构建得到了较多的关注,然而从整体而言,中等职业教育的学生进一步求学,向上接受更高层次的教育之路仍然较为困难,继续深造的愿望和需求相比其他教育形式的在校生更加困难,中职院校在课程与教学等诸多方面也存在着不尽如人意的地方,难以为学生的终身学习提供坚实的条件。此外,高等职业教育和普通教育也缺乏相应的融通机制,普通教育的学生接受灵活的、个性化的职业教育需求难以得到满足,而高职院校的学生进入普通高等学校接受教育也存在着较多障碍,难以促进不同教育形式、不同教育层次的畅通和互动。再加上高职教育自身的办学和运行均存在着一些问题,在人才培养过程当中,难以及时地根据地区产业与经济的发展进行改革和创新,因而在终身教育社会与学习型社会建设中未能发挥出其应有的作用。

第三节 高职人才培养课程设置分析

一、高职课程设置整体概况

课程是实现教育目的的重要手段,是一切教育和教学活动的核心,人才培养质量如何,最终取决于课程的开发与设置。目前,高职院校的课程设置相比以前有了不小的进步。高职院校课程设置呈现以下几种特征:理论性的课程稍减,实践性的课程增多,二者比例趋近;实训科目增多;积极推进课程改革和创新,等等。

目前,许多高职院校对专业进行了课程设置模块化课程改革实践,针对具体岗位的专项能力培养来设置专门化课程组。专业教学计划中设公共课模块(必修、选修)、职业基础课、职业技能课、职业延展课(职业选修课)等。公共课程一般有毛泽东思想、思想道德与法律基础、形势与政策、生涯体验与就业、军训和国防、体育、计算机基础和应用、英语、心理健康教育等;职业基础课主要包括专业理论和为专业理论学习奠定基础的相关理论课程;职业技能课主要包括校内技术技能基础素质训练和在生产一线岗位实训课程;职业延展课主要是有助于职业素养养成的课程。

实践课程与理论课程比例趋近。近年来,高职课程开设的一个基本原则是"够用、必需、适度",不少高职院校在课程设置上不断加以改革和调整,理论性的课程有所缩减,实践性的课程增多。各高职院校按学生就业岗位调整课程设置,按技术发展趋势改革教学内容,实践课与理论课的数量和课时数已趋近。比如,厦门城市职业学院严格确保实践教学内容不低于教学活动总学时的 50%。

积极推进课程改革和创新。近年来,高职课程的改革与创新就一直处在高职院校人才培养模式改革的"风口浪尖"。本研究从课程体系、课程结构、课程类型、课程内容、课程评价等方面进行了积极的探索。各高职院校积极推进课程改革。比如,厦门海洋职业技术学院把原有的核心课程按操作级四个职能模块,即"轮机工程""电气、电子和控制工程""维护和修理""船舶作业管理和人员管理"构建成融"教、学、做"于一体,"学历证书""三管轮适任证书"双证融通的课程体系。构建起符合国际公约要求的融"教、学、做"合一,"双证"一体化的课程体系。[①] 原厦门医学高等专科学校构建工学结合、基于工程过程的课程体系,实施高职口腔工艺技术人才培养的课程体系改革。厦门城市职业学院以企业名称冠名"订单班",与企业共同设置课程。厦门南洋职业学院按照把专业核心课程建成精品课程的思路,通过精品课程建设,带动其他课程建设,把餐饮服务与管理、前厅与客房服务管理等专业核心课程与实践相结合。

加强精品课程建设。各高职院校积极推进精品课程建设工作,包括国家级、省级、市级、院级精品课程。表 2-2 在一定程度上反映了高职院校精品课程建设情况。精品课程的设置使高职院校的课程体系更加富有特色,各校可以发挥所长;精品课程在一定程度上对于其他院校起到典型和示范的作用。

---

① 林守章,等.厦门市高等职业教育校企合作案例研究[R].厦门:厦门大学教育研究院,2011:112.

表 2-2　2019 年度精品课程开设情况

学校	精品课程建设
厦门城市职业学院	新立项第六批校企合作课程开发项目 20 门,1 门课程、1 个资源库入选省第三批职业教育精品在线开放课程及专业教学资源库建设项目 省级职业教育精品在线开放课程 2 项,省级"思政"课程 2 项
厦门东海职业技术学院	省级精品课程 1 门 校级精品课程 22 门
厦门海洋职业技术学院	国家级精品课程 7 门 省部级精品课程 14 门
厦门南洋职业学院	《UI 界面设计》《Photoshop 翻转课堂应用》和《幼儿文学》等 3 门课程为在线精品课程、立项建设学前儿童社会教育、鹭岛之韵、工业机器人技术等 6 门校内资源共享课程,推进文化遗产概览、艺术鉴赏、个人理财规划、音乐鉴赏、商务礼仪、服饰配饰等 8 门线上线下混合式教学课程
厦门兴才职业技术学院	与企业合作开发课程或教材等,推进"一师一企"制度,共同开发特色课程(或教材)19 门

资料来源:各校 2019 年度高等职业教育质量年度报告

　　对所学所有课程的总体满意度,6%的被试表示非常满意,52%的表示较满意,而较不满意和非常不满意的分别占 23%和 6%,不确定的占 13%,如图 2-1 所示①。

---

① 小数点后数值按四舍五入取值,最终以百分比呈现,下同。

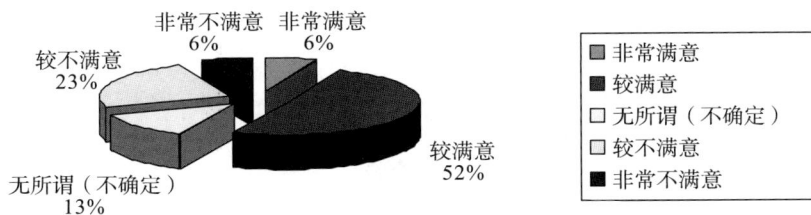

图 2-1 学生对课程总体满意度情况

4.7％的被调查学生认为所学的公共课对自己创新精神的培养毫无帮助,17.7％认为帮助非常小,47.3％认为帮助较小,而认为非常大和较大的分别仅占6.5％和23.8％(如图2-2所示)。因此,绝大多数高职生认为公共课对自己创新精神和创新能力无帮助或帮助小。

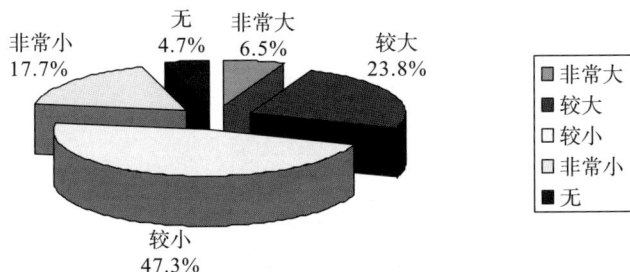

图 2-2 公共课对学生创新精神培养的帮助程度

对于专业理论课对创新能力培养的帮助上,2.5％的被调查学生认为毫无帮助,12.6％认为帮助非常小,46.6％认为帮助较小,而认为帮助非常大和较大的被试分别占5.4％和32.9％(如图2-3所示)。整体上,高职生对专业理论课对创新能力培养的帮助评价较消极,但比对公共课评价稍好。

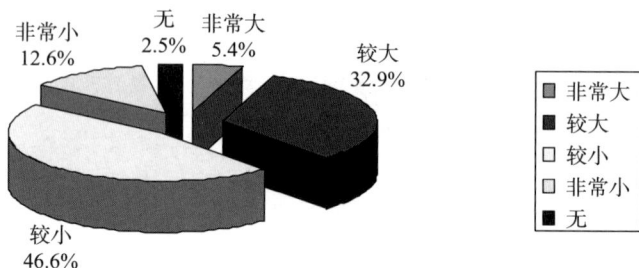

图 2-3　专业理论课对学生创新能力培养的帮助程度

　　对于实践课对创新技能培养的帮助上,认为没有帮助、帮助非常小、帮助较小的被试分别占 2.5%、5.1% 和 24.2%,认为帮助非常大和较大的分别占 14.4% 和 53.8%(如图 2-4 所示),这说明,学生对于实践课对创新能力的帮助评价上相比公共课和专业理论课评价要好,正面评价占多数。

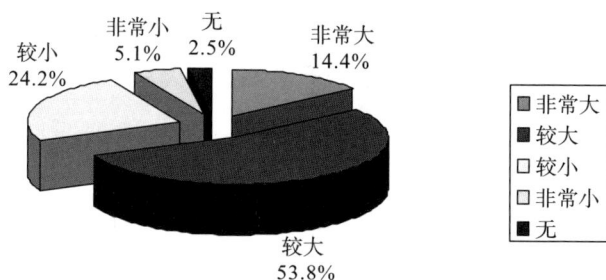

图 2-4　实践课对学生创新技能培养帮助程度

　　总之,当前高职院校不管是在理论课与实习实训课比例的调整、课程设置模式变化方面,还是其他课程改革与创新之举,均体现高职人才培养模式改革的进步性。

二、高职课程设置现存问题

高职院校课程设置仍存在着不少与国际趋势和潮流不相一致的老做法,本书对高职课程设置存在的问题分析如下:

(一)课程开发主体较单一,缺乏多方合作搭建的创新课程体系

课程开发设置不够完善。部分高职学校课程内容还是很久以前的内容,院校的专业缺乏和相关企业的有效沟通,新知识没有及时补充到课程内容,课程内容陈旧,没有跟上时代发展的变化进程,这些都会影响高职教师在教授课程时不能与时俱进,对实现高职人才培养目标造成一定的阻碍。当然,目前有些高职院校能够与本专业的企业合作,以企业所需人才应具备的专业知识为依据,与传统的高职院校开展的课程相比,开展相关的课程,确实能更加具有针对性,内容更加丰富多样。但部分的高职院校的课程设置忽视了该专业学生的实际状况,课程门数过多,内容上存在一定的重复,对学生造成了一定程度上的负担,缺乏科学性。

目前,许多高职院校的课程设置主要是由国家教育行政主管部门以及学校自身设定的,缺乏企业或行业的参与。通常,公共必修课(诸如外语、政治等)是由国家规定的,而高职院校教务部门负责专业课程的设置。而高职教务部门在课程体系的设计、课程类型和数量的确立上,一般是参照教育局文件的规定以及兄弟院校的做法,开设课程缺乏对社会需求的调研,行业或企业对人才素质的需求不能反映在课程的设置上,高职课程设置主体较单一,缺乏专家的指导、行业人员的介入以及师生的广泛参与。

高等职业教育课程开发多元参与机制不健全,多元治理结构不完善。建立多元参与的办学体制和治理机制,是职业教育课程开发共生

机制构建的基础和前提。首先,政府在高职教育课程开发中引导的缺位,使得课程开发在整体上呈现松散状态,高职教育资源难以实现整合与优化配置。缺乏多元参与,阻碍了职教集团在课程资源的整合、教学的共享合作和人员的相互流动。其次,多元参与的课程开发体系尚未形成,高职教育办学仍然较为封闭,亟须引入市场机制,吸引社会力量的参与,满足多主体利益追求。最后,各高职院校彼此之间缺乏合作意识,专业的重复开设带来了不可避免的高职教育资源浪费,也带来了不同成员单位彼此之间竞争的加剧。[①]

(二)课程结构未完全摆脱本科三段式模式,忽视技能创新人才特殊性

虽然,当前全国许多高职院校对课程结构进行了改革,高职课程设置出现了不少进步之举,课程改革取得了一定的成效。但是,从总体上看,目前仍然有不少高职院校的专业课程设置是参照普通高等院校的模式,是本科教育的"压缩饼干"。该课程模式将专业课学习放在技能训练之前,但是这类的课程模式是普通本科高校适用的模式,与高职的人才教育模式并不相符,甚至是相违背的。三段式的教程模式是通过学科类型来进行构建的,而这种按照学科类型进行构建的结构体系,是以培养普通本科院校的人才为目标来进行构建的。因此这一课程模式并不适合用于高职教育模式下培养技能型人才,其主要功能就是用于培养学术型人才。专业课程体系基本是沿用本科院校的专业基础课、专业课的模式,缺乏高职特色,本科教育模式中的课程往往是从学科体系出发的,它以传授理论知识的教学为中心,而不是以培养实践能力的教学作为主线,这对高职院校技能型人才的培养十分不利。表 2-3 是厦门临床医学专业 3 年制高职与 5 年制本科课程设置比

---

① 兰小云.行业型职教集团运行困境与对策研究[J].职业技术教育,2011(7):48-52.

较。可看出高职院校课程设置除了课程数量略有缩减外,与本科院校极为相似。

表 2-3 临床医学专业 3 年制高职与 5 年制本科课程设置比较

本科院校 5 年制临床医学专业	高职院校 3 年制临床医学专业
系统解剖学、局部解剖学、组织学与胚胎学、生理学、生物化学与分子生物学、医学微生物学、人体寄生虫学、医学免疫学、病理学、病理生理学、药理学、预防医学、诊断学、内科学、外科学、妇产科学、儿科学、中医学、医学影像学、手术学等	人体解剖与组织学、生理学、生物化学、病原生物与免疫学、病理学、病理生理学、药理学、医学心理学、诊断学、内科学、外科学、妇产科学、儿科学

(三)理论课与实践课契合度不高,不利于技能人才综合素质养成

《教育部关于全面提高高等教育质量的若干意见》明确指出:"提高实验、实习实训、实践和毕业设计质量。"[①]从中,我们能够体会到实践课程对于高职教育的重要性。但部分高职院校受到传统学科根深蒂固的思想影响,没能开展新时代的课程模式,课程实践进度缓慢。表现有:首先,高职学校的理论课课时过多,参与实践活动容易沦为参观性的学习,缺乏学生自己动手参与,没有展现出高职院校的特殊性。再加上学生自身的专业素养还没有达到专业的目标,学习主动性缺乏,在一整节理论课中,容易出现疲劳、走神等问题。这种情况下,会导致高职学生的理论知识没有掌握好,技能实践的能力又欠缺,不能很好地将理论部分用于实践指导。这一部分高职学生在毕业之后,无法很好地适应社会发展的进程,背离了最初高职培养人才的想法。例如,商务英语的毕业生较为困难地将自己接受的英语学科专业课程教育与实际相匹配,等等。这些问题的产生,分析其根本,源自相关专业

---

① 李东娅,李剑富,邓燕.我国高等职业教育人才培养模式存在的问题与改革[J].河北职业教育,2019,3(1):30-34.

课程的设置忽视了实践操作。

理论课与实践课是高职教育课程体系中最主要的课程类型。理论课主要培养高职学生的人文素养、专业理论和技术知识;实践课主要包括实验、实习、实训等课程,旨在培养学生的职业能力与操作技能。目前,不少高职院校理论课与实践课缺乏科学整合,奉行理论先行的策略,前两年以理论学习为主,后一年到企业进行实习,将理论的学习与技能的习得割裂开来。现行高职理论课与实践课采用的是叠加式的整合模式,理论课与实践课只是被机械地叠加拼合在一起,二者之间形成的是基础和承载的依附关系,而且实践课还在实际操作中被"矮化"和"窄化"。① 从当前一些高职院校的教学实践看,这两类课程搭配尚不默契,发挥不出两者共同促进高技能人才培养的作用。有些高职院校的理论课程与本专业、本行业的生产实践联系并不紧密,导致很多理论知识用不上。

学生的实习与实训仅仅作为一个教学环节,处于从属的地位,还没有把它纳入高职的课程体系。实践课程组织管理的力度比理论课程弱,课程的时数也明显弱于理论课程。而当前高职院校教育课程改革的关键在于凸显实践课程,把学生的职业能力作为衡量标准。因此,数量足够、质量过关的实习实训教材就显得非常重要。但是,从目前的情况看,高职教育重视理论的传授,忽视通过教材对学生技能的培养。学生们使用的高职教材,其主要功能是教师的授课,注重理论,教材的编写缺少行业、企业一线的能工巧匠的参与,导致实习实训的教材比较少、质量不高,教材的实用性比较差;或是从本科教材以及中职教材中筛选出内容,形成"混编版",但是这种"混编版"的教材往往更加偏重于基础理论的传授,仍然没有脱离出本科教材的窠臼,不能够很好地适应高职教育的需求,难以满足高职实习实训的要求。

---

① 张健.试论高等职业教育理论与实践课程的整合[J].中国高教研究,2008(1):63-64.

（四）必修课与选修课结构不合理，忽视不同个体需求的满足

大多数高职院校必修课、限选课、任选课比例为7∶2∶1，这就使得可供学生选择的选修课数量不多，学生知识面得不到拓宽，学习积极性无法得到调动。[①] 必修课与选修课结构不合理，选修课开设数量有限，不能满足学生的需要；由于受到教学条件、教学资源、师资力量所限，有些高职院校根本就不开设相关的选修课；或者把选修课当成必修课开，学生没有自主选择的机会。

此外，职业教育课程体系缺乏统筹设计，中等职业教育课程、高等职业教育课程、普通本科教育课程未能实现系统的设计，彼此之间缺乏衔接和融通，人才成长的立交桥亟待建立。加之当前职业教育学制的灵活性有待提高，总体而言，学制的规定较为严格，尽管有休学等制度，然而多数申请限定条件过多，在实际中休学去参加实践工作的案例不多，这与终身教育理念下高职教育工学结合的改革方向不一致。

（五）课程内容个性与特色不足，质量难以满足技能创新人才素质能力要求

校本课程是学校自己开发的课程。校本课程有利于发挥地方和学校的特色，更加契合所在区域和学校的特点，挖掘教育资源。此外，教师作为课程开发的主体，参与开发校本课程的系列实践活动，如调查研究、课程资源的开发利用、教材编制、课程实施和评价等，有助于其才能的发挥。校本课程与校本教材的开发应当得到充分鼓励。但是从所调研的高职院校来看，校本课程和校本教材偏少，大部分使用的教材是国家高职院校教材，所在地区和学校的优势与特色很难得到体现，学生的需要难以充分得到满足，比较不利于学生个性的发展。

高职教材难于体现不同区域的特色，以及不同学校的特长。高职

---

① 黄跃琛.高职学分制改革初探[J].福建信息技术教育，2008(2)：43-45.

的课程与教材应当根据当地发展需要灵活地进行设置,争取能及时地反映当地的产业结构和技术升级。而当前的情况是,高职院校的教材难以反映行业和企业的需求,在选购教材时没有针对性,似乎选择什么样的教材都行,选择什么样的教材却又不适合。

当前,高职课程内容中存在的一个突出问题是同类课程内容质量不高。高职院校在自编或者改编一些专业课程教材的时候,由于缺乏统一的专业目录与教材编写评价标准,致使高职教材出版出现混乱局面,更有甚者,个别出版社对出版的书籍不负责任,一些教材随随便便地就可以更改主编、副主编、编委,不少教材重复出版。正是由于高职同类课程内容缺乏统一的标准,导致在教材编写过程中出现互相抄袭的现象,甚至出现直接搬用普通本科院校教材的现象。当同一门课程由多个教师教授时,其重点与难点的把握、课时的分配、教学计划内容的编制与执行,差别甚为明显。因此,围绕各种具体专业,制定统一的、全面的、规范性的课程内容标准迫在眉睫。[①]

第四节　高职人才培养教学实践分析

一、高职教学实践整体概况

教学是人才培养模式的核心,最能体现人才培养方式的环节。教学水平的高低直接影响人才培养质量的好坏。高职人才培养模式的改革很大程度上要依托于教学的改革,人才的培养终究要落实到实际的教学中。近些年,我国高职人才培养中的教学环节呈现出一些特征。

---

① 赵居礼,王艳芳.完善高职教材体系建设的基本思路[J].职业技术教育,2003(10):42-45.

教育教学改革开展如火如荼。近年来,各高职院校纷纷开展以就业为导向的教育教学改革。探讨高职教育教学的新方法,创新高职人才培养模式,厦门市高职院校启动各类教育教学改革综合试点项目,获得了不少成果。表 2-4 列举了 2018 年厦门市省级职业教育教学成果奖获奖情况,其中各高职院校在教学改革上卓有成效,并获得了教学成果奖荣誉。

表 2-4　2018 年厦门市省级职业教育教学成果奖获奖情况

学校	教学成果奖名称	等级
厦门城市职业学院	校企合作人才培养模式下高职学前及专业课程开发的实践探索	特等奖
	基于工作过程系统化的《餐饮服务与管理》课程开发与实施	一等奖
	电子信息工程技术专业核心课程教学与创新教育有机融合的方法与实践	二等奖
厦门软件职业技术学院	电子商务"四双一体"人才培养模式创新与实践	一等奖
	"理实融合　学做一体"——民办高职院校工作室教学模式的探索与实践	二等奖
厦门南洋职业学院	基于"五位一体"技能竞赛平台的高职技术技能型人才培养的探索与实践	一等奖
	新时代"勤工助学"校企协同培养创新型人才培养模式的探索与实践	二等奖
厦门兴才职业技术学院	践行社会主义核心价值观,构建"大学生文明修身工程"育人新体系	二等奖
厦门海洋职业技术学院	传承嘉庚文脉,构建知行合一的思想政治教育"多维一体"实践教学模式	二等奖

资料来源:2018 年福建省职业教育教学成果奖获奖项目名单

　　加强校企合作,积极探索和创新人才培养模式。目前,高职院校积极探索人才培养模式,主要形成"学工交替""订单式""顶岗实习式"

"校校企"等人才培养模式。比如,厦门城市职业学院涉外旅游专业与厦门海悦山庄酒店"订单式"人才培养,"单位订单"培养向"集团"订单培养演进;电子信息工程技术专业尝试"1220"人才培养模式的创新。原厦门医学高等专科学校构建"平行交替、岗群轮训、任务驱动、现场教学"人才培养模式,创建"校中广"义齿生产性课堂一体化。厦门华天涉外职业技术学院实行"四三五一"闽台联合人才培养模式的创新,在模具、机制、数控专业推行闽台"校校企"合作。厦门海洋职业技术学院水产养殖技术专业推进"工学结合、校企共育"校企合作人才培养模式,轮机工程技术专业构建"三阶进阶式"人才培养模式。厦门软件职业技术学院进行"项目化"教学与研发的探索与实践。厦门海洋职业技术学院、厦门城市职业学院、厦门软件职业技术学院三所高职院校作为首批厦门市服务外包人才实训基地,其人才培养模式的改革是积极有益的探索,符合世界高等职业教育的趋势,有助于高职各专业人才培养模式改革与创新的深入开展。

二、高职教学实践现存问题

当前,高职院校人才培养方式存在的问题也不容忽视。本书认为,高职教育教学中有碍于技能型创新人才的问题主要有以下几个方面:

(一)教师对技能创新人才培养认识模糊,未给予足够重视

究竟什么是技能型创新人才?如何培养技能型创新人才?对于何为高职创新人才,高职教师们意识模糊,众说纷纭,莫衷一是。部分受访老师认为:"高职应该是应用型人才为主吧,在应用的基础上有所创新而不能一味求新。创新不一定是褒义,旧的未必是不好的,对新的过于追求也不见得能长久。先做好继承,比如高职学生先学好基本

的技术文化,积累了足够的经验,有了相当的思维能力,才能求新。从一开始就对他们讲创新,我觉得不一定是好事,反而容易让人好高骛远。"另一部分教师认为:"高职创新人才应该要有毅力、魄力,思维活跃。"还有一些教师认为:"创新人才应该是具备分析和解决问题能力的人才。"相当一部分教师认为"创新人才这个东西对于本科院校,比较有可能吧;对于高职,很困难。高职的生源都是些最差的,让他们去发明出什么,不大可能"。

(二)理论课教学仍以传统模式为主,难以提高学生技能

受到传统的教育理念、教学模式与考试形式等的影响,目前高职院校理论教学仍沿袭传统的教学模式,不管是教学方法、课堂教学组织形式还是考试形式,都不能摆脱传统教育教学方式的禁锢。主要表现在以下几个方面:

第一,教学注重知识和技能传授,忽视非智力因素培养。教学过程中对素质教育重视不足,忽视学生科学与人文素养的提高,忽视学生非智力因素的培养。大多数任课教师关注的仅仅是他所教的那门课的情况,"我把课上好,把该教的知识和技能教给学生就行了"。对于其他无法量化和考核的素质和能力,他们很少关注。还有老师没有把创新人才作为一个教学目标。"我主要针对他们心理健康,我不是上他们的专业课,我的课程没有创新能力培养这方面的。我不培养他们的创新能力,最重要的是预防危机,维护校园稳定。创新能力不是我们的重点,我们的重点是预防他们的心理危机。"

轻视培养学生的学习兴趣、想象力和批判性思维,一味地使用传统的单面传递方式灌输知识、传授技能,较少引导学生进行创造性活动(比如自行设计方案、调试程序、完成项目等)。3.6%的学生表示教师从未在课堂上引导创造性活动;31.4%的学生表示很少,36.5%的学生表示有时,而仅有 4.7% 的学生表示总是,23.8% 的学生表示经常(如图 2-5 所示)。

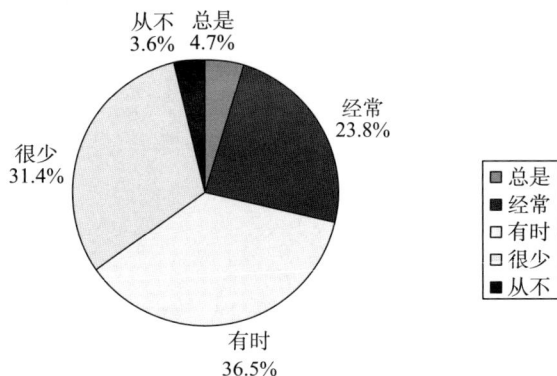

图 2-5　教师课堂上引导学生尝试创造性活动情况

另外,一部分高职教师只注重知识的教授,坚持一种教学模式,缺乏与学生的沟通交流。缺乏教学评价和监督机制,教学过程得不到及时的反馈,违背了教与学的辩证统一。课堂讨论这一重要的创新人才培养的教学方法也未能得到有效利用。4.3% 的被调查学生表示教师在课堂上从未鼓励学生围绕某一问题开展讨论,28.5% 被调查学生表示教师在课堂上很少鼓励讨论问题;39% 学生表示教师有时鼓励讨论问题;而总是鼓励和经常鼓励的分别占 4.7% 和 23.5%(如图 2-6 所示)。

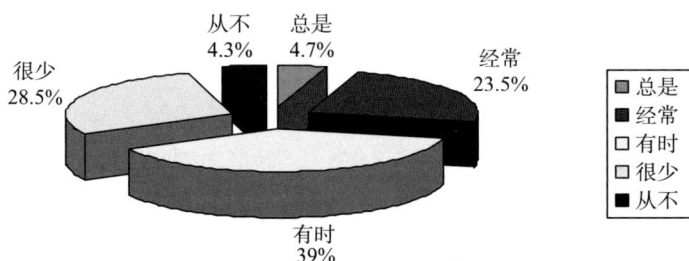

图 2-6　教师课堂上鼓励学生讨论情况

第二,教学方法单一陈旧,较少进行教学改革。

教学方式和教学组织形式的创新性不足。在教学方式上,随着信息技术的快速发展以及互联网的普及化,课堂教学的形式也趋于多样化和多元化。但部分高职教师在课堂教学还会习惯性地沿用以往以讲授为主的教学方法,信息技术运用较少,学生的兴趣不能很好地得以激发。教师忽视了实际中的职业要求,而信息化的时代已不容忽视,学生对新的技术手段与运用没有提前在高职学校中掌握,使得最终的学习效果并不如想象中的好。进一步而言,有些高职教师能够采用一些网课、PPT 等技术的教学方式,但还停留在浅层方面,如课堂上的视频播放、PPT 的放映等,没有真正地做到掌握技术手段的"生成性"运用。从这些角度来说,有一部分是由于教学基础条件上的限制,但也有一定的原因是教师对于不同教学方式的掌握不够到位,以及教师对待不同的教学情境还不能真正的尽善尽美。并且,在教学组织形式上,部分高职院校虽然以"多学期、分段式"为口号,但是并不能实际完成,究其原因,主要是因为高职院校的教师还没有形成现代化的教学组织形式,仍然是以"理论、实践、实习"三段式结合的组织形式。[①]

高职的课堂教学方法较单一,以讲授法为主,讨论法、实验法、自学辅导法等教学方法较少被使用(如表 2-5 所示,97.2%的教师使用过讲授法,66.7%的教师使用过讨论法,而使用过实验法、自学辅导法、项目教学法、参观法的教师占的比例较小)。单一陈旧的教学方法,在一定程度上,使得学生被动接受知识,缺乏独立思考能力,缺乏批判性思维的训练,久而久之,学生的独立性、批判性、创造性、应用性等能力都比较差,得不到有效发展。

---

① 　罗星海,李全,张卫国,等.高职人才培养模式存在的问题及对策[J].武汉交通职业学院学报,2015,17(2):45-48.

表 2-5　教师常采用的教学方法

教学方法	百分比
讲授法	97.2%
讨论法	66.7%
实习作业法	44.4%
实验法	38.9%
自学辅导法	16.7%
项目教学法	16.7%
参观法	8.3%
其他	0

　　在教学内容、方法、手段等方面的改革和探索上,教师创新能力不强,仅限于满足完成学校安排的教学任务,对新的教学方法缺乏大胆尝试和创新。将近一半(47.2%)的教师很少尝试教学方面的改革(比如教学内容、方法、手段的更新等),38.9%的教师有时尝试教学改革,经常尝试教学改革的仅占 13.9%(如图 2-7 所示)。

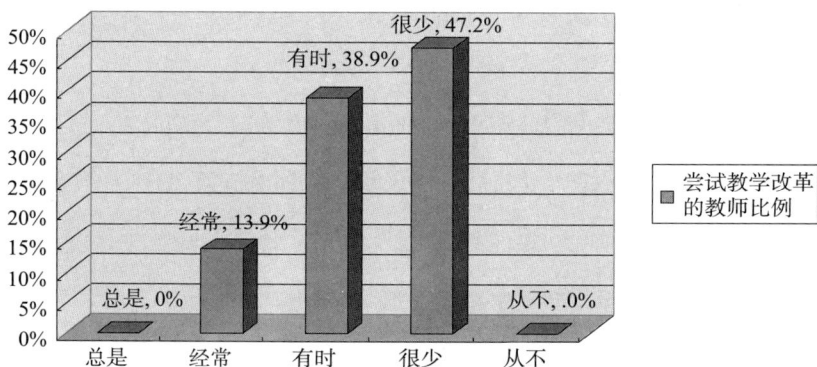

图 2-7　教师教学改革情况

　　对于职前教育而言,理论教学与实践教学契合度不高。从当前一些高职院校的教学实践看,这两类教学体系搭配尚不默契,不能发挥出两者共同促进高技能人才培养的合力作用。有些高职院校的理论教学与本专业、本行业的生产实践联系不紧密,导致很多理论知识用不上。

高职教育的基本问题是教学没有从知识型向技能型转变。专业课程的教学上,仍未转变学生在课堂上听老师讲课这一方式,所用的教材未能充分体现以学生的实践技能为导向;教师教授的理论课程仍然是以传统模式为主,而忽略了学生的技能培养。这种课堂教学容易造成学生机械地记忆知识,使知识产生的全面活动变为单一的知识传递过程,使学生的主体性知识变为被动接受和学习知识的过程。同时,在高职院校生源需求多样化的背景下,相当一部分教师尤其是老教师的教学手段仍然局限于传统多媒体课件的使用上,这对职业教育的教学是远远不够的。现代信息技术的运用也存在不少问题,如数字化教学、远程通信、网络平台等不能很好地用于教学,或者仅仅把现代化教学手段作为辅助手段,传统的教学方法难以充分发挥学生的自主性。

(三)实践教学效果不尽如人意,创新实践技能训练欠缺

当前,许多高职学校轰轰烈烈地开展了前所未有的实践教学,但是受实践教学的硬件条件(场地机器设备少、经费有限等)以及软件条件(指导教师水平有限、教学制度不完善等)的制约,各学校实践教学的效果参差不齐,大多浮于表面,整体上效果不尽如人意,主要的问题有以下几点:

1.学生对教学实习活动满意度较低

学生对学校安排的教学实习活动的满意度情况为:非常不满意的占 2.4%,较不满意的占 40.8%,无所谓(不确定)的占 32.2%,较满意22.7%,非常满意1.9%。(如图 2-8 所示)

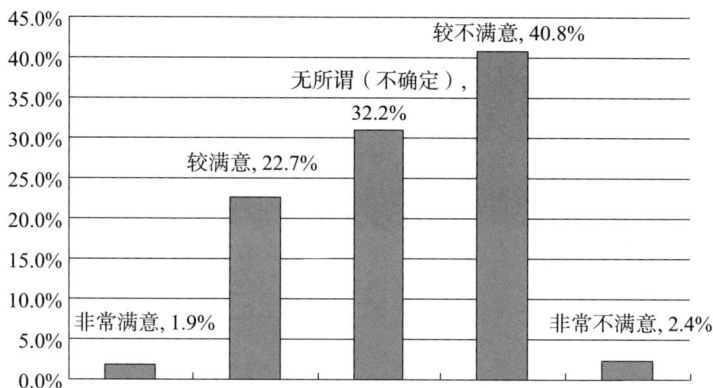

图 2-8　学生对教学实习活动满意度

2.技能综合应用能力及创新能力训练有待加强

目前高职院校实践教学的整套体系缺乏系统性,学生在单项、孤立的实践教学环节中接受训练,不利于培养综合运用所学知识技能的能力。另外,在实践教学中,学生只能完全按照教师设计好的方案及步骤进行,参与实验的积极性普遍不高,更谈不上创新能力的培养。此外,学生通过实践教学环节参与企业技术研发的机会较少。43.2%的被调查学生表示从没有机会参与企业的技术研发项目,31.9%表示很少有机会,14.7%表示有时有机会,而经常有机会只占7.5%,总是有机会的占 2.7%(如图 2-9 所示)。

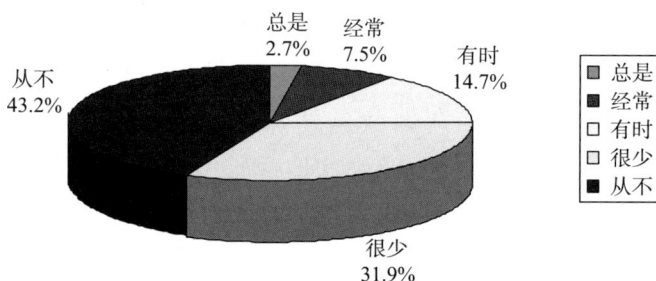

图 2-9　学生参与企业技术研发项目的机会

第五节　高职人才培养考试评价分析

现行高职院校招生考试制度对创新人才培养存在着一些阻碍。考试是教学的一个重要组成部分,尽管许多地区和高职院校在招生考试制度上做了很多尝试和改革,但是我们还应该看到高职人才培养招生考试制度仍存在着不少的问题,主要表现在以下几个方面:

一、"技能高考"等自主招生考试发展存在困境,不拘一格选才机制有待完善

作为一个新生事物,从湖北省试点院校的实践来看,"技能高考"发展面临着诸多困境。如果不妥善解决,这些困境将成为"技能高考"改革与发展的瓶颈。本书认为,"技能高考"面临着以下困境[①]:

困境一:生源问题。

生源是高职教育的命脉,没有生源,高职院校就无法生存和发展。一方面,生源质量对高职院校的办学质量有着直接影响,是保证人才培养的先天条件。生源质量是提高教育教学质量的一个基础环节。另一方面,拥有优质生源和众多的报考者,是考试制度保持生命力的保障。一种招生考试制度即使再完善,倘若没有优质生源,这样的考试制度还是没办法发挥作用,无法选取到合适的人才。这样的考试制度将会失去其生命力,甚至有被废除的危险。目前,从"技能高考"生源的数量和质量来看,生源问题是其面临的一大困境。

---

① 杨岭."技能高考"的发展困境与改革策略——以湖北省为例[J].中国考试,2013(3):58-62.

首先,从生源数量来看,现在职业培训学院普遍面临生源不足的问题,这已成为一个不争的事实。高职教育历来不被广大考生和家长看好,许多人不愿意读中职,更加不愿意读高职,接受职业教育是不得已的选择。因此,高职院校的生源数量问题越来越严重,"技能高考"在改革与发展中也将面临严峻的生源问题。其次,从生源质量来看,目前不少中职教育一味注重升学率,兴办综合高中,完全偏离了原本的办学方向。培养出来的学生技能操作能力不足,直接影响了"技能高考"的生源质量。

困境二:录取标准问题。

任何一种考试都涉及录取标准的问题,合理的录取标准是保证考试信度和效度的前提,也是保障考试公平性的基础。"技能高考"同样也需要制定一套合理的录取标准,这样才有利于考试的有效进行。目前从湖北省试点院校的情况看,"技能高考"分文化综合考试和专业技能操作考试两部分。文化综合考试由湖北省教育考试院组织编写大纲、命题、制卷、评卷,考试由各县(市、区)教育考试机构负责组织管理,考试内容包括常识、语文和数学三个部分,共200分。专业技能操作考试侧重对技能的考核,考试大纲由具体院校制定、湖北省教育考试院审定,考试的组织管理、设备材料准备、评卷工作也分别由具体的院校负责。在考试大纲中关于考试标准的表述多为"初级技术标准",较为含糊,缺乏具体的评价指标,合理有效的评价体系还没有建立起来。倘若不解决此问题,"技能高考"的发展将面临很大的障碍。

困境三:录取公平性问题。

公平性对于任何一种考试都至关重要,它决定考试能否真正选拔出所需要的人才,考试的公平性问题历来也是考生和家长甚至是社会各界高度关注的问题。所谓公平,就是公正而不偏袒,对所有人员一视同仁,不带任何偏见。在某种意义上解释为正义、公正。"技能高考"的发展面临着公平性问题。首先,主观色彩重的技能操作考试量化评分较为困难,深受考官的个人好恶影响。主观因素对最终结果乃至录取与否影响很大,它面临着如何确保公平性与科学性兼顾的难题。其次,"技能高考"作为新生事物,相应的监督机制不完善。与传统的高考相比,"技能高考"还在试点阶段,各方面的管理制度还相当不完善,监督机制也未建立,这势必影响到录取的公平性。

困境四:财政投入问题。

技能操作考试涉及机器设备、实验仪器等,需要投入一定的资金购置,否则无法进行,或者只能走走形式,测试效果很不科学。因此,政府的财政投入问题是关乎"技能高考"能否走得长远的一个重要影响因素。缺乏足够的财政支持,"技能高考"恐怕会成为无源之水,不能长流,无本之木,不能长青。

因此,我们从"技能高考"的例子中可以很明显看到高职自主招生考试存在的诸多问题。包括"分组联考""高会统招""推荐入学""三位一体""考后自主招生""注册入学""多次录取"等高职自主招生考试也存在类似的问题,突出表现在以下几点:

一是不够科学的录取标准。目前,尽管各试点高职院校自主招生的具体实施办法略有不同,但是从整体上看,我国高职院校自主招生考试的录取主要采用这样的标准:考核学生的文化基础知识以及综合素质、能力特长等。文化基础知识主要通过笔试成绩来考察,考察学生的语文、数学、外语等学科基本知识。一些学校直接以高中阶段学业水平测试总成绩为依据,一些学校看由考生所在学校提供的成绩材料,一些学校则自主出卷,组织学生进行笔试。而综合素质、能力特长主要通过面试来考察,考核学生口语表达能力、思考问题的能力、知识面、视野、特殊才能、技能等,部分学校还同时设置加分项目,参照考生的材料,对于体育、文艺特长生、学生干部、获奖者、职业资格证书获奖者进行加分。现实的情况是,不管是文化基础知识的考察还是综合素质的考核,我们都难于找到一套科学有效的录取标准,特别是面试与加分项目,并没有固定和统一的标准可循,录取随意性较大,因此高职的命题水平受到各方严重质疑。科学录取标准的缺乏直接影响到高职院校自主招生考试的公平性。

二是主观色彩重的考试形式。高职自主招生考试给了学校很大的灵活性,然而其中不免掺杂着主观随意性,高职自主招生考试的公正性和公平性难免引人质疑,面临着如何确保公平性与科学性兼顾的难题。面试与加分项目几乎占了整个考试的半壁江山,而这两项并没有固定和统一的标准可循,全靠面试官的主观判断,加上考生提供的材料。我们都知道,对于综合素质的考察绝非易事,它是复杂的,甚至需要在长期实践中才能体现。参差不齐的面试考官们只能通过考生短短几分钟的自我介绍、才艺展示、回答问题等来考察如此复杂的素质和能力,面试结果量化评分较为困难,其最终考核结果深受考官们的个人好恶影响。主观因素对最终面试结果乃至录取与否影响很大,高职院校自主招生考试公平性深受质疑。

三是不完善的自主招生管理制度。第一,监督机制不完善。首先,对于高职自主招生考试,国家层面缺乏统一的政策法规,而地方政府对于高职院校的自主招生考试缺乏完善的监督机制,社会公众也很难真正去监督高职院校招生的公平性和合理性。由于人的固有私欲以及高职自主招生制度本身的监督机制不完善,使得考试的公平公正难以保证。我们或许可以相信一些学校能够做到自主招生的公平公正,但在监督机制缺失的前提下,保证所有自主招生的高职院校都做到这一点,还有很长的一段路要走。第二,诚信机制不完善。高职招生考试中,综合能力考核需要参照考生提供的书面材料,这些材料大致包括:考生本人填写的报名表、自荐信、考生的《学生综合素质评价手册》、教师评语、高中阶段获奖和社会工作证明材料等。受整个社会诚信风气影响,存在着个别考试弄虚作假、伪造证明材料的现象,自荐信和教师评语的客观性也有待考量。高职自主招生中的诚信机制还很不完善甚至缺失,这对于高职自主招生的公平公正是个不小的挑战。①

二、中高职衔接招生考试制度不健全②,人才成长通道不畅通

中高职教育衔接不畅主要体现在培养目标不清晰、专业设置不统一、管理体制不完善、招考制度不健全、课程设置不科学、培养模式不匹配等诸多方面。其中,招生考试制度作为高等职业教育选拔录取新生的重要手段,是中高职教育衔接的关键环节。中高职衔接的招生和考试,具有"指挥棒"的导向作用,发挥着选拔合格人才的筛选功能。技能高考更引起社会广泛关注,也自然成为职业教育包括高等职业教育和中等职业教育的共同焦点。围绕与中高职衔接有关的高职考试和招生中的若干重要问题进行剖析,归纳出当前中国中等职业教育与高等职业教育招生考试模式主要有三种:第一种是对口升学模式。即中等职业学校自主招生,学生完成三年中职学习,通过对口升学考试进入专业对口的高等职业院校,接受两至三年的高职教育模式。第二种是五年一贯制。即一个高职院校与几个中职学校形成的衔接模式,具体表现为"3+2"形式,由中等职业学校面向初中毕业生招生,学生在接受完3年中等职业教育的基础上再接受2年高职教育,毕业后发给相应的中高职文凭。五年一贯制适用于体育、艺术、学前教育、护理

①　王凌云.高职院校应对生源危机的对策分析[J].中国成人教育,2011(23):13-15.
②　杨岭,潘伟彬.基于招生考试制度改革的中高职教育有机衔接研究[J].考试研究,2014(4):20-25.

等需要技术积累时间比较长的专业,这些专业技术含量比较高,因此培养的周期也比较长。第三种是单独招生,每年 4 月到 5 月完成,通过单独招生入学的考生无须再参加高考。但是,中高职教育衔接中的招生考试制度存在着诸多问题,突出表现在以下几个方面:

其一,对口升学招生指标少,中职学生求学深造的道路依然艰难。对口升学源于 20 世纪 90 年代中期,伴随着中国经济政策的不断调整,为了适应社会对职业技能型人才的需求,同时也为了扶持中职教育的不断发展,满足中等职业学校学生继续升学的诉求,国家出台了"对口升学"的政策。这个政策是国家从高校招生计划中选择部分专业,拿出专门指标,对希望继续深造的职校生进行对口专业的高考。①虽然目前中职毕业生已超过普通高中毕业生数量,但是高职院校招生仍以招收普通高中学生为主,对口升学招生指标限定在 5% 以内,"三校生"招生规模逐渐缩小,极大降低了高职院校招收中职毕业生的热情,中职学生求学深造的道路依然艰难,学生完成中等职业教育后接受高等职业教育机会很少,这不管是对中等职业教育还是对高等职业教育都产生许多不利影响,也不利于缓解"普高热"现象。

其二,中高职衔接重形式轻内涵,片面强调升学率。中等职业教育与高等职业教育都属于职业技术教育的范畴,有密切的共通性。中等职业教育是高等职业教育的基础,而高等职业教育是中等职业教育的延伸,对口单招考试就是保证中高职教育良性衔接的"立交桥"。但是,当前中高职衔接重视形式、轻视内涵,对口单招考试片面强调升学率,专业教学被弱化。当下许多中等职业学校片面强调学生的升学率,而与之相对应的是专业教学被严重的弱化、边缘化,这些中等职业学校会单独设立所谓的"对口单招预备班",其目标直接指向对口高

---

① "对口升学"——职教发展的新趋势,职教学生的新选择[EB/OL].http://www.hnqg.cn/07/article512.html;2014-03-26.

考。据调查,在这类中职学校的课程设置中很多与考试科目无关的课程被随意地删减掉,大大地减弱了学生综合素质在中职阶段的培养;在这个过程中,中职专业课程教学的主导地位被动摇,违背了国家对中高职"一体化"发展的要求,导致现行开设的课程与原教学计划产生不同程度的偏差,原有的与考试无关的基础课程以及各类实训课程被大量压缩、删减,致使中职学生在升入高职阶段后难以适应教学要求,知识面薄弱、技能水平过低,在不同程度上直接影响了高职教育的发展,背离了国家开设中职教育的初衷。

其三,中高职衔接招考制度考试内容存在不完善之处。对于高等职业院校的入学考试究竟要去考哪些内容、如何去考这些内容,这些问题直接影响中职阶段在课程设置、教学模式等方面与高职阶段学习衔接的问题。目前国内现行的高职院校考试和招生工作是以各省和市为具体单位开展的。就目前情况,参加考试的考生按照生源的不同,可以分为全国统一考试和高职院校单独考试招生两个大类,对于那些参加全国统考的普高生,因为尚未完全摆脱应对普通高校招生考试的学习模式,该类学生所表现出来的职教特色不明显。对中等职业教育的学生(以下简称"三校生")采取"3+2"模式。以北京市为例,在高职招生考试当中语文、数学、外语三门文化课的考试由招生考试院负责和组织开展,进行全市范围内的统一考试,而另外的两门课程——职业技能和专业技术理论则是由招生的高职院校命题主考。其中,专业技术等级证书可以作为职业技能课程考试的参考成绩,也就是通常意义上的加分项,甚至可以免试。尽管北京市的这种文化课知识和动手能力兼顾的考试模式受到了广泛的认可,但是也存在一定程度上的问题,例如:就文化课的考试来说,三门课程的考试均没有客观统一的课程及考试标准,这就意味着与三类学校的教学大纲难以衔接,最终导致"三校生"在不同程度上表现出参差不齐的局面。虽然国家把中专、职高和技校都全部归属于中等职业教育的类别,但是应该看到的是这三类学校在基本学制、教学计划安排和教材选择及使用上存在着较大的差异,缺乏通用的标准。因此,要想解决这个问题,中职与高职院校应相互协作,共同应对。中高职衔接招考要在考试的时间安排以及考试方式上与高考、毕业考试、就业分配的时间进行交叉、协调;对于高职院校,每年一轮组织各专业进行两门考试会加重其负担。

其四,职业教育缺乏吸引力,高等职业教育面临生源危机。按照中国现行的招考政策,高等职业教育生源主要有三个方面:一类普通高中毕业生;第二类是"三校生";第三类是同等学力的在职人员。这三类中,普通高中毕业生占的比重最大,中等职业学校毕业生次之,第三类同等学力在职人员最少。由于中国职业教育体系缺乏中高职教育衔接学制方面的顶层设计,职业教育专科层次、本科、硕士、博上层次教育学制体系没有真正得以建立,导致职业教育学历层次较低,职业教育在招生中缺少吸引力,高职教育面临严重的生源危机。过去的教育模式使得职业教育缺乏吸引力,致使高等职业教育的发展受到制约,在生源数量和质量上都不能得到有效的保证。

三、学生考核体系有待完善,难以为人才培养提供指引和保障

考试作为一种衡量教育过程与教育质量的手段,对创新人才的培养影响重大。纵观世界,高等职业教育办得较好的国家有德国、美国、澳大利亚、日本等发达国家,这些国家的高等职业学校都建立了一套完整、科学的学生考核体系。比如,澳大利亚 TAFE 教育考试、英国国家职业资格证书考试、德国双元制考核方式、美国高等职业考试。目前,我国高等职业教育还未建立起一套合理、完备、科学的考核体

系,除了国家职业资格考试外,各高职院校一般沿用传统的考核方式。

虽然,许多高职院校在考试制度上做了一些尝试和改革,比如采用平常考核＋期末考试、理论考核＋技能考查,更加注重过程性评价,考试方法上参照课堂考勤、平常习题作业、课堂提问、实践环节表现等方面,这些都是进步的现象。从图 2-10 中可以看出,30.6% 的教师对学生考核主要采用纸笔考试,注重基础理论知识考核。采用实践操作,注重知识应用和能力培养的占 33.3%;采用成果考核(如论文、制品、调查报告等)的占 8.3%;采用多种考核方式的占27.8%。纸笔考试以及实践操作是高职教师对学生进行考核的主要形式,这与目前高职院校的实际情况是相一致的。目前高职院校理论课和实践课的开课数量以及课时数基本接近,理论课教师一般采用纸笔考试,考查学生基础知识;而实践课教师则采用实践操作的方式,来考查学生技能的掌握情况。

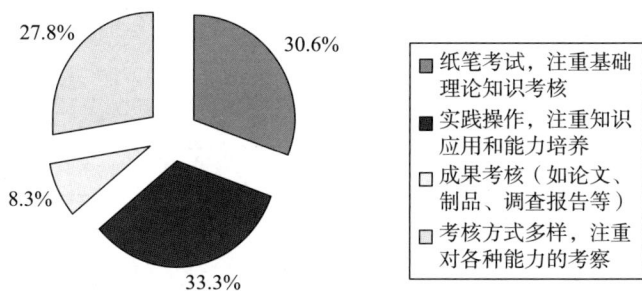

图 2-10　教师对学生考核内容

考试内容片面。考试内容偏重知识方面的考查,轻综合能力的评价。现行考试内容多局限于教材中的基本知识和技能,甚至一部分任课教师考前还为学生划范围和圈重点,进行有针对性的辅导,致使一些学生平时不学习、考前搞突击、临时抱佛脚,还有部分学生抱着侥幸心理在考试中作弊,这样的考试内容很不利于学生思维、分析能力、综合能力的培养和创新精神的形成,①这样的考试同高职创新人才的培养是格格不入的。技能课的教师偏重技能的考查,而技能的考核比较难于量化,缺乏一套客观、科学的考核标准。在实践操作中,教师根据个人头脑中的模糊标准给学生打分,学生也没办法知道自己掌握技能的水平如何。另外,考核的方式以及组织全部由任课教师决定,具有较大的随意性。

在理论课的考核上,传统的有标准答案的纸笔考试、闭卷考试仍据主导地位。表 2-6 和表 2-7 可看出,比例较高的选项是期末笔试成绩以及闭卷考试这类传统的考核依据和考核形式。

表 2-6　教师对学生考核依据

考核依据	比例(%)
期末笔试成绩	66.7
课堂考勤	55.6
平时习题作业	72.2
课堂提问	61.1
实践环节表现	58.3
创新成果(如论文、制品、调查报告等)	33.3
其他	5.6

考试形式单一。目前,高职的考试形式比较单一。几乎所有的公共课千篇一律都是采取闭卷考试形式,灵活性差,学生自由发挥的空间小。此外,考试多以笔试为主,口试、答辩、报告、机试等方式很少。不少高职院校生上课不专心听讲,无精打采,睡觉、讲话、发短信、看小说等,甚至逃课,考试前背书本、笔记、资料。这样的考试形式不利于学生的个性发展,学生的创造力得不到有效开发,不利于高职培养创

① 王斌,李建荣,杨润贤.基于现代学徒制的高职拔尖创新人才培养路径构建[J].教育与职业,2019(21):102-107.

新人才。表 2-7 显示,自进入高职院校学习以来,90.3％的受调查者经历过闭卷考试,76.5％经历过开卷考试,52％经历过实践技能操作考核,而经历过成果考核(如论文、制品、调查报告等)、口试以及其他考核形式的仅有 32.5％、28.2％、5.6％。

表 2-7　学生经历过的考核形式

考核形式	比例(％)
闭卷考试	90.3
开卷考试	76.5
口试	28.2
实践技能操作考核	52.0
成果考核(如论文、制品、调查报告等)	32.5
其他	5.6

第六节　高职人才培养环境条件分析

　　高职教育在社会偏见影响下作为"末流"教育,难以吸纳整合家庭、社会等教育资源,不利于人才培养环境氛围的营造。长期以来,职业教育的发展深受社会观念对其偏见而带来的各种制约,职业教育被视为低端教育,上职业院校求学是考不上普通院校的无奈之举,职业教育的办学质量与人才培养饱受质疑。加之政府缺乏相应的重视程度,教育财政不足,使得职业教育的发展长期处于一种缺少优质生源和财政拨款的困难状态,职业教育在技能型创新人才培养的应有作用大受影响。① 学历层次较低,职业教育的低端性、低层次化刻板印象依然广泛存在于人们头脑中,唯有学习成绩差、考不上理想大学的学生才无奈接受职业教育,加之职业教育缺乏向上的通道,职业教育的发展步履维艰,职业教育人才培养质量亟待得到认可。② 此外,缺乏职业教育同普通教育互通的制度设计,人才成长的通道非常有限,职业教育甚至于成了"断头教育"或者"终结教育"。职业教育体系内部中等职业教育与高等职业教育也存在着沟通上的障碍,中高职教育缺乏相应的互认、融通的制度和机制。高职技能型创新人才的培养亟须改善育人条件。

一、硬件条件有所改善,但仍需加大经费支持力度

近年来,高职院校办学经费有所增长,硬件条件得到一定程度的改善。高职院校教育实训基地建设获得中央财政支持,比如原厦门医学高等专科学校(160万)、厦门华厦职业技术学院(140万)、厦门南洋职业学院(180万)和厦门华天涉外职业技术学院(200万)四所高校合计获得中央建设资金680万,地方和学校同比例配套,共1 360万。③ 高等职业教育质量年度报告[厦门东海职业技术学院(2019)]数据显现,厦门东海职业技术学院2017年生均教学科研仪器设备值为7 213.4元/生,2018年上升至7 757.13元/生,生均教学及辅助、行政办公用房面积由2017年的16.31平方米/生上升至2018年的18.52平方米/生,生均校内实践教学工位数由2017年的0.38个/生上升至0.39个/生。高等职业教育质量年度报告[厦门海洋职业技术学院

① 贺修炎.终身教育体系中的高职教育[J].教育研究与实验,2009(4):53-59.
② 韩天学.基于系统理论与终身教育理念的职业教育体系研究[J].教育与职业,2014(26):5-8.
③ 我市四所高职院校获得中央财政支持的高职教育实训基地建设项目[EB/OL].http://www.xmedu.gov.cn/sso/NewsList.do? action=showNews&newsID=29276,2011-08-01.

(2019)]数据显示,2016—2018 年厦门海洋职业技术学院的教学科研仪器设备值、纸质图书总量及其生均水平均持续增长,其他各方面的总量及其生均水平处于基本持平状态。其中,教学科研仪器设备值2018 年比 2017 年增加 1 017.18 万元,增长率为 13.19%,比 2016 年增加 1 531.95 万元,增长率为 21.28%;生均教学科研仪器设备值 2018 年比 2017 年增加 1 533.55 元,增长率为 16.07%,比 2016 年增加2 193.51元,增长率为 24.69%(如表 2-8)。

表 2-8　厦门海洋职业技术学院设施设备 2016—2018 年变化情况

项目名称	2016 年	2017 年	2018 年
校舍建筑总面积(万平方米)	20.18	20.73	20.74
教学科研仪器设备值(万元)	7 198.4	7 713.17	8 730.35
纸质图书总量(万册)	46.78	48.7266	50.75
生均占地面积(平方米)	59.3	59.61	60.84
生均教学科研仪器设备值(元)	8 884.5	9 544.46	11 078.01

　　厦门城市职业学院占地 516.87 亩,校内实践基地数量 125 个,包括中央财政支持的专业实践基地 12 个,省财政支持的专业实践基地 3 个,省 VR/AR 职业教育公共实训基地 1 个。厦门软件职业技术学院为各类创新创业学生、企业团队提供了总面积约为 7 500 平方米的创业基地,其中实训楼 4 000 平方米(含实训中心一楼大厅),D 栋、E 栋教学楼 3 500 平方米,并免费提供创业团队入驻所需的水、电、网络、电话和办公桌椅等基本设施,提供路演厅、咖啡厅等创业休闲。[①]

　　从以上这些数据可以看到,高职院校的办学经费投入有所增长,人才培养的硬件条件有所改善,应该说这是一个可喜的现象,有助于保障高职人才培养的开展和高职院校办学的持续发展。但是,高职院

---

① 高等职业教育质量年度报告厦门城市职业学院(2019)、厦门软件职业技术学院(2019)。

校特别是民办高职院校在接受政府财政支持上仍然非常有限,民办高职在经费、政策等方面面临不公平待遇,例如在 2009 年对厦门高校困难学生的资助金配给上,厦门市政府对于公办和民办高职院校的投入差距巨大,公办高职院校的资助金由教育行政部门负担 80％,学校负担 20％,而民办高职院校由学校出 80％,教育行政部门出 20％。[①] 办学经费的紧缺是民办高职进一步发展的瓶颈。

我们知道澳大利亚 TAFE 学院的资金主要来自政府资金,但随着教育市场化和私立学校、培训机构的竞争加剧,目前政府拨款占到学院经费三分之二左右。澳大利亚从 20 世纪 70 年代开始立法保证政策,确保政府拨款到位。在我国,政府在法律中明文规定国家建立以财政拨款为主,其他多种渠道筹措教育经费为辅的体制。但是相比较起来,对于高职教育的投入还是低于澳大利亚,由于校园领导者仍然不敢主动放权,也不能尊重教学团队的科学规划意识,将财务系统与教学利润挂钩,并不愿意花费大量资金投入管理校园环境,资金也不能得到最大效能的利用。

我们可以看到,我国的高职教育目前仍显稚嫩,对于教育组织模式仍处在探索阶段,资金投入不足也与重视程度和招生情况紧密相关。教学资源库资源有限,教学设备的不完善,部分高职院校的教学资源库由于经费的不足,导致这些高职院校的资源库收纳的资源不足,可能在一定程度上影响了该高职院校学生的学习积极性和学习态度,也可能导致该高职教师不能更好地开展科研教学活动。毕竟有好的资源是领先的第一步。

教学设备的不完善会对高职院校的学生造成一定的麻烦,例如学前专业的学生需要琴房、舞蹈房、绘画室等,这些都是需要高职学校投

---

① 郑若玲,王晓勇.民办高职院校可持续发展的困境与建议——以厦门民办高职院校为例[J].集美大学学报(教育科学版),2011(4):44-49.

入资金来购买的必需的教学设备,否则学生就会在理论中困惑地学习,也就是纸上谈兵,这将阻碍学生的技能学习的健康发展,导致今后走上岗位也无法独立完成任务。

二、校企合作深度融合不易,难以支撑实践与创新能力训练

一直以来,职业教育的办学形式较为单一,职业院校的办学相对封闭,职业教育未能深度与行业和企业建立合作,也与终身教育的理念和精神格格不入,如果不加以改变,职业教育和终身教育难以实现对接。因此,进一步深化职业教育与社会尤其是与企业的联系,成了职业教育自身发展及其向终身教育体系融入的重要环节。纵观国际社会职业教育的校企合作,主要有"双元制"、"三明治"等方式,这些校企合作的模式被世界各国广泛地学习、运用和推广。职业教育逐步实现了由封闭办学向开放办学的转变,职教和企业在知识与技术方面实现广泛合作与资源共享,职业教育办学获得了持续的动力,职业教育的发展也呈现出不同的特色。然而,受市场以及职教管理等诸多原因的制约,职教院校同企业融合的深度有待进一步加强,校企合作的互动机制亟待进一步构建和完善。[①]

目前,高职院校积极建设实习实训基地,加强实践教学,试图提高学生的实践技能。学校依托与学校有合作关系的企业优势,大力推行"校中厂""厂中校"的校企共建实习实训基地模式。一方面,有效吸取合作企业的技术、资金、设备优势,共建校内实训基地,承担学生的实训实习或者生产性学习任务。另一方面,通过签订协议、在企业挂牌等形式,在企业建立相对稳定的校外实习实训基地。如厦门安防科技

---

① 吴志红.基于终身教育理念的高等职业教育创新发展策略[J].教育与职业,2011(29):23-24.

职业学院,近年来在合作企业的协助下,陆续建成了电工电子实验室、计算机网络实训室、安防综合实训室、楼宇智能化实训室、交通智能化实训室、消防自动报警、自动灭火实训室等。[①] 厦门兴才职业技术学院的市级重点专业机电一体化专业,与路达(厦门)工业有限公司一直保持友好合作关系。学院先后派出机电专业学生分五批到路达进行顶岗实习。[②] 厦门东海职业技术学院旅游会展系酒店管理专业以天鹅国际(香港)酒店管理有限公司为实习实训基地,开展"订单式"联合培养人才模式。表 2-9 呈现了厦门各高职院校实训基地建设情况。

表 2-9　厦门各高职院校实训基地建设简况

学校	实训基地建设
原厦门医学高等专科学校	国际级技能型紧缺人才培养基地; 校中厂、厂中校实训基地建设; 特色实训基地:义齿生产性课堂一体化实训基地、口腔工艺; 校内实训基地 6 个,校外实训基地 68 个; 省级实训基地:口腔、护理
厦门城市职业学院	中央财政支持的实训基地 2 个; 省财政支持的实训基地 1 个; 校外实习实训基地 136 个,形成校外实训基地网络
厦门海洋职业技术学院	建有功能较为完善的校内实训室及各种仿真实训室 99 个; 校外实习实训基地 121 个,其中国家级财政资助的实训基地 2 个,省级财政资助的实训基地 3 个; 食品加工技术专业(水产品加工方向)和水产养殖技术专业分别被列入福建省"生产性实训基地建设"改革试点和"校企联合培养高技能人才"改革试点项目

---

① 张盼.厦门市高职院校校企合作问题与对策研究[D].厦门:厦门大学,2012:54.
② 张盼.厦门市高职院校校企合作问题与对策研究[D].厦门:厦门大学,2012:49.

续表

学校	实训基地建设
厦门华厦职业学院	食品药品安全检测中心,获批建设"福建省产品质量和食品安全检测试剂与仪器工程技术研究中心""厦门市食品药品安全重点实验室"
厦门华天涉外职业技术学院	9 大实训中心共 88 个实验室; 2 个校内生产性实训基地; 4 个就业孵化基地
厦门软件职业技术学院	建立了产学研一体化实训基地 32 个; 被教育部和财政部认定为财政重点扶持的"计算机应用及软件人才培养基地"; 厦门市、集美区首批"创业孵化基地"; 厦门市首批"中小企业服务平台"厦门市"服务外包人才实训基地" 动漫设计与制作专业被厦门市认定为"市重点专业"

资料来源:根据厦门市教育局提供资料整理

　　校企合作难于深入。校企合作形式单一、水平不高、程度参差不齐且缺乏深层合作,导致高职院校研发实力不足,不能较好满足企业的研发需求,因此,校企合作中科研合作水平较低。校企合作的深化必须在合作培养、培训人才的基础上,寻求其他领域合作,科研合作是重要内容。从理论上讲,高职院校在相对基础性的理论研究、科研开发、技术开发等方面,较之企业有一定优势,至少与企业自身研发能够形成互补。但从现实来看,高职院校普遍缺乏足够的研发能力,办学起点低、科研经费少、设备不足,教师缺乏参与科研,科研能力相对薄弱,因此在校企合作中常常处于弱势位置,缺乏话语权和主动权,双方的合作就失去了平等对话、互补共赢的基础。目前,厦门市大部分高职院校与企业的研究合作仍处于初步探索阶段,绝大部分院校尚未或较少地在提高自身科研能力、加强校企研发合作上做出积极主动的规划和行动。①

另外,校企合作中双方目的的不一致,学校热、企业冷,缺乏有效的利益协调。因为企业是以营利为目的的,追求的是经济利益,不愿意多投入,而学校出于培养人才的目的,本身办学经费有限。合作中的短期行为严重,缺乏长期合作的保障机制。

三、师资队伍创新素质薄弱,技能创新人才成长缺乏有效引领

师资队伍是人才培养软环境建设的一个重要方面。优秀的教师队伍是保障人才培养质量的关键。高职教师的知识水平、技术能力、创新精神和创新能力将对高职技能型创新人才培养起重要的指引性作用。高职院校师资队伍逐渐得到优化,教师队伍的人数、学历层次、职称结构等方面都有所进步。

表 2-10 厦门市市属高职院师生人数统计表

单位:人

学校	2011 年			2017 年			2018 年		
	在校生数	教职工数	专任教师	在校生数	教职工数	专任教师	在校生数	教职工数	专任教师
厦门华厦职业学院	4 658	339	223	6 045	352	304	6 063	415	314
厦门演艺职业学院	690	129	56	1 385	174	108	1 503	187	117
厦门华天涉外职业技术学院	5 307	578	310	5 780	439	294	6 091	445	306
厦门兴才职业技术学院	3 207	335	175	4 850	376	238	5 382	396	263

---

① 林守章,等.厦门市高等职业教育校企合作案例研究[R].厦门:厦门大学教育研究院,2011:112.

续表

学校	2011 年			2017 年			2018 年		
	在校生数	教职工数	专任教师	在校生数	教职工数	专任教师	在校生数	教职工数	专任教师
厦门软件职业技术学院	3 551	299	225	4 688	258	188	5 445	311	248
厦门南洋职业学院	3 428	372	218	5 140	460	309	4 798	448	300
厦门东海职业技术学院	1 940	156	93	3 136	238	152	3 032	234	148
厦门安防科技职业学院	419	98	52	2 758	228	125	2 717	212	128

资料来源：2011 年厦门市统计年鉴数据（http://www.stats-xm.gov.cn/tjzl/tjsj/）、厦门经济特区年鉴 2019 年。

此外，在建设"双师型"教师队伍上，厦门市高职院校作出了一些探索和尝试。比较普遍的做法是安排教师到合作企业挂职锻炼，让教师及时了解行业现状和发展趋势，丰富实践经验，增强专业技能。如厦门海洋职业技术学院每年有计划地安排专业教师特别是青年教师到航运企业及船舶制造企业，采取岗位培训、挂职顶岗等形式，进行半年至一年的专业实践锻炼，使得老师能接触到行业最新前沿动态和掌握最新知识技能。另外，"双师型"教师队伍建设还包括引进企业有实践经验的人员到学校任教，选派学校老师与企业合作开发项目等。厦门海洋职业技术学坚持兼职教师聘用制度，完善兼职教师资格审查及聘用管理等办法，加强教学质量和任教能力的指导和考核。学院还打算增加兼职教师的聘任数量，建立起兼职教师人才库，切实发挥兼职教师在实践性教学中的作用。[①]

但是高职教师队伍仍然存在不少问题，主要表现在：第一，"双师"

① 张盼.厦门市高职院校校企合作问题与对策研究[D].厦门：厦门大学，2012.

素质教师比例偏低。虽然,各高职院校充分认识到"双师"素质教师在学校教学等诸多方面的作用,采取一些措施引进"双师型"教师,培养教师的"双师"素质,以提高"双师"教师的比例。但"双师"素质教师的比例仍然不高,比如,厦门软件职业技术学院双师素质专任教师比例2017、2018年分别是48.63%、58.67%,厦门演艺职业学院分别是61.9%、55.67%,厦门东海职业技术学院分别是59%、54.3%,与国家要求规定的80%的比例有一定的差距。高职中缺少"双师型"教师,高职教师有些会不重视实际与理论相结合的问题,其自身的实际运用能力较差,不能很好地承担社会服务能力,导致一部分学生在教师的影响下,毕业后在职位上往往会偏离生活实际,照本宣科。而高职院校的教师不仅需要具备教师的基本职业素养,并需要具备较强的实践操作能力,这样才能在教学中引导学生,让学生有所体验生活的实际性,在离开学校之后不再拘于课本,在自己的岗位上发挥自己的一份光和热。

第二,民办高职院校师资力量依然薄弱。民办高职院校占据了整个高职体系不小比重,但是民办高职的师资力量依然薄弱,民办高职教师以青年教师居多。厦门市民办高校专任教师中35岁以下的占65.6%(887人),超过一半;60岁以上的教师也占到了7.8%(105人),而36~50岁年龄段的骨干教师只有19%,还不到1.5%。这些青年教师的学历层次与职称都偏低。据统计,厦门民办高校专任教师本科学历达到81.2%(1098人),其中大部分是年轻人,而硕士学历的教师只有210人(占专任教师总数的15.5%),远远低于国家要求的35%这一比例。在职称层次上,据统计,厦门市民办高校正高级、副高级教师只有258人,不到专任教师总数的20%,初级职称及以下的教师达到了55.5%。[①]

---

① 林守章,等.厦门市高等职业教育校企合作案例研究[R].厦门:厦门大学教育研究院,2011:70.

第三,专兼职教师比例不合理。聘请兼职教师是世界各国高等职业教育的惯例,美国社区学院聘请的兼职教师在数量上就多于专职教师,一般占教师总数的60%。兼职教师一般由社区内的企业家、某一领域的专家及生产一线的工程技术人员、管理人员组成。① 德国高等职业学校的兼职教师所占比例为60%,有的职业学院甚至高达80%,日本高等职业学校兼职教师所占比例也接近60%。② 接受访谈的一位高职教师谈到:"学校在评估期间从企业请了一些人过来教学,感觉蛮好,但是评估结束之后,就没再请了。"

高职院校邀请优秀的国外教师或者本国的资深教师时,往往由于这些优秀的教师与学生、教师之间的交流时间比较短、规模比较小等问题,使得部分教师和学生无法高效率、高吸收地掌握这些教师带来的相关知识,使得高职师资的队伍建设不能有效地提升专业素质。师资基础设施还有待加强,部分高职院校的经费不足以支撑其基础设施建设,校园里的实验室和基地的培训场地有限,设备落后,科技含量不高,无法随着科技的变化趋势而增加相应的技术设备,与社会脱节。

第四,教师来源情况不乐观。从国外高等职业教育教师聘任的标准来看,发达国家高职院校在入口处就要求其专任教师不仅具备扎实的专业理论基础,而且要具有丰富的实际工作经验;不仅能在课堂教学上驾轻就熟,更能在现场教学中游刃有余。③ 但是在我国,高职院校的师资一般由师范学校或普通高校培养,其养成过程也强调理论知识的学习而忽视实践能力的培养,针对性不强,这些教师如何培养具有一定专业技能适应经济发展的应用性人才本身就值得商榷。同时,这些教师如何转型成高职教育所需要的"双师型"或"双师"素质教师,更是目前高职院校发展的症结。从调查情况看,各高职院校专任教师的

---

① 吴雪萍.基础与应用:高等职业教育政策研究[M].杭州:浙江教育出版社,2007:185.
② 彭爽.美国、德国、日本高职师资队伍建设的特色与启示[J].职业教育研究,2006(12):177-178.
③ 吴雪萍.基础与应用:高等职业教育政策研究[M].杭州:浙江教育出版社,2007:7.

来源主要可以分为 5 个渠道:高校毕业直接任教、企业调入、科研机构调入、其他高校调入、政府部门调入。高校毕业直接任教的教师比例最高,占 85.6%,从企业调入的教师仅占 6.7%。这些从高校毕业直接任教的教师实际上就是从学校走向学校,缺乏工作、生产实践的经历和阅历,实际动手能力较差。

第五,相当一部分专业课教师的实际动手能力较差。部分高职教师在实践教学方面还处于起步阶段,教学过程中过于重视技术类方面的教学,但由缺乏长远的目光,致使部分学生仅仅把握住当下的情况发展,没有考虑之后社会发展的变化,也就不能适应好毕业后的职业生涯。

当前高职院校不少专业教师来自应届毕业生,这些"从学校到学校"的教师并没有行业或企业的实践经验,再加上这些教师在校接受的训练多是学术型导向的,以理论性知识为主,特别是研究型大学毕业的硕士,他们在校接受的技能培训相当有限,直接影响了其实际动手能力。而对于已入职的教师,由于学校提供的条件所限,不少教师未能深入一线进行实践锻炼。图 2-11 显示,16.7% 的受调查教师没有在企业/行业从事过与本专业相关的实际工作,25% 只有一年以下的经历,1~2 年的占 22.2%,2 年以上的占 36.1%。

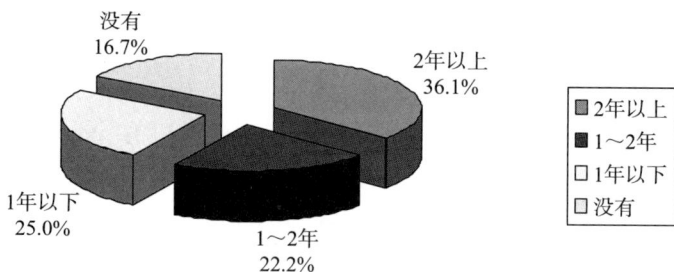

图 2-11　教师实际工作经历情况

　　高职院校的建设目标主要为"双师型",但是从实际建设的过程中可以看出,这种模式仍有许多的问题。人们往往认为只需要拥有了证书,就可以被认为是"双师",这种看法只看到了师资自身的文化水平,而忽视了内涵建设。同时这种师资建设并没有相对应的后续的培养方案。部分高职院校对于"双师型"的教师资源往往只停留于表面,他们往往喜欢通过引进获得更多的师资,但忽略了教师后续的培养方问题,导致一些教师的教学水平在日复一日的重复教学中不断下降。另外,这种模式最为核心的问题就是它并没有相对应的科学评价标准,这也就给了许多人钻空子的机会,而这样的教师对于高职人才培养的教学,基本起不到有效的作用。

　　图 2-12 显示,41.7％的受调查教师表示从未深入企业、科研单位等实际部门参加挂职锻炼,33.3％的人很少深入企业、科研单位等实际部门参加挂职锻炼,13.9％的人有时深入实际部门参加锻炼,而总是和经常深入实际部门参加锻炼的比例最低,分别仅有 8.3％ 和2.8％。这说明相当一部分教师没有相应的企业/行业的工作经历,缺乏实践经验,实际动手能力不强。

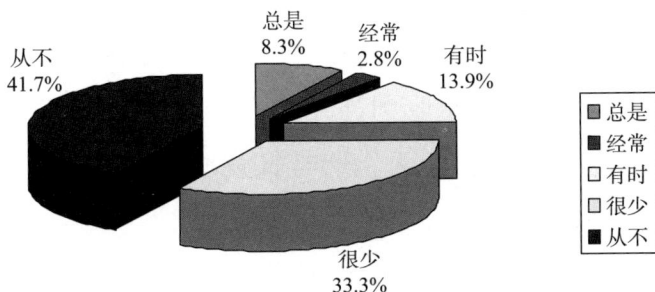

图 2-12　教师到实际部门挂职锻炼情况

30.6％的受调查教师从未参与企业、行业的技术研发工作；44.4％的受调查教师很少参与企业、行业的技术研发工作；19.4％的受调查教师有时参与；总是、经常参与的都仅仅占 2.8％（如图 2-13）。这表明，绝大多数高职教师很少参与企业、行业的技术研发工作，他们的技术研发能力得不到有效的训练，这样的教师队伍创造力如何，我们也就可想而知了。

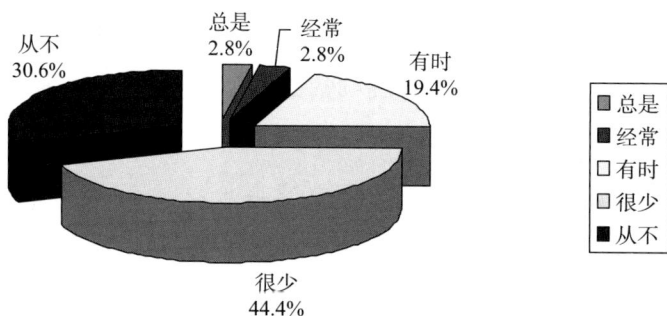

图 2-13　教师参与企业、行业的技术研发工作情况

高校院系的师资培养体系尚未健全，一些高校教师的出国留学、参与科学研究、学术交流、参与专业的学术团体等机会相对较少，在一定程度上限制了高职教师的教学水平的提升效果。一部分争取到去国外进修的高职教师虽然获得参与国外培训的宝贵机会，却由于语言不通等问题，无法很好地吸收国外先进的专业知识与实践技能等，影响了提升自我专业教学的能力。这与日益增长的人才培养方面的需求产生一定的冲突。

有些高职教师只专注于发表论文，提升自己的学位学历，进而忽视了学生对老师指导方面的需要。高职教师不能很好地关心、爱护学生，抵制和批判不利于学生健康成长等方面的发展。

四、校园创新文化氛围淡薄，难以感染和陶冶技能型创新人才

校园文化对人的成长起着潜移默化的功能，对于创新人才的培养，校园文化更是起到"随风潜入夜，润物细无声"的效果。当前高职院校校园文化呈现出一些积极的有益于人才培养的特征，但也存在诸多亟待改善的问题。

首先，高职校园文化在某种程度上呈现出一些育人特征，这直接反映在校训上。校训是广大师生共同遵守的基本行为准则与道德规范，它既是学校办学理念、治校精神的反映，也是校园文化建设的重要内容，是一所学校校风、学风、教风的集中表现，体现大学文化精神的核心内容。[①] 表 2-11 可见，从调查的厦门市高职院校的校训内容上来看，选词意义都很好，其表达重点大多倾向于对能力、道德、技术、知识、职业、行为等的表述，取材大多来自《周易》《礼记》《道德经》《大学》《中庸》《论语》《孟子》等古籍，部分高职院校校训颇能体现出高职的特色。

表 2-11　厦门市部分高职院校校训

学校	校训
厦门软件职业技术学院	德才兼备，学做一体"
厦门南洋职业学院	勤奋、求实、拼搏、向上
厦门城市职业学院	明德强技、笃行致用
厦门安防科技职业学院	厚德、博学、精技、拓新
厦门兴才职业技术学院	厚德精技、兴华铸才
厦门海洋职业技术学院	诚以待人，毅以处事
原厦门医学高等专科学校	德厚立人、术湛立业
厦门演艺职业学院	博学、求真、至善、尽美

资料来源：各学校网站搜集整理

---

① 张宁.应用型创新人才培养模式研究[D].厦门：厦门大学，2012：199.

其次,民主自由的高职校园氛围也得到了部分教师的认可。1.4%的教师非常同意学校的氛围是民主自由的,43.3%的教师比较同意,14.8%较不同意,10.9%非常不同意(如图2-14)。

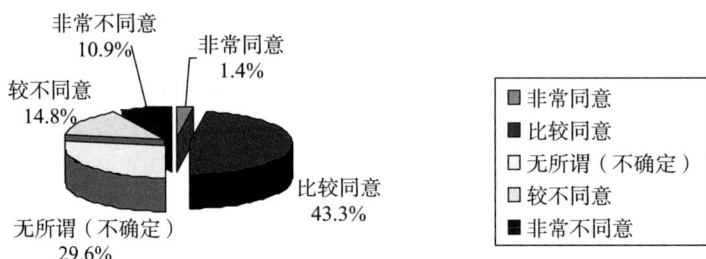

图 2-14　学校的氛围民主自由赞同度

但是校园创新氛围较差,从教师群体来看,52.7%的被调查教师认为教师群体的创新氛围一般,16.7%认为较差,5.6%认为非常差,认为较好的占 25%(如图2-15 所示)。部分受访教师谈到:"学校对我们工作的要求和考核并没有特别强调创新、科研之类的,只要我们把该上的课上好了就可以了。也没多少教师想去搞创新,搞研发,一方面是学校没硬性要求,另一方面也缺少相应的条件和资金。再者,我们似乎也搞不出什么创新性成果,所以没人想去折腾。"这很好地反映出当前高职教师创新意识的薄弱以及创新氛围还有待提高。与此同时,高职院校对教师开展创新活动创设条件较有限,支持和鼓励力度不够。

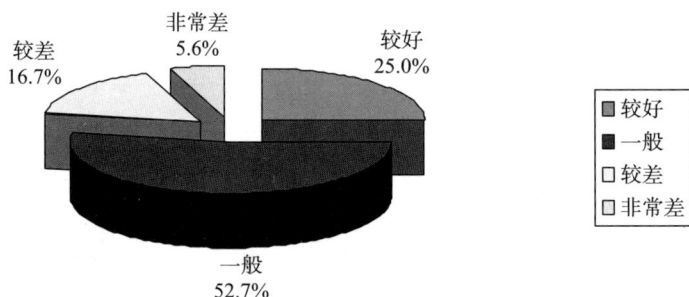

图 2-15　教师群体的创新氛围

　　另外,36.1％的受调查高职教师表示自己的教学改革新想法很少能得到鼓励并获得相应帮助,36.1％表示有时能得到鼓励并获得相应帮助,2.8％表示从不,而经常和总是的分别占 22.2％和 2.8％(如图 2-16)。

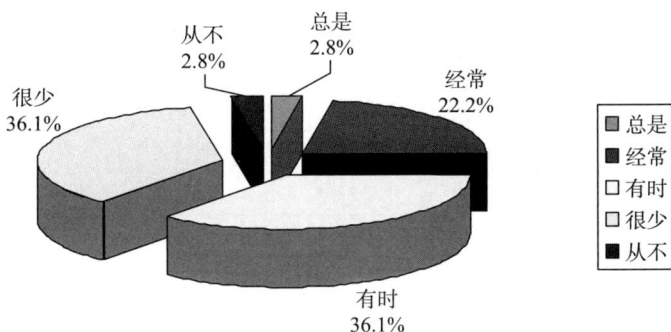

图 2-16　教师的教学改革新想法得到鼓励并获帮助情况

　　35.5％的教师认为学校较支持自己进行科学研究;55.3％的教师认为学校对自己进行科研的态度一般;5.9％的教师认为学校不支持;3.3％的教师认为学校非常不支持(如图 2-17)。

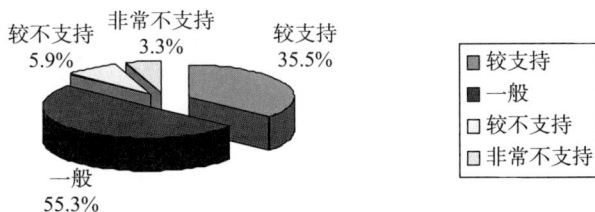

图 2-17　学校对教师进行科研的态度

　　从学生群体来看,学生参加的活动多为社会活动、实习、见习这类训练职业技能的项目,而对于原创性、创造性的项目(科技竞赛、自主创业、科研等)参加较少。如表 2-12 所示,56.3％的被调查高职学生参加过社会活动,32.5％参见过单位见习,29.6％参加过实习,28.9％调查研究,而学术报告仅有 10.5%,科研项目、科技竞赛、毕业设计、自主创业的比例都很低,分别只有 4.3%、9.4%、9.4%、8.7%。

表 2-12　学生创新实践活动参见情况

创新实践活动	比例(%)
社会活动	56.3
单位见习	32.5
实习	29.6
调查研究	28.9
学术报告	10.5
科研项目	4.3
科技竞赛	9.4
毕业设计	9.4
自主创业	8.7
其他	0

第三章 高职技能型创新人才培养的国外经验

本章对德国、美国等发达国家的高职人才培养进行了比较和分析,既分析它们在高职人才培养上的差异和特色,又总结这些国家高职人才培养的共同经验,为我国高职人才培养提供借鉴。国外职业教育经过长时期发展,积累了丰富的办学经验,在技能型创新人才培养方面,更是带给世界各地的职业教育院校许多启示与借鉴。[①] 因此,我们要认真研究和学习国外技能型创新人才培养经验对我国的启示,借鉴国外职业教育技能型创新人才培养的成功经验,并结合我国职业教育发展的国情,不断推动中国职业教育技能型创新人才培养的进程,提升职业教育技能型创新人才培养的整体实力,提升职业教育技能型创新人才培养的活力,并实现职业教育的可持续发展。

第一节 国外高职技能型创新人才培养的经验比较

发达国家高等职业教育发展的历史较长,经过二百多年的发展已比较成熟,在人才培养方面取得了各具特色的成就。"它山之石,可以

---

① 杨岭.国外高职人才培养典型分析与比较[J].广东石油化工学院学报,2014,24(5):26-30.

攻玉",研究和学习发达国家高职教育的先进经验,对促进和发展我国高职教育,培养高职技能型创新人才很有启示,值得借鉴。本节将从人才培养理念、课程设置、教学模式、师资队伍建设等几个方面,比较分析德国、美国、加拿大、澳大利亚的高职人才培养。

一、人才培养理念

人才培养理念深受本国传统与现实状况的影响,不同国家的人才培养理念特点不同。德国、美国、加拿大、澳大利亚的高职人才培养理念各具特色,这些国家人才培养理念中最突出的主要有:

(一)德国:"关键能力"培养

德国高等职业教育以适应社会需求为目标,以培养技术应用能力和综合素质为主线,在"以能力为中心"的培养模式下,特别注重素质教育。这种素质教育在德国职业教育界被称之为"关键能力"培养。"关键能力"这一概念是由德国著名社会教育学家梅腾斯提出的。关键能力,顾名思义,是指在各种场合和可能出现的情况下最重要、最要紧的能力——这种能力更多地体现在判断的随机应变上。职业教育教授的知识不再囿于书面,也不是单一应付某个场合的,而是全方位的、能够随时随地转换成为当下场景服务的技能。在我们人生的进程中,从自身来看,总有各种各样的随机事件和突发状况;从整个社会来看,日新月异的发展速度也不断刷新着人们的认知。关键能力的普遍适用性可以让我们灵活地应对各类事件,知识不再是死的,而是如流水一般浇灌到各个方面。书本的知识可能会落伍,但灵活的能力永远伴随终生。梅腾斯强调对人们能力的培养,而能力的培养不应该局限于一项专门的技术内容,而应该适应多种职业,使得劳动者能够在现代化的社会中更好地生存。

"关键能力"概念的提出使得德国职业教育领域出现了很大变化，"关键能力"的培养成为当时职业教育界讨论的热点问题。理念的转变带来的是实践的进行。关键能力的培养逐步渗透到职业教育之中。

"关键能力"是那些与一定的专业实际技能不直接相关的知识、能力和技能，它更是在各种不同场合和职责情况下作出判断选择的能力，是应对人生生涯中不可预见各种变化的能力。[①] 梅腾斯认为"关键能力"包括基本能力、水平能力、可迁移知识原理、传统且经久不衰的能力。德国高职教育围绕着"关键能力"的理念，坚持能力本位，重视学生专业技能、合作能力、社会责任感、服务意识等方面的培养，培养具有完整人格的社会人。

（二）美国：STC 理念

美国社区学院在人才培养上，始终秉承独特的理念，培养了众多优秀的职业技能型人才。美国高职教育最具特色的理念是 STC（school to career，从学校到生涯）理念，STC 理念的核心内涵包括：终身职业教育、全民职业教育、关注学生个体发展、加强与企业界合作及课程整合。第一，终身职业教育。终身教育理念倡导人的一生必须不断地学习、接受教育，不断地更新知识。美国社区学院以社区居民服务为中心，而且学费相对低廉。此外，美国社区学院推行开放的招生政策，无入学考试，"开门录取"，入学者只要有高中文凭和成绩单或同等学力就可以被接收。有些社区学院也不要求学生一定要有中学毕业学历，社区学院对学生的年龄也没有限制，从 15 岁到 70 岁都可入学。学生来源也多种多样，既有各个年龄段的，又有各种民族的，如黑

---

　　① 潘弋璐.德国职业教育的"关键能力"培养理念及其启示[J].浙江广播电视大学工商学院，2007（29）：24-26.

人后裔、亚洲太平洋岛屿居民后裔、拉丁美洲裔、美国本土人、少数民族。[①] 社区学院收费也比较低廉,学生经济负担也不至于过重。第二,关注学生个性发展。美国社区学院非常注重以生为本,以学生为中心,不管是课程的设置还是教学方法的选择或者是时间上的安排,处处都体现以生为本的理念。[②] 社区学院为每一位新生安排一个指导教师,要求教师与他们建立联系,提供帮助,为其学习和职业发展提供建议。社区学院对于特殊群体也同样关注,关心有色皮肤的弱势群体学生以及一些低收入群体,确保他们能够通过学习实现梦想。STC 理念是美国进入 21 世纪后的选择,它的理念内涵将会影响未来美国职业教育的发展方向。

在美国,凡年满 17~18 岁的公民都可以入学,无高中文凭者也能入学;基本上每隔半小时的路程就有一所社区学院;收费低廉;办学方式灵活,主动适应学习者需要,等等。[③] 国家还适当运用政策支持,"开放式入学"模式在美国施行后,社区学院很早就表示支持,并公平公正地对待所有申请者,特别对美国弱势人群,扶持效果显著。[④] 美国高等职业学校在征召新生上采取"门户开放"的政策,也就是说,美国公民中,凡是中学毕业或是拥有同等学历的人,都有免试入学的权利。入学门槛较低并且学费缴纳低廉再加上助学金的辅助,使很多学生都能拥有接受高等教育的机会,让许多美国人都能进入社区学院学习。中国在高等职业教育上虽然投入了大量资金,但整体来说,高等职业教育机构比美国少、收费比美国高,在招生政策上,对学历的要求也比较严格。由上比较可见,美国在高等职业教育上,具有较强的平民性。

---

① 刘兰明.美国社区学院的开放性探究[J].中国高教研究,2009(10):51-53.

② 胡慧慧.美国社区学院"人格本位"育人模式及其对我国高职教育的启示[J].教育与职业,2020(2):90-95.

③ 李逸凡.借鉴美国社区学院的有益经验 办出我国高职特色[J].中国职业教育技术,2004(24):19-20.

④ 朱浩,廖煜.美国社区学院办学定位转变的历史沿革与特征分析[J].职业教育研究,2017(6):80-86.

（三）加拿大：能力本位

加拿大 CBE（Competency-Based Education）职业教育模式是以培养学生能力为核心的，能力的提升是它的根基和灵魂。能力指的是一种综合职业能力，包括知识（与本职工作相关的知识领域）、态度（动机、情感领域）、经验（活动的领域）、反馈（评估、评价领域），这四个方面都能达到并构成一种专项能力。以农业职业教育为例，加拿大的农业职业教育特别注重能力的培养，强调"通过'做'学会'做'"（learning to do by doing）、"在工作中学习工作技巧"（learning job skills by doing the job）的培训方式。

就业技能培养的普及化。加拿大高等职业技术教育十分重视对学生就业技能的培养，学校拥有一套较为完善的就业指导服务体系，就业指导的系统性贯彻于整个大学期间。因此，学校重视对学生实践能力的培养，重视实践课与理论课的结合，力求为学生营造良好的学习氛围，帮助学生培养相关技能为未来的工作服务。从加拿大高等职业教育的特点我们可以看出，教育的目的是为了培养学生的专业技能，从而提高就业能力，促进国家经济的发展。

（四）澳大利亚：能力为基础，强调个性化与创新性

澳大利亚高职教育主要以技术和继续教育（technical and further education，TAFE）模式为特色，而 TAFE 模式是以能力为基础的人才培养模式，它围绕"能力"这一核心理念来设计和构造。注重对学生职业能力的训练和培养，帮助他们尽快适应社会职业岗位的要求。澳大利亚制定了国家能力标准，按照就业要求的标准，对知识和能力要求做明确说明。另外，TAFE 高职教育能力本位的理念还体现在考证梯级积累体系上。此外，澳大利亚职业教育是一个非常强调创新和个性的整体系统，创新不是理论上的创新，而是在服务和生产过程中的创

新、实习实践上的创新,用新的方法解决问题。澳大利亚同时确立了技能立国理念,在职教发展规划中提出三着眼于企业、人才、社区。

二、课程设置

(一)德国:"学习领域"——工作过程导向的课程模式

德国高等职业教育课程开发的模式是以工作过程导向的,具有岗位针对性。这样的课程模式是在培养高级技术人才,以市场导向教育思想的指引下设计的,强化学生的岗位适应能力,培养其综合素质和能力,课程设置上强调应用理论、注重应用、关注技能,因此,德国高职课程模式也可以说是能力导向模式。

"双元制"的课程设置是科学有效的,它是根据职业分析来确定"教育职业"。也就是通过分析"社会职业"中的工作,并使用行为科学技术来收集员的工行为。通过工作分析,社会工作可以分为几个"职业类型"。德国的"双元制"培训是基于"专家组"的专业环境进行的。"双元制"的专业设置是为培训而服务的,侧重于职业的分析,并且该分析随着地区的改变而改变。学校的目标是适应该地区的经济发展,必须充分考虑专业环境中本地公司的需求。"双元制"专业内容是与企业对接的,哪个企业需要的人多,就培养哪个方向的人才。

课程设置上追求个人适配、符合职业需要以及企业适用、形式多样。"根据大方向的分类,德国的教育职业,有阶梯贯通型和阶梯分流型两个类别。"大部分"教育职业"都是阶梯贯通型,少部分是阶梯分流型。阶梯分流型"教育职业"与贯通型的不同在于——分级制,分为前后两个环节,如果前一环节没有拿到毕业证书,在后一段就不能继续学习,第二个环节也需要以考试的形式取得毕业证书。阶梯贯通型"教育职业"是"教育职业"的主要组成部分,有以下几种不同类型的结构,使"教育职业"达到企业适用、形式多样的要求;其一,单一的"教育职业"。顾名思义,这种类型的"教育职业"的标准设置、培训模式都是一致单一的,培养出来的学生就像流水线上的产品,使用到相同的地方中去,在职业转换上没有可变性。其二,有侧重的"教育职业"。也就是将不一样的"教育职业"集中在统一的职业架构内,拥有相同的教育基础,在第 2 年与第 3 年的培训当中出现分流,突出"教育职业"各自的着重点。其三,分方向的"教育职业"。它和第二类教育职业的不同在于,该类型头两年进行基础教育学习,第三年根据"教育职业"的不同去划分方向,按照侧重方向去把专业分门别类,考试各自进行,专业方向会表现在"教育职业"的定义中。其四,分应用领域的"教育职业"。"分应用领域"就是将"教育职业"的适用应于企业行业,职业宽度有弹性,让学生更好应对将来要从事的工作。其五,可选资格的"教育职业"。"可选资格"是在"教育职业"的结构中,根据企业适用什么模块去调整资格分配,教学内容直接面向企业的某种产品或者某项服务。

德国"双元制"职业教育的课程设定需要进行专业的评定。《德国联邦职业教育法》中明确指出了教育主管部门有资格凭借该条规定,以政府的高度,进行对"教育职业"的认定,并出台相对应的职业教育法例。德国职业教育条例的制定,要先通过严格的考察程序,还要有多个主体的参加,最终出台实行。通过参与跨多个主体制定职业教育法律和法规的过程,学校可以利用每个主体的优势,并将不同主体的利益整合到一个专业的协作环境中。在政府部门的参与下,专业的设置可以适应国家需要。学生能够学习专业内容并参加统一的评估过程,相互认可学习成绩和认证。行业、企业的参与可以体现在专业设定中目标的确立,并有助于专业内容的更新换代。学校或行业企业制定了相应的培训计划,可以在很多领域获得支持,包括资金、培训资源和设施以及培训场所等。

(二)美国：实用灵活的课程设置

社区学院开设的职业性课程十分注重实用性。课程的开设既有理论课又有实验课，有些实验课的课时数甚至多于理论课。社区学院开设的课程覆盖了社会生活的方方面面，从经济、计算机、航天技术、农业、石油化工、渔业宗教、自动化、管理、医学、艺术，到服装设计与裁剪、美容、摄影、理发、栽培手工、家政等各种实用性专业和课程。美国莫赛德社区学院还开设有自动变速箱、车体维修与喷涂、车轮校正与悬挂装置等实用性的课程。此外，美国社区学院课程设置具有很大的灵活性。学院开设了夜间和周末课程，方便学生就读。灵活的课程有利于成年学生求学。有的社区学院为满足本社区各种人员的需要而开设了100种课程，包括家政、烹饪、缝纫等。

课程创设直接针对社会需要的职业和岗位，如工程技术方面的房屋建筑、电焊手艺、机械维修等，医疗护理方面的护士助理、牙科助理、紧急救护等，社会管理服务方面如法庭工作人员、卫生部门工作者、社区服务职员等。注重课程的实用性，并不像四年制大学还注重课程的娱乐性，这就为学生提高了学习效率。莫赛德社区学院提供了22项汽车技术专业课程，例如汽车技术入门(3小时理论课)、车轮校正和悬架设置(2小时理论，3小时实验)、内燃机的性能(2小时理论，6小时实验)、制动设备(2小时理论，3小时实验)、内燃机性能方面的特殊困难(6小时实验)、自动变速箱(2小时理论，6小时实验)、车身修理和喷涂(2小时理论，6小时实验)等。[①] 由此可见，课程内容的设置都是与专业相关的，且都以实践为主，力在培养学生的实际动手能力，凸显实用性。"术业有专攻"，这些学生在美国社区学院接受专门的教育

---

① 罗少婷.社区学院课程设置的特点及对职业教育的启示[J].中国电力教育，2010(7):115—116.

及培养,针对不同的职业,目标方向明确具体,不同的职业有不同的专业对口,主动适应社会人才市场的需要,推动了美国高等职业教育办学有针对性地提升,同时推动了美国社会经济的发展。

(三)加拿大:能力本位课程模式

加拿大高等职业教育在课程设置上非常灵活,课程设置完全服从于企业需要、岗位需要和工作需要,专业设置和课程设置上应市场需要而生。[①] 课程设置讲究实用,通常是根据市场与行业的需求,由专家顾问委员提出,再根据教育法规、教学常规而定,教育委员会把关。此外,加拿大的职业教育对学生的动手能力和岗位适应性非常重视,在课程安排上,实践课比例占到70%。加拿大职业教育课程的编制主要遵循"能力本位"原则,从标准制定到内容确定到课程的实施,根据综合能力制定课程标准。而职业教育课程内容的确定则是根据市场需求以及学校和学生的实际。[②]

坚持以学生为中心,课程大纲的设计从学生角度出发。加拿大以社区学院为代表的高等职业教育始终坚持以学生为中心的导向,落实一切从学生的实际出发。如课程大纲就是从学生的角度进行考虑而设计的,内容简单灵活且方式多样,由教师在课前发放给学生,目的是帮助学生了解这一节课的学习任务及学习目标,方便学生进行课前预习和课后复习,从而更好地掌握所学知识。不难看出,学校的各方面工作始终紧紧围绕着学生。他们认为学校的职责是帮助学生成功,而帮助学生成功并不能仅仅只依靠几个任课教师或者学校的几个部门,它需要学校全体人员的共同努力,一起创造更好的环境让学生离成功的大门更进一步。为此,课程大纲的设计对学生起到积极作用,课程

① 王世杰.能力本位的加拿大高职人才培养模式研究——以安大略省尼亚加拉学院为例[J].国家教育行政学院学报,2019(2):40-47.
② 黄朝晖,刘利平.借鉴国外先进经验促进我国高职课程改革[J].职教论坛,2009(5):44-45.

大纲是由各门学科的专业人才在以学生为中心的基础上,充分考虑各专业的人才培养目标以及各类因素进行制定的。其中并没有要求学生修读公共必修课,而是注重专业课程以及课程的实践环节。在平时的教学过程中,他们关注学生的学习情况,注重对学生平时学习效果的总结,及时发现学生的问题并加以正确的引导及帮助,指引学生改正错误,有针对性地解决问题,从而取得良好的学习成果。

加拿大在高等职业教育课程中创办了名为"带薪实习课程"的课程,简称"co-op课程"。学校通过"co-op课程"与企业进行合作培养人才,课程的模式是让学生在学校先学完一学期,然后另一学期学校则利用企业提供的场地让学生进行实习。这种人才培养模式让高等职业教育的实践不再是纸上谈兵,而是和企业实践进行直接挂钩,通过企业环境、文化、实际操作的培训让学生能够更好地掌握所学的专业知识,加深对本专业的了解。学生的社会经验通过在企业中的交际也会更加丰富,知识面也会得到扩宽,不仅在为人处世方面可以得到锻炼,还能够学到学校所没有教授的知识。除了学生可以受益,企业也可以受益。在实践过程中,企业可以对学生的实践能力进行观察并提前留下有能力的学生,使企业员工的质量得到提升,让企业的人才源源不断。企业和学校还可以通过这种模式加深对对方的了解,夯实合作基础,共同培养人才。

(四)澳大利亚:培训包模式

澳大利亚的职业教育又叫TAFE,而TAFE教育的核心是"培训包"(TP),各类课程均以"培训包"的形式展开。"培训包"从本质上来说,是一种"理实一体化的教学方法"。① 每个"培训包"含有数十个教

---

① 姜春云,徐涵.澳大利亚高等职业教育的课程标准研究及启示——以新南威尔士州TAFE学院为例[J].中国职业技术教育,2019(21):30-35.

学模块,每个模块十分详细地规定了学生必须掌握的知识与技能,即"知识目标"与"能力目标",同时还十分严格地规定了完成此模块教学任务所必须配备的硬件设施、教学过程、考核方法等。培训包是TAFE独特的一个教学内容部分,各个学校对培训包课程的讲义和教学内容几乎没有统一的教材和课本。培训包由国家的认证资源与辅助材料两个大部分共同组成,是一种符合行业标准的教学资源,行业对于培训包的制定课程发挥着重要的主导作用,其基本特征主要表现为"为了行业且由行业制定"(developed by industry for industry)[①],TAFE教师一般不参与设计。一个典型课程中,由学校与教师自主选择教学内容,以讲义和辅助资料为主要教案,老师在授课过程中强调与实际需求紧密结合。TAFE课程设置还采取各种多样的教学方法和教学手段,通过课堂、模拟工作场所、网络、工作现场等诸多方式开展教学,体现了澳大利亚高等职业教育的完善和灵活。澳大利亚高职学校设立了各种分校、多体共用的培训点,一门课可能由数所学校的老师共同完成。课程开设灵活,课程安排也很灵活,经过学分认证,提供给学生自由选择的机会,满足不同学生多元的教育需求。[②]

(1)以学生能力为本来开展评估,成为了TAFE课程体系的出发点。TAFE学院的成功与其严格坚持的"基于能力本位的评估"(competency based assessment,CBA)关系密切。CBA体系极其关注培训的结果与结果评估的科学性与有效性。在澳大利亚,评估形式多样,其中包括各个学校系统的作业考试、体育背景下的评估(如竞赛)、工作场合的评估(如求职面试、绩效评估、知识技能评估、资质评估)[③]。而对于澳大利亚高等职业院校而言,在学习技能最后的评估中,需要

---

① NCVER.An Overview of Vocational Education and Training in Australia and Its Links to the Labour Market[EB/OL].http://www.ncver.edu.au/publications/2117.html.

② 杨婷匀.澳大利亚高职教育发展的基本经验[J].教育发展研究,2007(1):60-63.

③ Australian Qualifications Framework Council. Australian Qualifications Framework: Second Edition [EB/OL].[2019-07-02].https://www.aqf.edu.au/.

测试学习者展示完成任务的方法,以及展示他们有能力在不同的环境下完成任务。教师要求学生尽可能展示能够证明所学技能的所有依据。

在 TAFE 上学习的每一个学生都要经过严格的澳大利亚职业教育培训(vocational education training,VET)[①]系统的能力单元进行评估。这样层次清晰、严格的职业评估过程必须始终遵从 4 个原则:有效、可靠、公平、灵活。所有学生在评估开始之前必须制定评估计划、回答"4W1H"问题,即"何时(When)、何地(Where)、如何评估(How)、评估谁的(Who)、什么材料(What)",[②]并且是在工作实操中同时进行考核。从实际出发,以能力为本位。TAFE 学院能力本位的评估模式多元化、多渠道,为每位学生的真实能力是否达到国家职业教育的统一标准而设置了基本无死角的考察,并且能够公平公正地评估学员的职业操作能力水平。高等职业技术院校对能力标准的制定和考核由真实的岗位对专业劳动者的实际工作能力发展需求而进行确定。澳大利亚国家会对全国性的课程设置五年左右的教学周期,结合新的环境和行业发展需求对其进行全面的教学修改,目的之一是为了保证他们的学生在毕业后具有足够的能力更好地适应新的环境和行业发展需求。[③] 这样以能力为本位的课程评估方式在根本上保证了人才培育的基本素养。作为高等职业院校,能力是在校生必须学到并且用于社会的安身立命之本。澳大利亚高等职业院校看重能力的特点使得学生能力与行业需求挂钩,一定程度上保证了学生的就业问题,全国统一的评估标准使能力在全国范围内有统一的参考性。

(2)澳大利亚高等职业教育院校的课程设置做到了教学结合行

---

① Commonwealth of Australia. TAE Training and Education Training Package [EB/OL]. [2019-07-02]. https://training.gov.au/Training/Details/TAE401164.

② 匡红云. 澳大利亚"基于能力本位的评估"模式及对我国高职教育质量评估的启示[J]. 上海第二工业大学学报,2019(10):298-303.

③ 樊非. 澳大利亚高等职业教育特色与借鉴[J]. 时代教育(教育教学),2012(7):224.

业。加上特殊的专业教学资源,可谓真正是把澳大利亚高等职业技术教育的建设放在一个相当值得重视的高度上来进行开展。

从覆盖面广这一专业教育特点的角度来看,TAFE 学院与澳大利亚市场、行业的发展有着紧密联系,就由此可以窥见,课程的内容设置基本上紧跟国内市场需求并且课程种类繁多。以世界高等教育重镇之一的昆士兰大学举例,其中 TAFE 的课程就有多达 800 余种,横跨各个社会行业、领域,热门的专业课程种类例如:电子信息与科技、通信工程、机械制造、建筑、健身、旅游、教育、艺术、汽车、农牧、采矿、交通运输、食品生产加工、批发零售、社区服务等。这样完善的课程设计与安排基本上覆盖了目前澳大利亚各个优先发展的社会行业与政府重点建设的行业与领域,而且为了各行各业都做好了潜在的专业人才与资源储备。[①]

从灵活广泛这一特点来看,澳大利亚高等职业教育的课程广泛地面向不同年龄、不同行业的社会群体,为他们提供学习进修知识技能的平台。所以在课程设置上经常提供灵活的选择,一般可以阶段性学习,以便学员在不同时期、针对不同的需求来决定所修课程。一部分的课程与澳洲大学可以实现学分转换、互认,TAFE 课程与大学课程也可以相互衔接,是一个学生的文凭、证书互通的教育培训平台,为终身教育同样提供机会。

在课程内容上,澳大利亚的 TAFE 课程体系是依托于行业需求的,是以能力为本位的,也就是技能知识要远高于理论知识,这也符合高职教育面向行业的需求。TAFE 学院所开发的培训包,完整体现了行业的技能需求,明确规定了各个使用范围不同培训包的能力标准和教学课时,并有相应的教学教材辅助配合,教材也是参与制定培训包的学校和企业共同开发的,具有很强的理论、实践指导意义。我国职

---

① 樊非.澳大利亚高等职业教育特色与借鉴[J].时代教育(教育教学),2012(7):224.

业教育在课程方面与企业共同开发的课程较少,在一所院校里,只有少数与企业合作的订单班,比起职业技能传授更多浮于表面,与普通本科教育混淆。澳大利亚的教学分为理论教学和实践教学两个方面,但我们国家的高职教育并没有非常注重能力的培养。针对课程内容上的问题,我们政府可以做到在政策上积极制定高职教育的组织形式,为理论课程与实践课程课时安排提供一个标准,规定各个高职院校的实践课程不得少于多少课时,以促进高职院校学生技能方面的培养。政府还可以为高职院校积极牵线部分企业,让不同企业根据自身以及市场需求,为不同专业方向的高职院校提供相应的技能要求,以方便教材编写者和高职院校确定课程内容。当地政府还可以为当地的高职院校联系牵线学生见习和实习基地。政府也应该加大资金拨款,高职教育的实操课需要的器械、设备等都较为复杂、昂贵,政府要保障高职教育在资金上无后顾之忧。政府所提供给高职教育的专家必须具备充分的高职教育能力和水平,最好是多专业、多方面覆盖的高职教育专家,才能在专业性强的课程安排上做到最大效能。但目前我们国家的现状是高职教育专家不足,这就需要国家政府为专家出国进修提供政策和资金帮助,或者由国家引进国外的高职教育专家。

三、教学模式

(一)德国"双元制"和"学徒制"

德国高等职业教育最具特色的是"双元制"和"学徒制"。"双元制"教学模式,是德国实施高职高专教育中最独到、最有特色的内容,也是德国的职业教育获得成功的关键。所谓"双元制"职业教育模式是一种非全日制职业学校(通常是公立的)与企业(通常是私营的)合作进行职业教育的模式。"一元"为职业学校,另"一元"为企业,学生具有学校学生和企业学徒的双重身份。结合学校传授的教育和企业获得的实践经验,将技能实践与理论学习紧密结合,高职院校和企业是两个培训地点。学生一边在高职院校里接受专业课程知识,一边到企业中实习,学习实训践行操作。在双重制度职业教育下,学员既是高职院校的学生,又是企业的学徒,具有双重身份。学生们在企业跟随"师傅"进行深入的实践操作学习,在学艺到家后,掌握了一定的技术技能后,参加结业考核,获得毕业证书后方可进入企业工作,成为一名技师。校企互助共赢不仅是职业教育发展的内涵要求和必由之路,同时也是培养职业院校学生专业素养和技能的有效途径。德国"双元制"教育形式的理念推行"在实践中学习,在学习中实践"。[1]"双元制"的特点是与生产实践紧密结合,是一种以实践为主的职业技术教育模式。一方面,它把理论与实践结合起来,有利于职业培训质量的提高;另一方面,它充分调动了企业办学的积极性,使企业的各种资源得到充分利用,提高了职业培训效率。

在具体的教学实践过程中,德国的高等职业教育重视行动导向教学和项目教学法。行动导向教学根据完成某一职业工作活动所需要的行动、行动产生和维持所需要的环境条件以及从业者的内在调节机制来设计、实施和评价职业教育,既教相关知识,也教行为操作,在操作中分析问题。而项目教学法是以实际应用为目的,通过围绕某一实际项目实施教学。项目一般是一个具体的产品或是具体的生产过程,或是在生产、管理、营销中的某一实际问题。

教学模式重视学校与企业共同合作培育人才。德国的高专院校和技术学校通过学校、企业家、教师和企业培训师之间的学生协作教育,将理论和实践教育相结合,以帮助学生充分利用自己的条件和享有的利益,使学生成为优秀的专业人才。

---

① 廖晓虹.国内外高等职业教育人才培养模式的比较研究[J].高教学刊,2019(8):22-24.

教学体系法规保障体系不断升级。德国有关高职技术教育的法律条规很完善,因而给高职教育的发展提供了一个良好的发展环境。各种学校和企业培训法规和联邦基本法等,规定了学校、企业、个人三方在高职教育中的相关任务以及应承担的义务,保障了职业技术教育的顺利实施。

(二)美国多样的教学方式和形式

美国社区学院的教学是根据学生的基础进行的。社区学院根据学生的特点,采用多样的教学方式,通过各种形式的活动,培养学生的技能,既有大班上课,又有分组讨论和个别指导;既有组织学生到校外参观、实践,又有课堂教学;既重视基础,又重视实践性教学环节,提高学生的职业技能。实践性教学方面也重视教学方法的多样化,现场教学、实物教学、模拟训练、电化教学等,重视理论与实际的结合,提高学生的技能。教师通过建立博客等方式将课程学习安排、课程准备、参考文献、对学生要求及学生对教师的期望等内容在网上公布,使学生能够及时跟上学习进度,同时也令老师了解学生的学习能力。[1]

美国推出了技术准备计划,该计划是美国联邦政府为发展国家经济而设计的一套宏观的职业教育发展指导方针,是职业教育发展的规范性的文件。美国推出这项计划的目的在于整合政府、职业学校以及各种层次各个类型的培训机构的资源,并且充分利用企业的生产要素,最终达到升学、就业、提高职业技术水平、实现终身发展等多种目标。该计划的实施理念有四点:第一,在美国政府的统筹指导下,美国各类型的职业学校与私立的教育机构之间签订技术准备计划的相关协议,以协议来规范、推进这些职业教育单位的合作;第二,实施工作

---

① 何有良.美国社区学院的教学体系对我国高职高专学院的借鉴——以圣克拉拉社区学院为例[J].法制与经济,2010(9):138-139.

本位学习,推进其不断发展,它是技术准备计划的关键与核心;第三,通过企业在海外开展广泛的合作,利用境外职业教育资源,提高学生的职业技能;第四,加强职业学校教师与企业的合作与对话,共同开发职业教育的课程,完善职业教育课程体系。

美国社区学院设置百般灵活的教育教学方式。首先,在教学体制方面,美国高等职业教育运用分级管理体制,也就是由联邦政府掌握管理权利,进行指挥,州政府和地方政府分级管理,管理的焦点放在各自地方的执掌上。同时,依照市场时局的转变和要求,高等职业教育转换教学方式,努力实现教学宏观和微观管理的有机结合。而中国的教学体制大体与美国相近,二者都很好地把握了宏观政府管理与微观市场协调的关系,使教学机制灵活善用。其次,在教育安排上,美国社区学院较多运用多媒体等现代教育技术,使学生的学习更加便捷,也使学习所获得的经验更加贴合当前社会的需要。而且社区学院依照学生的个体特点而创设个别化教学,让学院的学生能根据自身学习特点及能力单独地接受教育辅导,以此提高自己的学习针对性,在适合自己的学习过程中得到知识教育。在这个角度上,中国的高等职业教育就稍逊于美国,中国的高等职业教育同样利用高级先进的现代教育技术,但受人口多等因素制约,普遍大班教育,在个别化教学上还有待努力。

教学方式别具一格。一是在教学方式上灵活多变。美国社区学院具有一套灵活的教学模式。众所周知,美国在科技发展上取得一定的成就,他们将科技化的教学模式运用到社区学院的建设中去,各个学生可以制定专属于自己学习方案,将学习变成一件可以调整的事情,学生可以按照自己的步伐学习。为了积累与众不同的学习经验,社区学院的学资中心会为每个学生配备属于他们的学习材料,为教师提供各种教学方法和为学生提供学习机会,学资中心综合了图书馆、视听教学服务中心和学习实验室的功能。二是注重实践教学。重视学以致用是社区学院主要的特色之一,学生学习了知识,不能只让知识填充大脑,还要用双手去运用知识,注重对学生实践能力的形成。在教学安排上,非常重视以实际应用为导向,合理运用恰当的理论基础知识和科学的分析方法去解决实际运用中的问题,十分看重实践课程或活动。每年美国社区学院会制定好教学计划,把学以致用纳入到计划中去,强调学生在校园生活中需要参与的实践课程,这些课程占全部课程的一半,并且要利用夏季和冬季的假期去有关企业实习或者做课题。

(三)加拿大 CBE 教学模式

CBE(Competency-Based Education)是加拿大职业教育以培养学生的能力为宗旨的能力本位教学模式。CBE 教学实施过程充分显示了教学的每一个环节都紧密地围绕学生来实施,学生处于整个教育教学活动的中心,教学内容由行业或企业专家帮助制定,学校根据实际一线的工作内容和标准对教学内容进行研究和调整,更新教学内容,保障教学内容的实用性和领先性。在加拿大有一种课程叫"带薪实习教育",学生在学习过程中到企业参加工作,获得实际工作经验,其教育教学模式便是典型的 CBE 模式。CBE 教学模式在加拿大的职业教育中得到广泛而成功的运用,产生了良好的效果。

CBE 的中文意思是"能力本位教学",从字面意思来看,CBE 是将学生能力与职业能力作为教学的基础,是一种符合社会经济发展和与各行各业相结合的适用性很强的教学模式,适应了学生个性化的学习需求以及企业对于人才的需求。CBE 课程没有规定的形式,课程可以是全天制、半天制亦或者其他制,学生可以根据自身能力以及自我需求选择课程形式,毕业时间依据所选择的课程形式来决定,因此很多时候同时入学的学生毕业时间是不同的。加拿大的 CBE 教学模式强调学生的主体地位,将学生自身的能力作为教学活动的起始点,职业能力的获得作为教学活动的目的。老师在教学活动中起示范者的作用,教师只需要追踪学生的学习经过,为学生的学习制定相应的提升职业能力的学习计划,学生则按照学习计划来完成自主学习和自我评价,并且在结业时进行职业能力考核,获得学校认可。这种教学模式通过严格缜密的管理和教育资源的大力投资,以满足企业与学生的个性化需求,从而更容易培养量小而精、职业能力多样的高质量人才,以适应学校、企业的发展。

在 CBE 教学模式中,学生学习什么课程是根据他们想学什么课程来决定的,而且学校不会干预学生的选择,老师甚至还会帮助有困难的学生制定学业计划。社区学院课程的开设也是以学员的兴趣爱好为导向,需要什么课程就开设什么课程,满足学员的学习兴趣。在加拿大的大学里,问学生是否喜欢自己目前所学的课程,学生的回答通常都是肯定的。

加拿大的 CBE 教学模式中,强调学生在教学中的主体地位。兴趣教学是学生学习的推动力,正因为加拿大的高等职业教育充分尊重学生的兴趣爱好,给予学生选择课程的充分自由,加拿大才会培养出高质量的人才。以兴趣为主导的教学模式是加拿大高职人才培养的鲜明特点。不管是老师还是教学过程,都要跟随学生而设置,老师只是教学活动的示范者,学生的学习计划都是量身定制的。社区学院的教学也是让学生处于主体地位,只要学生对哪部分的知识、娱乐或者技能有所需求,达到一定人数后,学院就会开设专门的课程供学生学习。在加拿大的多伦多大学,每一位新生在入学的时候能够获得一个专属于自己的 ID 号,学生们可以利用 ID 号进入校园网选择自己想要的课程。除此之外,学校还会把老师的个人介绍发送给学生,学生可以拥有学校为其量身定做的人才培养计划,并且学校还为学生提供了各种各样的实习机会和目不暇接的课程内容。例如,多伦多大学的森林保护硕士专业,只有 3 门左右的必修课程,研究生选课的灵活性很强,完全可以按照个人的兴趣设计自己的课程体系,包括选修课程、实习机构、学位论文题目等。[①] 学生的主体地位是加拿大高等职业教育的重中之重,加拿大深刻地认识到学生的教育在人才培养上的重要性,改革教育体系,让学生能够不受限于学分和学校,将学生放在了教育体系的主体地位。这是加拿大高等职业教育人才培养的一个重要特点。

坚持以学生为中心还体现在学校为学生营造轻松有趣的学习氛围,让学生以放松愉悦的心情去参与学习的全过程,学习效果更加显著。如百年理工四个校区的建筑虽各有千秋,但是都能体现一种温馨的感觉。教室的桌椅并不是固定的,氛围也不严肃拘谨,他们的桌椅可以自由组合,以便更好地进行小组讨论。甚至在教学区,他们有可以供学生休闲的咖啡厅等。这些无疑都给学生营造了轻松的环境氛围,让教学大纲得以更好实施。从以上几点可看出,他们坚持以学生为中心更能发挥学生的主体性,促进其个性的发展,提高学习的积极性和主动性,从而促进实践能力的提高。

(四)澳大利亚以能力为本位的教学方式

澳大利亚 TAFE 教学的重要特色是能力本位培训,强调学生的主观能动性,学生可以按照自己的情况进行学习,教学工作的重点放在训练学生的实际工作能力上,强调一切教学活动包括课程、教学组织、教学实施、教学评价都以提高学生职业技能为目的。教学组织方式极为灵活,场所可以是教室、图书馆、实训基地、车间等,方法可以根

---

① 刘雅丽.加拿大的大学教育对我国高等教育的启示[J].中国成人教育,2009(7):95—97.

据实际需要,采用团队协作练习、角色扮演、模拟实习、企业培训等多种方式进行。课程考核的重点是学生应该能做什么而不是应该知道什么,以过程考核为主。评判学生考核是否通过,以收集"证据"为基础,考核实际上就是收集"证据"和对"证据"作出判断的过程,遵循可靠性、灵活性及公平性原则,全面充分地测评学生的学习结果,反映学生的实际能力。[①]

TAFE 学院的教学计划和教学大纲必须经过严格的开发和注册,其教学内容体系包括培训包、教学计划、教学大纲、教学和学习指导书以及教材。教学重点在于培养学生的实际工作能力,注重实践教学环节,把理论和实践教学有机地结合起来。[①] 在终身教育理念指引下,建立"学习—工作—再学习—再工作"的终身教育模式,TAFE 教学模式在项目小组的形式下,在项目开发环境中学习。

澳大利亚职业教育教学形式灵活,依据学生实际设计分班教学,在培养能力的前提下,灵活采用课堂或现场学习、白天或晚上学习、CD-ROM 媒体或互联网学习等方式,还能以师生协议方式决定自修、辅导的安排。[②]

澳大利亚职业教育特色是新学徒制。新学徒制主要是以技术与继续教育为基础,以终身发展为理念,联合社会各类主体共同参与职业教育,以培养高素质人才,推进职业教育的可持续发展。澳大利亚的新学徒制无论是在对职业培训提供的经济资助上,还是在培训项目与课程的设置以及职业培训的教学模式上都体现了市场导向。澳大利亚政府根据市场运营机制,遵循市场规律,采用商业化拨款的方式,按照学徒的人数来确定开设课程的数量,紧抓培训的质量,并且根据培训质量的优劣来决定拨款的标准。倘若某培训机构培训的质量下

---

①　宋保兰.澳大利亚 TAFE 职业教育对我国的启示[J].教育与职业,2018(12):110-112.
②　杨婷匀.澳大利亚高职教育发展的基本经验[J].教育发展研究,2007(1):60-63.

降,或者达不到既定的标准,政府就将减少或收回对这些机构的投资。① 此外,为加强职业教育资源的整合,增强职业教育办学的力量,澳大利亚政府支持民营资本投资职业教育,促进职业教育办学,跨区域组建大型职业教育集团,增强职教办学的力量。比如澳大利亚国际职业教育集团与英国、新西兰、美国等多个发达国家的多个企业以及教育公司有战略合作关系,开展多方面的交流与合作,成为国际化的职业教育集团。

充分鼓励职业教育培训机构有序、健康地开展竞争,保障职业教育培训的良性发展。新学徒制规定,提供学徒培训的雇主与学徒之间必须签订培训合同,用合同来规定并明确雇主与学徒之间的权利与责任,规范培训中的一些关键问题,并且培训合同要在相关的州和地区的培训局进行注册,增强其严肃性和法律效应。为了促进新学徒制得到健康良性的发展,澳大利亚各州和地区设立了不少新学徒制培训服务中心。服务中心以一种开放、包容的态度,免费向社会提供服务,帮助培训机构、企业或公司、职业教育院校和学徒双方达成培训协议,获得政府的财政资助。服务中心的服务范围很广,具体内容包括帮助学员根据个人实际情况,寻找适合自己的培训机构;协助学员填写必备的相关表格;为培训的学员提供拟从事的行业和职业的相关资料,使其对所从事职业的发展状况与行业前景有所了解;对培训时间以及培训内容进行合理的安排,以便培训的顺利开展与进行;签订培训合同,落实学员学习培训期间的工资待遇以及福利等事宜。

新学徒制是由政府、社会和学校三种力量相结合的相对独立的多层次、综合的职业技术与培训机构。学徒在职业学校的培训学习主要由澳大利亚各州和地区内的技术与继续教育学院承担,这些单位是培

---

① 尹华丁.国外经验对我国政府主导职教集团化办学的启示[J].职教论坛,2011(7):90-93.

训的主力,也可以在其他提供职业教育与培训的学校和场所完成。[①]
新学徒培训制的脱产培训主要是由学院完成的,学院根据产业要求,
根据行业与企业的需求,开设灵活多样的课程,完善课程体系,以满足
多样化的培训需求;经雇主同意,到学院学习的新学徒可以得到经济
上的资助,帮助他们减轻负担,完成培训,习得一技之长。从某种程度
上来说,澳大利亚新学徒制已经具有集团化办学的性质。它由澳大利
亚联邦政府以及所在州政府大力支持,共同投资兴建并精心管理,规
范运行机制,已经成为澳大利亚各类高等专业技术人才的加工厂,为
国家培养了大批高素质技术人才,是澳大利亚职业教育的重要组成
部分。

澳大利亚新学徒制的一大特色是采用购买成果形式。政府出台
相关制度,规定培训一名学员可以得到的相应报酬,刺激培训的发展。
教育机构与企业为了获得报酬自行联盟,增强培训的力量,以获取更
多报酬;根据培训成果,政府发放相关费用。这种形式是以培训经费
作为调控整个培训管理与运行机制的杠杆,用经济手段来激励职业培
训发展。该形式中,政府只看结果,而不对过程进行干预。政府既不
参与过程管理,也不关注校企如何合作,只购买教育和培训的结果,合
作成功者可以获得报酬,不成功者政府不为它们买单。

强调与教育行业发展紧密联系,充分发挥行业主导作用,这是澳
大利亚高等职业技术教育的另一个重要实践先进经验。TAFE 职业
学校里的优势产业教育培训部与理事会一头连着特定产业,另一头则
是连接着国家培训管理局与各个自治州的职业教育培训部。这样通
过对接其他企业、联系其他行业的多种方式和所开展的各类高等职业
技术教育、培训,使 TAFE 学院与其他企业可以相互依存、关系紧密、

---

① 陆志慧.澳大利亚新学徒制及对我国学徒制教育的启示[J].教育与职业,2017(11):109-112.

相互支持、共同努力发展。企业和行业在 TAFE 学院中所需要直接承担的各项工作主要有:直接主导有关各类职业教育与人才培训的大型、重要战略决策,深入涉及各个 TAFE 学院企业办学的整个全过程,对于培训学院的专业教学质量进行评估负主要负责,投资一些特定的专业岗位进行技能性的培训。这样多样而且细致的专业课程设置紧密且充分贴合在校学生的学习情况与职业社会发展的需求,使在校学生的学习更加符合专业化、培养出的结果高度贴合行业需求,能够让学生更好地将其所学的能力渗透到社会所需求的不同行业中去,成为其中一个技术过硬的优秀人才。一方面,各行各业都要根据招聘雇主提出的专门专业培训项目要求,向 TAFE 学院岗位拨款资金开展专业培训。根据 2016 年统计数据,澳洲各个不同行业每年学生用于不同职业形式的学术培训费平均约为 25 亿澳元;另一方面,高等职业教育学院的学生选择进入行业也是必然的职业选择,TAFE 学校毕业的学生很少有机会从事学术研究、科学实验等相关工作,学生与学院的未来关系发展必须依靠企业,为企业"雇主"服务。这样一来,双方建立起了一种平等互利发展共赢的合作关系,值得各国共同借鉴。

由于注重实用和专业职业训练的人才培养模式,企业的高额资助使澳大利亚 TAFE 学院的实践训练条件可以说是世界一流的。充足的专业实践操作训练教学基地人员数量、完善的实践操作训练设备、现代化的学习教学工作环境……这些能使学生通过实践训练教学更好地提升实际动手操作能力,有效地掌握专业岗位实用技能,快速地适应真正岗位的工作环境。[①] 与企业、行业对接紧密,在澳大利亚形成产学研一体化发展的良好局面。这是澳大利亚高等职业教育能够走在世界前列的重要原因。

---

① 樊非.澳大利亚高等职业教育特色与借鉴[J].时代教育(教育教学),2012(7):224.

四、师资队伍

(一)德国经验

德国高职教育拥有完善的职业技术教育师资培养体系以及严格的认定标准和选拔程序。它的教师结构既包括全职教师又包括兼职教师,既有专业教师又有实训教师,其中实训教师比例高于专业教师。德国高等职业学校的兼职教师所占比例为60%,有的职业学院甚至高达80%。[①]

德国建立了一套非常严格的制度来规范教师从业的标准,从而使职业教育的师资力量非常雄厚。德国职教教师的入门槛较高,而且要求颇为严格。政府、院校在职教教师的学历与资历、专业与技能的有机结合、品质和道德的示范作用、考核制度等方面,都作了一系列详尽的规则。经过万里挑一、重重筛选,德国的职教教师大都具有渊博的专业知识、优良的品德、丰富的教学经验、杰出的技艺能力以及良好的效率。

德国还有严格的教师准入制度。不同学科、不同领域的教师,准入的资格内容各不相同,但无论哪一类教师,理论与实践这个“双师”素质都必不可少,都有严格的考试与进修。简言之,要在德国成为职业学校教师,必须经过两个阶段的学习,并在两次国家统考取得合格的成绩以及具备两种专业职教素养。

教师培训制度的形式灵活多样,有利于提高教师的素质和能力。在德国,职业学校的教师除了在入职前要经过严格的培训与考核外,入职后还要定期接受教师进修等提升自我的培训,确保教师拥有最新的技术与知识,从而保证培养出符合社会需求的技能型人才。

---

① 彭奂.美国、德国、日本高职师资队伍建设的特色与启示[J].职业教育研究,2006(12):177-178.

(二)美国经验

美国社区学院对教师的聘任非常灵活,社区学院教师的学历基本上都是硕士,其中具有博士学位的教师约占 20%,并且目前仍有日益增多的趋势。社区学院不仅有专职教师,还聘用一大批兼职教师,兼职教师在数量上多于专职教师,这批教师甚至占到了教师总数的 60%左右。这些兼职教师大多是来自生产第一线的管理人员、工程技术人员及工作经验丰富的各种专业人员,他们主要讲授一些应用性和实践性都比较强的课程。聘请兼职教师可以最大限度地节约学校开支,大大丰富了社区学院的课程设置和教学内容,使学校的课程与教学更加灵活。社区学院主要是教学型学院,注重对教师的教育程度与教学技能的要求,社区学院师资培训也非常关注教师的教学技能。美国社区学院的师资培训大多是以项目推动的。美国社区学院特别重视对教师的培训,既有入职前的培训,又有入职后的培养。社区学院重视教师职前培训与职后培训一体化,既有会议、研讨班、论坛、工作坊,也有个别咨询等,目的在于提高教师的理论素养和教学技能。美国大学协会所开展的博士生到社区学院开展教学观察与交流活动项目和联邦教育部介绍的社区学院教师进修计划(CCFDP)项目,是较为典型的教师进修案例。[①] 美国社区学院十分重视对教师队伍的培养,强调教师水平和能力发展,学院每年会为教师提供非常多的入职后的进修条件,也就是"弹性多元进修选择计划",进修和培训内容涉及范围广、方式多样,如让他们参加为期 6 个月左右的晚上培训或者学校进修班,提供相应的国外交流机会,支持教师到企业参与学习等。

美国十分看重在高等职业教育中教师的选择,社区学院实行严格的管理模式以及教师任职资格制度与培训制度,目的是为了让课程教学更好地运作。为了保证学生更加专业,社区学院对各位教师的要求

---

① 邓耀彩.高职院校师资的国际比较[J].高教探索,2003(2):44-47.

也较高:不仅是所有教师的学历要有保障,还要求理论型教师拥有较强的讲授技能、实践型教师掌握过硬的专业技术。美国高等职业教育会甚至对教师进行一定程度的培训工作,让教师在进修研讨中实现教学能力的提升,如:让他们参加教师讲习班、提供短期或长期的国外访学机会、每年设专业发展月、鼓励教师到企业实践等。美国对高等职业教育教师的严格筛选与培训,使师资力量的强盛为社区学院专业化做铺垫。中国高等职业教育改革起步晚于美国,对教师的专业培训方面还比较薄弱,有所欠缺,反映到教学当中,就是课程的专业性还需进一步加强。美国利用专业化较高的师资队伍,促使其社区学院的教育工作带有雄厚的专业力量,故而该国高等职业教育的专业性远超许多国家。

注重教师的职称评选与学历达标。美国社区学院不断提高教师团队的质量,完善教师任职制度,良好达标运作教学社区学院的教师(包括兼职教师和企业聘请的指导教师在内),保证教师学历一定要在研究生或者以上水平。除了取得各个部门认定的教师资格证书以外,全职教师还需要满足学历以及职称方面的要求。硕士及以上学位的专职教师,所占总体任职教师的比重大,助教以上的职称所占比重达到 66% 以上。如果要成为兼职教师,首先必须满足以下几个条件:兼职教师必须有企业工作经验,或者拥有专家认证,不然就是一线技术师。课程内容应用性、针对性较强,与最先进的科学技术接轨,让学生学习最先进前沿的实用技术。专职教师大部分是博士以上学历,有专门研究知识的能力,教学内容更加侧重理论性的知识。

(三)加拿大经验

加拿大的教师要具备四个任职条件:第一,高职专业教师要达到一般大学任职的资格;第二,必须有行业或企业的相关工作经验,取得证书;第三,任职期间必须定期返回实践第一线提高自身技术和能力;第四,教师必须在专门机构接受最新的教学方法、技能技术等方面的培训,获得相应的合格证书。

加拿大高等职业教育对于教师的管理制度具有人性化的特点,首先表现在社区学院教师的聘用上,学院主要有专职教师和兼职教师,而且兼职教师的比例与专职教师相当。然而这些兼职教师并不是业余之人,相反,他们是在领域里具有丰富经验且有影响力的人员。这种聘用方式有效地促进了学生提前了解相关领域的工作,从而为以后的工作奠定基础。其次,教师管理形式的人性化还体现在学校为教师完善了学术休假制度,教师可以申请带薪的学术休假,在这期间,教师同样享受在岗时的各种福利政策,学校也会给予休假的教师相关保障。当然,并不是所有教师都能享受带薪休假制度的福利,而是必须满足在学校全职服务6年及以上的要求;带薪休假的时间也有限制,并不能超过1年。这不但在一定程度上提高教师教学的积极性,而且能为教师的科研活动奠定良好的基础。再次,教师管理形式的人性化还体现在学校为教师的科研活动提供良好的环境氛围。优秀教师不仅可以享受各项知识产权的优惠政策,学校还将会给他们提供科研基金等,并且完善了其他的激励政策,大大提高了教师参与科研活动的积极性,促进了教师能力的提升。最后,教师管理形式的人性化还体现在学校有严谨的职称晋升。教师如果想要晋升职称,那么最基础的就是要有自己的科研成果,学校也会综合考虑其他方面的因素来决定是否同意其晋升。因此,加拿大高等职业教育教师管理形式的人性化以及奖惩分明为国家营造了良好的学术氛围,促进了人才培养的高质量。

（四）澳大利亚经验

澳大利亚 TAFE 教师聘用,重视素养和能力的执教标准,入职门槛高,既看中学历,又重视实践,认为高水平的教师队伍是保障 TAFE 教育质量的基础。TAFE 学院对教师素质要求严格,除了必须具备专业知识和实践经验外,还必须掌握良好的教学方法,拥有培养学生创新精神和创新能力的素质。澳大利亚重视对教师的培训,培训的形式灵活多样,包括专业知识和技能的学习,也包括教学技能的训练,强调通过工厂实践锻炼提高教师能力。对部分教学和实际工作联系紧密的专业教师,要求必须每年参加实际工作至少一个月。正是由于有了严格而系统的教师培训体系,保证了澳大利亚高水平的职业教育教师队伍,从而为 TAFE 教育持续发展提供了动力。

在澳大利亚高等院校的教师群体中,外籍技术人员约占 25%,在从事学术以及科研相关部门的外籍教职工所占比例更高。正是因为这样丰富、多元的跨文化的交流与相互融合,澳大利亚高等职业院校与众多国际高等教育资源相辅相成、互相促进,使许多高等院校迅速跻身成为世界一流高校,为国家人才培养引进与教学工作国际化发展提供宝贵经验。澳大利亚高等职业技术院校的教育学术研究水平一直努力保持与世界共同进步。

对于教师的培养方面,TAFE 特别的、高质量的"双师型"职业教师举世瞩目。申请澳大利亚 TAFE 学院在校任教的相关专业教师必须首先具有申请高等院校任职教师的相关专业学历证明,必须是在考取高等教育技术培训和教育质量评价管理相关专业的Ⅳ级职业资格证书之后才可以正式上岗到学校执教。这份Ⅳ级证书的含金量十足,要通过 39 个Ⅳ级单元与 12 个Ⅳ级能力单元的资格考核。而考取证书只是第一步,取得任职资格的教师只能在 TAFE 院校做兼职教师,每个正式教师必须且至少在教学工作岗位上连续任教五年以上。在

TAFE 学院执教的教师都必须具有实践经验,所以基本没有出现从高校应届毕业生中直接选聘并任用的现象。[①]

在教师入职后,TAFE 学院引导和鼓励在校教师积极从事他们在校外教育相关领域和行业的教学的研究工作,支持专职教师积极参加澳大利亚专业教师协会的相关活动,接受协会与时俱进的相关专业知识、行业信息。澳大利亚高等职业学院的教师每周至少要在其相关的行业兼职工作 10 小时,企业对其兼职工作效果情况进行严格的考核,并将工作效果情况及时反馈给学院,学院会结合培训企业的实际考核的情况,将实践培训环节不合格的专职教师不予续聘。[②] 这种专业师资队伍培育的方式无疑对办学是极有意义和优势的,进入企业实践管理行业的做法无疑更有利于学校培养出一批管理上兼具较高的专业知识理论素养和实际工作经验累积的"双师型"的教师,企业为其师资的培养提升也提供了平台,学校为企业也提供了人才与管理的案例,学生能够从专业的教师那里学到最新、最有用的技能和管理知识,这样才能使企业、学院和学生三方共同受益。

在澳大利亚,TAFE 学院将教师的角色定义为教练(trainer)、导师(tutor)或帮助者(facilitator)。[③] 遵从以学生为本位的教育方式,在教学过程中,教师并不是课堂的主导者,而是承担了辅助传递知识、对于职业技能示范并指导的角色,帮助学生实践技能直到掌握。澳大利亚 TAFE 学院的教师需具备本行业 3～5 年的从业经验,并且要经常参加各种本专业的新技术技能培训,甚至要定期去企业进行兼职锻炼,且企业承担教师在企业锻炼的培训费用。而在我国,更多的高职院校教师并不具有实地的从业经验,这就导致经验不足,没有实操经

① 兰石财.TAFE 师资培养对"双师双能型"师资队伍建设的启示[J].武夷学院学报,2018(5):101-103.
② 谭镜星.澳大利亚 TAFE 学院对我国师资队伍建设的启示[J].邵阳学院学报(社会科学版),2006(5):110-112.
③ 訾燕,徐震.澳大利亚高等职业教育的特色与启示[J].中国成人教育,2015(19):126-130.

验只能照本宣科,对行业的了解也较为宽泛且不够专业深入;而且我国高职院校对于教师的培训也较少,大部分教师只具有教育经验而缺乏行业经验。高职院校教师比起普通本科教师,需要有更强的就业意识和行业发展观念,只有书本知识是远远不够的。我们政府应该积极建立行业高端人才与高职院校沟通的桥梁,积极建立奖励机制鼓励行业人才转型至高职院校任教,为高职教育储备建立良好的教师资源库。政府也应该为院校教师培训提供充足的资金,并为高职院校教师提供出国培训的机会,引进国际上优秀的高职院校教师,积极推动我国高职教师与其他国家高职教师的交流与合作。同时还可以支持不同高职院校间优秀教师的互相交流,促进高职教育事业良性发展,在竞争中进步。

第二节　国外高职技能型创新人才培养的共同特征

发达国家高等职业教育取得了辉煌的成就,为国家经济社会的发展培养了大批优秀人才,有力地促进了经济社会的发展与进步。尽管德、美、加、澳高职教育各具特色,但他们之所以取得成功,背后有许多共同的因素,其中人才培养模式上的共同特征是主要的。通过比较分析,发达国家高职人才培养具体许多共同特征,归纳起来主要有以下几点:

一、培养理念和目标凸显综合素质和创造能力培养

重视学生的实践能力是德、美、加、澳高职教育的一大特色。英、

美、德、澳等国在世纪之交以不同形式相继阐述了职业教育能力观。高等职业教育培养出的人才必备素质不再仅仅是专门知识和技能,更重要的是人的综合能力。目前在世界上影响较大的德国的"双元制"和加拿大 CBE,均属于能力本位模式。无论是德国的"双元制"、美国的"合作教育",还是澳大利亚 TAFE,都非常强调学生综合素质和创造力的培养,并且把素质和能力的要求落实到人才培养的方方面面,从课程设置到教学模式到管理制度等,均能体现他们对素质和能力的高标准。以能力本位的教育与培训(competency based education and training,CBET),注重学生综合素质和创造力培养的观点逐渐被西方职业教育界所认同,并且深刻影响着世界其他国家高职教育理念的更新以及人才培养模式的改革和创新,注重知识转为注重素质和能力已成为高职教育取得成功的法宝。

美国、德国等国家政府十分重视并不断改进学院建设方向与人才养成形式,他们在高职教育的发展中都十分重视改进特点鲜明的学院建设方向和人才养成形式,在开拓、建设过程中形成了各自富有特色的学院建设方向和人才养成形式,如美国社区发展模式、德国的"双元制"。此外,强调企业行业在高职教育的参与作用。美国、德国等国家高级职技教育的成功建设案例表明,企业行业在高职技术教育建设中的作用是不可或缺的,只有在人才培养的环节加入行业企业的元素,才能让培养出的人才符合企业行业的标准,高职技术教育的教育目标才能够充分显现。高职教育的成功经验就是因为有了企业行业的积极参与。

与此同时,美国、德国等国家政府十分重视高等职业技术教育的良性生长。为了在人力资源和经济竞争中脱颖而出,美国、德国等国家政府重视培养适应经济需要的高级职业技术人才,在这个方面不断完善职业与技术教育发展体系,并且不断努力去提高完善在职业与技术教育发展的相关法律法规,为高级职业技术教育的良性生长提供营养。正是因为有了完善的法律保障,德国"双元制"的实施才能这么成功。

纵观国外不同的人才培养理念和目标,不难发现,其核心要义不外乎都是重视能力的栽培、思维的构建和逻辑的培养。这些能力的获取渠道不是简单的教材和课本,而是学生的亲身试验和不断开拓创新。学生通过这样或那样的有效学习后,便能对市场的大致情况了然于心,在发现自己的欠缺项之后找补回来,不断地历练自己,最后使自己成为适合市场的全面型人才。而每个国家的经济制度决定了各不相同的基本国情,学生在立足国情后,实时实地地发挥自身才能,不断地积累、历练、再积累。

二、课程体系注重综合性、灵活性、服务性

德、美、加、澳高职教育的课程设置突出综合性特点。社会发展和科技进步越来越要求劳动者具备较宽厚的专业基础知识,这些国家注重开发综合课程来培养素质和能力良好的人才,重视"全人"培养,关注人的终身学习和可持续发展。美国社区学院的课程计划中,通常都包括一些人际关系、心理学方面的课程,加利福尼亚州和俄勒冈州设置"课程群"。德国将所有的理论课程综合成专业理论、专业制图和专业计算三门课;德、美的职业学校大多数专业都开设演讲、管理类课程,加强技术学科与管理知识的紧密结合。[①]

德、美、加、澳高职教育的课程开设具有服务性,重视课程的实用性,开设的课程覆盖了社会生活的方方面面。这些国家开设有各种实用性专业和课程。同时课程设置具有很大的灵活性。不少高职教育

---

① 黄朝晖,刘利平.借鉴国外先进经验促进我国高职课程改革[J].职教论坛,2009(2):44-45.

类院校甚至开设了夜间和周末课程,充分照顾了学生的时间与学习需要,方便学生就读,更好地发挥出学生主体性。灵活的课程有利于各类学生求学,进一步丰富学生的职业需求及学习方式。并且高职课程设置采取了模块化模式,有机地衔接学生职前与职后的教育,学生通过相关课程的修习,不仅获得了获取毕业证的相关资格,同时对学生终身职业能力的发展提供了重要的基础。

国外高等职业教育课程体系体现出强大的生命力和优越性,我国的高等职业教育课程体系改革正处于急需转型升级、完善的时代,优秀的高职课程建设经验都值得我们去学习和借鉴,以便取长补短。

三、人才培养方式重视校企合作、产学结合

德国的"双元制"、美国的"合作教育"、澳大利亚 TAFE,被世界公认是当今职业教育的成功典范,这些国家高职人才培养方式的共同特点就是"校企合作、产学结合"。产学结合的职业教育使德国、美国、澳大利亚经济飞速发展,也使得世界发展中国家认识到校企合作与产学结合的重要性。比如,澳大利亚 TAFE 学院与行业之间联系紧密,学校里有行业中的人才做教师,行业中多是学校里的人才,还有企业给TAFE 院校提供资金帮助,这就在行业上为高职教育的发展提供了较大帮助。而在我国,虽然有行业指导委员会,但对于需要行业积极配合的高职教育来说仍远远不够。政府应该积极、持续推进行业与高职院校间的联系,针对于高职教育的特殊性,行业始终应该为高职教育建立深刻的联系。在资金上,企业提供充足的发展资金,可以作为学生的奖学金以发现优秀的学生,为这些优秀学生积极提供适合的职业岗位,一方面可以为自己筛选人才,另一方面也可以加深院校与企业的合作。企业还可以为高职教育院校提供实习、见习基地,这样既可

以从学生身上学习到新的知识,也可以增加在学生心目中的存在感,为日后招聘吸引充足的毕业生。我国政府应该积极为行业与学院的联动发展提供机会,允许行业人员在高职院校兼职高职教师,深化校企合作,为高职教育的发展提供新的活力。

虽然校企合作、产学结合的典型做法在国外名称和形式多样,如"2+2式""3+1式""3+2式""全职交替式""平行模式",不同国家、学校、专业在校企合作与产学结合上做法各异,但是其精髓却是一致的,那就是重视企业界与教育界的沟通和合作,通过加强学校与行业、企业的合作,培养职业人才。高职院校与企业界在高等职业教育人才培养和质量保障方面逐渐形成契约关系。

从发达国家职业教育办学的成功经验来看,职业教育办学离不开企业和行业的参与,政府应出台多元政策来鼓励行业、企业参与职业教育集团化办学,充分调动其参与的积极性,还要积极搭建职业院校、企业及行业之间合作的平台,架起双方合作的桥梁,逐步改变目前职业学校与企业在职业教育合作问题上出现的不对等的局面,解决双方信息沟通不畅的问题。

四、职业能力培训和职业资格体系完善

在德国、美国、加拿大、澳大利亚的实践教学中,已建立了一套完善的职业能力培训体系和职业资格体系。比如美国职业资格体系经过长时期的发展,已经建立起一个庞大而复杂、完备的组织管理体系,各级政府对职业资格注册制度进行了立法,社会团体对职业能力培训与职业水平的认证提供服务。而德国职业技能的鉴定从一百多年前就已经开始,当前,德国职业资格认证体系组织机制相当完备,以行业协会为主体,雇员、雇主和学校共同组成考试委员会负责执行。

TAFE 实行统一的证书制度,使得 TAFE 学院职业教育能够与普通教育相互沟通,体现了终身教育的理念,衔接职前和职后教育,建立了"学习—工作—再学习—再工作"的模式。

澳大利亚有完善的国家培训框架,即培训包、澳大利亚资格认证框架、澳大利亚质量培训框架,三者形成了有效的质量保障体系。澳大利亚的 TAFE 教育资源依托于培训包,培训包以行业需求、行业准入技能为基础,是国家认可的技能标准,并且不断对培训包进行必要的改进和更新,认真落实,保证了培训包的质量。澳大利亚的培训包专门为培养高职人才创立,更多的是技能培训,教学定位清晰,不同于普通的本科教育。但我国在教学定位上不够清晰,高职院校并没有确立属于自己独立的教育行政体系。虽然从传统意义来说,高职院校与本科院校相同,都是高等学校教育的范畴,但是受限于政策安排和校务环境,高职院校本身就带有较强的技术性特点,因此在规划教材以及建设设施方面,也应该紧随着相关要求规划设计。但是实际上,许多高职院校依然采用高等院校统一教材,没有作出独立的管理设计。政府在教学定位上还不够有力,导致高职院校真正执行时,不能明确高职教育这一定位,照搬普通本科教育的内容,这就违背了高职教育的性质,不利于学生技能的掌握,也不利于社会行业的发展。德、美、加、澳等国制定了更加明确的高职教学定位,将高职教育教学计划深入高职院校中,而不是停留于政策层面,层层推进,确保高职教育的明确定位,进行问卷调查或者实地考察高职院校的教学内容。在高职教育方面给予充分的专家支持,由专家进行教学内容的推荐,针对当前市场所需,真正地为高职教育提供建议,让学生学有所用。政府也在本科教育中,专门成立高职教师专业,培养专门服务于高职教育的教师和专家。这些都是值得我们借鉴的先进模式和有益经验。

职业能力培训和职业资格体系强调多元参与。纵观职业教育发达国家的成功经验,我们可以得出一个启示——坚持职业教育的多元参与,这是职业教育办学走向持续运转的保障。因为职业教育必须以包容的心态,具备办学的跨界思维,从某种程度上来说,企业参与职业教育办学,行业参与职业教育培养标准制定、课程设置、人才培养指导等本身就是一种跨界行为,体现出跨越性,彰显其广度与深度,试图打破各个不同性质组织之间的边界,破除深度合作的壁垒,多方办学主体相互融合,将有效避免职业教育在人才培养过程中"自娱自乐"和"固步自封"的危险,提高职业教育的办学质量,提升办学水平和效率。此外,办职业教育必须突破"学校"这一狭隘组织的边界,具备开放办学的心态,这一点虽然已经得到了职业教育界的共识,但不容否认的是,中国职业教育办学的过程中,教育部门办学还是占主导地位,职业教育办学还是比较封闭的。职业教育应该是一种超越部门利益的活动,而职业教育跨部门办学则是解决合作多方利益之争的一种重要手段和方式,实现职业教育跨界办学是职业教育的基础。①

多元参与指的是在职业教育过程中,职业教育学校仅仅是多方举办者之一,而其他举办方,比如行业组织、企业等也是职业教育的主体。在职业教育的人才培养、课程设置、教育资源的共享等方面形成职业教育跨组织、跨部门的特征。换句话说,职业教育的人才培养活动不再局限在职业学校的范围之内,而是拓展到社会各办学主体,跨越多个领域与部门,把职业教育的多元要素整合在一起,共同发挥影响,促进中国职业教育发展。

---

① 刘明策,刘志兵.政府调控视角下国外职业教育集团化典型模式及对我国的启示[J].出国与就业(就业版),2012(1):102-104.

五、重视实践导向"双师"队伍建设

发达国家的高职教育教师队伍整体素质较高,对于社会变动的适应能力较强,其行业热情度也较高,追根溯源,其原因是因为这些国家对于教育行业的重视,对于高职教师的培养出了大量的力气,培养模式的系统不断完善,教师对自身责任的认知到位,教师自身水平在学习中不断得到提高。德国、美国、加拿大、澳大利亚高等职业教育特别重视高素质教师队伍建设,对教师的综合素质和能力提出了严格的要求,教师的知识结构、能力水平要求严格。这些国家纷纷建立了严格的教师资格准入制度,比如在德国,高职学校的教师必须拥有博士学位,另外还需要有五年以上从事专业实际工作的经历,且必须有两个职称,即工程师和教师。此外,德、美、澳大利亚的高职教育师资的培养体系都比较成熟和完善。比如美国非常重视师资的培养,一方面,政府资助教师进修理论知识,另一方面,学校鼓励和选派教师从业创业实践,到各公司、机构参与实践,直接获得实践经验。致力于培养学生发掘问题、认识问题、分析问题和解决问题的能力。有严格的认定标准和选拔程序,并且形成了一整套的完善的制度。教师培养、选拔和认定制度统一化、制度化、规范化。这些国家对教师的职称评审和晋升制度皆反映出职业教育与学术教育地位的平等性。此外,这些国家高职教师队伍建设非常注重聘用兼职教师,德国、澳大利亚等高等职业教育较发达的国家兼职教师数量占 60% 以上。

纵观国外职业教育技能型创新人才培养的历史和现状,我们可以还得出:第一,政府在职业教育中发挥重要作用,要充分发挥政府的宏观调控作用,运用多元杠杆对职业教育实施统筹和调控。第二,职业教育不是凭空产生的,它必须建立在一定的基础之上,是经济、社会发展到一定阶段的必然结果。第三,职业教育的根本办学理念源于大职业教育观,融合职业教育办学资源,服务于职业教育发展。第四,职业教育办学模式的丰富性以及办学主体的多元化是职业教育的基本特征,也是其办学成功的关键。第五,企业参与的程度是职教办学成功与否的关键,企业参与越充分、越深入,职业教育办学就越能取得成功。

总之,德国、美国、加拿大、澳大利亚等发达国家在高等职业教育的人才培养理念、课程设置、教学模式、师资队伍建设等方面均有许多值得借鉴的地方。有选择地引入和借鉴国外高等职业教育的有益经验和模式,对我国高等职业教育的发展具有重要意义。当然,我们在借鉴国外先进高职人才培养模式的同时,也要结合中国各地区、各学校的办学实际情况,建立起有中国特色的高等职业教育人才培养模式。

第四章 高职院校技能型创新人才培养模式的改革路径

高等学校创新人才培养,不仅仅是创造技法的介绍、宣传与训练,从本质上看,它是一种高等教育思想,意味着对高等教育从思想观念、培养目标、培养模式到管理体制的一系列改革。[①] 构建高职院校技能型创新人才培养模式是一个系统工程,它涉及多方面的教学理念和方式的创新,需要高职院校从理念、课程、教学、资源配置、考核等方面协同互动,进行创新。本章在吸取前人研究的成果、经验及调查研究的基础上,提出高职院校培养技能型创新人才的基本构想,旨在为高职院校培养技能型创新人才提供参考。

构建人才培养模式的问题,实际上是为受教育者构建什么样的知识、能力、素质结构,以及怎样实现这种结构的方式的问题。[②] 本书认为,高职院校技能型创新人才培养模式是在确立技能型创新人才培养目标基础之上的由人才培养目标、培养内容、培养方式、外部条件支持等子系统构成的一个框架。人才培养目标即为受教育者构建什么样的知识、能力、素质结构,已在第一章中论述,此章不再赘述。本章将重点论述培养内容、培养方式、考试评价、环境支持等子系统。

高职院校技能型创新人才培养模式的特点是,在人才培养目标上,把培养技能型创新人才放在首位;在人才培养理念上,更加注重学

---

① 林金辉.海西青年创业教育和创业环境研究[M].厦门:厦门大学出版社,2009:162.
② 王明伦.面向知识经济的高职人才培养模式研究[J].职业技术教育,1999(3):26-29.

生综合素质和创造能力的培养。这种模式旨在通过学校教育和学生自身的努力,培养以综合素质为基础、以创新精神为核心、以能力为本位的技能型创新人才。

第一节　转变高职人才培养理念[①]

教育观念直接影响人才培养的规格和质量,高职教育是技能型创新人才培养的重要阵地,其教育观念直接影响技能型创新人才的质量。因此,高职教育必须从观念上进行更新和转变。

一、创新教育观:从共性层面到分层分类

在各级各类学校培养创新人才的实践中,人们通常是从共性的层面提倡创新精神与创新能力的培养,缺乏针对不同类型创新人才的培养方案,导致对创新教育认识不清、定位不明,对创新教育的概念含糊。高职教育创新人才的培养模式也同样存在培养目标模糊不清、针对性不强的问题。事实上,创新有三个层次:一是初级创新,指对个人来说是前所未有的,一般学生都具备这种初级创新;二是中级创新,指经过模仿、改革或发明,在原有知识经验的基础上重新组织材料,加工生产有一定社会价值产品的能力;三是高级创新,指经过长期努力所产生的人类历史上的创新。可见,创新有简单与复杂、应用与基础之分,不同层次的创新活动特点各异,对创新主体的要求也各不相同。因此,

---

① 杨岭.基于技能型创新人才培养的高职教育观转变[J].中国石油大学胜利学院学报,2014,28(4):53-56.

创新人才的培养也应分类进行,创新教育的开展要分类推进,高职教育需要根据不同层次创新人才的特点建构有针对性的人才培养方案。

二、教育价值观:从制器到育人

目前,中国教育界普遍把高等职业教育定位为培养技术应用型人才和高技能型人才,强调学生的技术能力,突出了高职教育人才培养目标的技术应用型特征,这有利于将高等职业教育与普通高等教育区分开来。但是,在实践中,这种定位存在片面强调学生的专业知识与技能培养的倾向,导致人文教育缺失,职业素质教育流于形式,学生综合人文素质普遍不理想。从另一角度看,高等职业教育强调教育的社会价值,突出为社会培养各种实用型人才,满足社会对劳动力发展的需要,有利于促进技术和产业的进步,推进国家政治经济和社会发展,但却忽视了教育对人的本体价值,只把人作为一种工具,对教育主体的尊重不足,对人的个性完善及全面发展关注不够。事实上,高职教育是"育人"而非"制器"。高职院校不仅要向学生传授专业知识、训练职业能力,也要把学生人文素质和职业素养的提高、创新精神和创新能力的培养作为重要任务,因为高职培养的学生不是工具人、职业人,而是社会人、全人。遵循教育外部规律,高职教育要紧跟社会发展的需求;根据教育内部规律,高职教育要适应人的全面发展的需要,二者必须和谐统一,不可偏废。

三、教育质量观:从就业导向到生涯发展

著名教育家顾明远先生曾强调可持续发展能力培养的重要性。如果高职院校的课程与教学把就业作为专业和课程设置的导向,就会

忽略把学生作为全面的人来培养,学生走上工作岗位后可能在某项技能方面很容易上手甚至成为熟练技术工人,但人文素质的缺失和不足会导致学生持续发展能力不足。从长远来看,这将使学生应对将来工作岗位转换甚至工作性质转变的能力差,对其职业生涯发展极为不利。目前,许多高职教育就是以就业为导向,学校过于追求就业率,似乎只要学生在毕业时能找到工作,高职教育就取得了成功。这样的教育质量观显然存在着不足。技能型创新人才应该具有职业技能素质、职场应变素质、专业创新素质三种层次的素质。就业导向的教育质量观关注的是学生职业技能素质,而生涯发展导向的教育质量观不仅关注学生职业技能素质,还关注职场应变素质以及专业创新素质。因此,教育质量观只有从就业导向转向生涯发展,技能型创新人才的涌现才能得以实现。

重视学生关键能力培养,塑造学生终身学习和持续成长的能力。职业教育为学生的终身教育打下坚实基础的关键环节就在于培养学生的关键能力,通过核心素养的养成,使学生具备较高的职业能力以及终身学习的素养。现代职业教育观强调职业院校必须着力培养高素质技能型专门人才,促进人的可持续发展,通过知识、技能的习得,一方面满足个体的多样化需求,另一方面满足了产业和行业转型发展的需要。并且学生在职业教育中所获得的关键能力是他们终身受用的,是其未来发展不可或缺的能力。

四、教学观：从知识技术的模仿与被动接受到继承批判与创新

继承是创新的基础,但一味地继承就无从创新,而且形而上学的继承观还会阻碍创新。当前,许多高职教育过于强调学生对知识的记

忆、技术的模仿和重复训练,束缚和压抑了学生的创新精神。高职教育的改革必须首先改变传统观念,树立和培养创新精神以及创新能力的教育观念。从教学氛围上,技能型创新人才的培养要少一些统一化、标准化的教学要求,营造和谐、民主、自由的教学氛围,强调人的独特性和创造性,促进学生自由发展,培养学生的创新精神和创新能力。从教学评价上,要增加学习过程的考核和评价,关注学生的创新精神与创新能力的培养,对于那些在课堂上提出独到见解或者在实践活动中创造出新方法的学生要充分鼓励,尊重其创新性成果,在课程成绩上给予奖励。此外,教师的教学评价要重视形成性评价,把学生平时表现、学习态度、独立思考问题的能力、创新素质等要素纳入教学评价的过程之中,使考试由原来的只考核学习效果拓展到对整个学习过程和学习效果的综合考评。[①] 从教学方法上,理论课教师应综合使用如启发式教学法、讨论法、案例教学法等多种教学方法,培养学生的自主学习能力、创新思维能力、动手能力、分析问题和解决问题的能力。实践教学的教师要注重学生在实训过程的主体地位,充分发挥教师的主导作用,让学生在实践中接触和感受最新的科研成果,激发和增强其创新激情,培养其动手操作能力。

五、教育主体观:从师道尊严到以生为本

在实际教学工作中,高职教师仍然留有许多理论化教学的传统,而学生也仍然沿袭着死记硬背、被动接受的学习习惯,教育主体和中心仍然是教师,师道尊严在不少课堂中得到淋漓尽致的体现。高职学生是有丰富个性的、完整独立的、有发展潜能的个体,每个学生都有自己的学习类型与学习方法,有不同的特长。因此,教师要转变对高职

---

① 丁大建.高技能人才的短缺与价值评价错位[J].中国高教研究,2004(5):57-58.

学生的认识,尊重学生的个性,承认学生是具有可塑性的人才,保障学生在教育活动中的主体地位,最大限度地发挥学生的主观能动性,调动他们学习的积极性。要让学生更好地发挥自身优势,实现个人潜力的开发,首先要做的是教育主体观从师道尊严向以生为本转变,因材施教,扬长避短。①

高职创新人才的培养要以学生为主体,就是要鼓励学生在学的过程中主动探究、建构、体验和领悟;以教师为主导,就是要强调教师在教的过程中成为教学的设计者、问题的提出者、情境的营造者和经验的总结者。这样才能使高等职业院校的教师从"死教书、教死书、教书死"的困境中摆脱出来,使学生从"死读书、读死书、读书死"的疑惑中解脱出来,真正实现教学相长。

六、人才成长观:从拔苗助长到自然生长

许多学校在学生创新精神和创新能力的培养过程中容易存在急功近利的价值取向,关注的是各级各类创新竞赛或者比赛、获得国家专利的科学发明项目等外在的可以看见的创新成果,忽视了学生内在创新精神、创新能力及合作、探究、自主的创新意识的培养。扎扎实实的人才培养被一项项的"工程""计划"代替,人才培养似乎变成是一项可以通过一定活动量身定做的"工程"。② 高职创新人才的培养也极易出现创新人才培养的通病,过于关注学生在各类比赛中的获奖数量以及申请专利的情况,大办创新实验基地,组织各类发明小组、科技班、创新团队。这样的创新机制和行为恐怕也会在一些方面有违创新人才成长的规律。创新人才的培养是一项系统工程,需要潜移默化、润

---

① 李淑娣.高职学生创新能力培养与评价研究[D].北京:华北电力大学,2010:37.
② 陶宇,来建良.制造业高技能人才关键能力与真实性评价[J].黑龙江高教研究,2008(7):105-107.

物无声的教育和训练过程,急功近利、追求立竿见影只能适得其反。因此,学校要重视创新人才的过程培养,立足于过程,帮助学生养成艰苦奋斗、脚踏实地的习惯,培养学生奋发向上、积极进取的精神,鼓励学生拥有创新、敢为人先的勇气,摒弃功利化取向。只有回归人才成长的自然规律,才是技能型创新人才的培养之道。

第二节　创新高职人才培养内容

改革高职院校人才培养内容,涉及课程体系的建设、课程内容的选择等方面。合理的课程体系,对人才的培养具有重要意义。高等职业教育课程承载着高等职业教育的思想和观念,反映了社会经济发展对高等职业教育的要求,体现了高等职业教育的价值和取向,直接影响着教学质量。[1] 高职院校要培养具有创新精神和创新能力的高素质技能型人才,关键在于构建高职院校科学、合理和优化的课程体系,选择富有个性的课程内容。接受访谈的一位高职院校的校长谈到:"课程,在职业教育更要大刀阔斧地改革。"

一、课程开发主体强调多方参与,构建协同创新课程体系

让企业专家、教师参与到高职课程的开发中。来自企业或行业的专家由于处于生产、管理的第一线,对工作任务最为熟悉,对生产技术

---

① 王晓波,陈丽.高职课程内容的探讨[J].成功:教育,2011(4):113.

的应用最了解,能够把握职业岗位现在与未来从业者的能力要求。[①]因此,高职院校不能闭门造车,高职课程的设置必须充分发挥行业、企业的作用,使行业或企业专家成为课程设置主体之一,可以有效防止高职院校开设课程与生产实际脱节的现象,使课程的开设和课程内容的选择真正以工作岗位为基础,让学生真正学以致用,所学知识与实际应用达到最佳匹配,在此基础上,高职学生的创新精神和创新能力才有可能得到培养。高职课程的设置同样离不开教师。课程设置还要注重发挥教师的作用。教师在教育教学中起主导作用,是课程的直接相关者,是和学生接触最紧密的人。

重视校企合作开发课程。职业教育就是为学生的职业做准备,以就业为导向,实践性强。各高职院校要主动服务企业,跟踪企业现有的技术动态、生产设备、生产工艺和发展趋势,调查了解企业的需求,更新课程内容。高职教材要走产学研结合之路,加强实习实训教材的建设。高职教材应当为职业岗位或岗位群服务。教材建设尽可能以职业标准为主要依据,教材内容以"够用、必需"为原则,强调教材的职业性。校企合作开发实践性教学内容,培养学生的实践动手能力。教育必须为社会主义现代化建设服务,必须与生产实践相结合,要始终贯彻落实好这一教育方针,这是高职教育改革与发展的方向。高职院校进行教材的建设可以组织聘请行业、企业一线的能工巧匠以及高职院校内的"双师"教师,根据实际的教学需求以及实践教学、职业资格证书等要求,结合行业与企业的用人需求,并充分考虑现有的实训条件,编写能反映高职特色的实习实训教材。实训教材要突出地方性、适应性和实用性,坚持理论与实践的结合,体现行业与企业生产岗位的最新发展趋势,并不断根据实际需要进行调整。通过高职院校与行

---

① 林克松,许丽丽.课程秩序重构:高职高水平专业群建设的逻辑、架构与机制[J].高等工程教育研究,2019(6):125-131.

业和企业的联合开发，不仅仅密切了学校与企业的关系，有助于培养高职学生的职业素养和技术能力，确保实施产学研一体化人才培养，而且有助于高职院校"双师"教师队伍的建设，提高高职教师的业务能力和素质。技能的培养和训练重在实践，应把紧密联系实际，把实践性的教学贯穿于高职人才培养全过程，加大力度开发实习实训教材理应成为高职院校教材建设工作的重要一环。

二、课程结构凸显职业能力中心，契合创新能力培养需要

课程，就是学生学什么、教师教什么的问题。高职的课程不是本科教育的压缩饼干，不能按照"基础课—专业基础课—专业课—实践课"的学科式模式加以组织。科学、合理和优化的课程体系应当体现知识、能力、素质协调发展的新思想，把素质教育和创新人才培养的理念渗透到课程设置的方方面面。不仅注重对学生进行专业教育，而且还非常重视人文基础知识的传授及科学精神的教育，注重培养学生人文素养和科学素养。科学、合理和优化的课程体系应当包括以下三个方面：第一，理论课程。第二，实践课程。第三，基本素质教育课程。

注重个体差异，加大选修课比例。加大选修课的比例，鼓励教师发挥特长，开设选修课，给学生充分发展个性提供更多的时间和空间，全面拓宽学生的知识面。综合国内外经验，必修课、限选课和任选课之间的比例在学分上以5:3:2为宜，在课程数量上为4:4:2，这样培养出来的人才有可能将知识轴线和技能轴线贯穿在每一类课程中。[①] 此外，注意理论课与实践课的有机融合。面对高职教育理论课和实践课二元分裂、人才培养质量不高的现状，高职院校应当更加关注理论课程与实践课程的逻辑性和系统性，理论课和实践课相互补充、相互融

---

① 黄跃琛.高职学分制改革初探[J].福建信息技术教育,2008(2):43-44.

合、有机整合,融为一个逻辑整体,构建"学"与"做"、"知"和"行"的一元化模式。① 澳大利亚、英国、美国流行的工作本位学习模式,德国的行动导向教学模式、项目本位模式等就是非常典型的理论课与实践课整合的例子。因此,技能型创新人才的培养需要建立工作过程导向的课程体系,破除当前高职人才培养中课程设置对本科院校的简单模仿和压缩,进一步立足于工作中具体的任务与从事工作所需要的终身发展的素养完善课程,促进课程实施中的工学结合与校企合作,将职业资格标准与课程标准结合起来,与行业企业深度合作,共同设计契合于人的终身学习和终身发展的课程。②

高职院校课程结构的调整要以就业为导向,办学关注市场需求,并以之为动力,要把学生职业能力的培养作为课程结构改革的重点。因此,当前高职院校建立"宽基础、活模块"的课程设置与结构体系是非常重要的,课程改革坚持"宽基础",要做到知识面宽、综合性强,相邻专业知识相互沟通、融合,强调课程衔接,保证学生学习的知识系统化,符合学生学习的规律;而另一方面,课程体系要根据实际灵活调整,采用"活模块"方式,提高课程的岗位针对性、适应性和灵活性。课程的结构应该尽量"模块化",也就是各个模块的知识具有一定的可拼接性,根据不同的培养目标将内容剪裁、拼接成不同类型的知识体系。

三、课程内容更加突出个性和特色,强调关键能力培养

现代职业教育所倡导的能力本位要求劳动者具备良好的职业适应力,能够符合产业发展的复合化需要,同时具备在各行各业岗位上的创新技能。而当前职业教育的办学也面临剧烈的变革,职业教育对

① 冯瑞.高职跨界融合型人才培养的课程体系重构与实践创新[J].江苏高教,2019(8):108-112.
② 曹井新,张丽平.高等职业教育在构建我国终身教育体系中的对策研究[J].继续教育研究,2008(9):38-40.

人的培养更加凸显其综合性与跨界能力,职业院校的课程体系也由原先的知识本位过渡到能力本位。职业教育和人的综合素质能力有着越来越紧密的联系。国外出现的职业培训思想,将职业教育和终身学习相联系。这种新理念凸显学习者在接受教育前后全过程要对自身进行科学准确的评估,并且制定职业生涯规划,对未来的职业学习进行必要的设计,从而锻炼学习者的终身学习能力。这一职业教育理念是对传统职业生涯规划与发展的转变,基于终身教育的精神,强调学习者在未来职业中逐步提升自身能力,从而适应变化中的市场。只有融入终身教育理念的职业教育,才是真正的可持续发展的、促进学习能力的教育。[①]

高职课程内容的建设是一个长期的过程,它不仅随着高职教育的发展而发展,还要紧跟经济技术的发展步伐。[②] 为培养高职技能型创新人才,高职院校的课程内容必须进行认真挑选,课程内容上要更加体现出个性与特色。

加强校本教材的开发。校本化、自主化、特色化是校本教材的最大特色。鼓励高职教师根据学校特色、专业特点、学生的兴趣爱好等,编制校本教材,使教师能够及时把生产一线的知识、技术引入到课堂中,使教学内容更加具有实用性、针对性、适应性。让课程内容关注个体,以个性化为终极追求,张扬教师和学生的个性,彰显学校特色。教材的质量如何,回答这个问题需要根据一定的评价标准。高职教材亟待建立评价标准,完善教材评价体系。高职教材应当以能力本位、知识够用必须为原则,教材建设应制定教材分析、评价体系和质量的反馈机制,教材开发应当有一个试用环节,调研和跟踪教材试用情况,搜集师生的意见,不断加以修改和完善。将学期选用教材的考核融入学

① 周永平,石伟平.论"终身职业教育"[J].中国职业技术教育,2017(5):57-61.
② 王晓波,陈丽.高职课程内容的探讨[J].职业教育,2011(4):113.

生的评教系统或学生成绩查询系统,从而形成制度、形成规定、形成自然而然的一个教学环节,成为教材选用合格与否的主要依据。[①]　在高职教材建设中,"需要完善教材评价体系,注意统一性与灵活性相结合,终结性评价与形成性评价相结合,宏观评价与微观评价相结合,单本教材评价与全套教材评价相结合,知识评价与能力评价相结合,认知因素评价与非认知因素评价相结合,实验评价与专家评价相结合"。[②]

第三节　改革高职人才培养方式

高职院校人才培养方式的改进,可以从教育教学理念、教育教学制度、教学方法、考试评价等方面着手进行改革。其中,理念是人才培养的灵魂,制度是人才培养的保障,方法是人才培养的关键,评价是人才培养的晴雨表。

一、把握教学改革三大要点,引航人才培养方向

技能教育、素质教育、创新教育是高职院校应当树立的三种教育教学理念,它们是高职院校人才培养的基石。一是技能教育。高等职业教育是"高等"与"职业教育"两个概念的复合,具有高等教育和职业教育的双重属性。高职教育应以技能教育为根本,强调技能性和职业性,重视学生实践能力的培养,提高职业技能,增强学生的职业能力。二是素质教育。《国家中长期教育改革和发展规划纲要(2010—2020

---

① 王晓伟.从一名教务工作者的角度探析高职高专教材建设[J].中国西部科技,2011(3):83-84.
② 曾天山.我国基础教育教材改革问题探讨[J].教育研究与实验,1995(3):19-23.

年)》提道:"坚持以人为本,全面实施素质教育是教育改革发展的战略主体。"高职院校应按照能力素质高、具有创新精神和创新能力的技能型人才的总体要求,去逐步构建知识传授、提高综合能力与注重素质教育为一体的人才培养模式。一位高职院校的领导接受访谈时谈道:"特别是对素质来说,要内化的,内化的东西恰恰要融入教学中,我们的教学要有所突出、有所引导、有所考核,这样才能融入。我们在这方面采取了很多措施,比如护士培养,按一般过去的方式,铺床、打针、吸氧。但是作为护士,服务对象是人啊,如何让患者得到全面的照顾,这要求内化素质。铺床、打针、吸氧这仅仅是技术层面的,如何把素质融入教学中,这也是所有专业的人都需要的。素养和创新能力问题是所有专业的人都需要。"我们需要对职业教育体系进行全面的梳理与彻底的变革,对于职业教育的改革理念与发展方向、职业教育体系制度、职业教育人才培养等层面要进行重新反思与创新性变革,立足于职业教育和经济社会的发展,整合社会资源,与社会各界相互合作,顺利融入终身教育体系构建之中,真正实现终身教育和职业教育的相互融通,在终身教育的框架下,将政府、行业、企业等力量吸纳进,职业教育的发展中职业教育改革和发展的全过程要贯穿终身教育的理念和精神,进一步调整职业教育人才培养模式,提高职业教育人才培养终身发展的素养。三是创新教育。我们传统的高职教育历来重视对知识与技能的传授,忽视对学生创新精神和创新能力的培养;重视让学生掌握已有的生产技术、工艺流程,忽视学生对固有生产技术、工艺流程、管理的创新。高职教育教学应当更新理念,倡导创新教育,高度重视学生创新精神和创新能力的培养。创新能力是高端技能型人才的必然要求。教育教学中要特别注重创新意识的培养,激发学生的创新欲望,注重非智力因素发展。高职教育教学应当更新理念,倡导终身教育理念,高度重视学生创新精神和创新能力的培养。关键能力是高端技能型人才的必然要求。

二、深化教育教学制度改革，真正体现以学生为中心

高职院校急需建立新的教育教学制度，为个性化创新型人才的成长营造良好的制度环境。

（一）尝试学分制

学分制的改革有助于进一步改革其教育和管理制度，建立职前培养和职后教育一体化的教育制度，进一步通过灵活、富有弹性的制度安排，整合家庭、学校、社会等多种教育资源。学分制有助于打破学习者的时空限制，超越年龄和学时对接受教育的诸多限制，取而代之的是，学生可以通过学分的累加，实现终身学习和终身教育的需求，通过插班学习，为社会人员继续接受教育提供了可能性，真正落实职业教育的公平性，最大程度了满足了不同层次人员的要求，为其提供学习的指导和帮助，实现了正规学校教育服务与社会继续教育相整合的过程。

学分制的改革与创新、学习成果的积累和认证成为终身教育不可缺少的保障，通过学分制的改革，进一步完善"学分银行"的构建，为普通职业教育和终身教育搭建互通融合的立交桥。在"学分银行"下学习者的系列学习成果得以进行累积，并且能够进行不同教育形式下的学分互换，学习的经历和成果能够得到认证。在这套学分制改革框架下，终身学习者突破了学习时间限制，能够灵活地基于自身知识体系构建的需求，选择性地接受教育。终身教育的出发点正是为了解决传统的学校职业教育不能够为学习者的继续教育提供渠道等问题。随着社会发展，职业教育"学分银行"制度的架构需要进一步结合社会现

实,并结合国家的顶层设计思路,满足不同学习者学习成果能够在职业教育和终身教育体系下实现互通、互认的需求,逐步提高学习者的受教育机会;并通过制度标准的确立,为学习成果实现转换和认证提供服务。①

实行学分制,应设置大量的选修课。每个学生都是不同的个体,相应的有不同的兴趣爱好。学分制相比学年制更具有灵活性,更能发挥学生的主动性,其个性特长也能得以展现。还可以创设创新学分,鼓励学生创新。探索弹性学制,如两年制高职教育可允许在 1.5~4 年内完成学业,三年制高职教育可在 2~5 年内完成学业,五年制高职教育可在 4~7 年内完成学业。②

(二)建立双导师制

双导师制原来针对的是研究生的培养,高职院校也可以推行双导师制。高职的双导师制指的是在学校内,教师担任学生的导师,指导学生的学习,校内导师为学生综合素质、创新精神和创新实践能力的训练提供了保障;在校外,行业或企业的专家、技术人员担任学生的第二导师,重点培养学生的职业技能。校内导师和校外导师组成配对关系,共同指导学生。③ 通过实行双导师制,加强对学生的个性指导,根据学生个人的能力、志向和特长,指导他们制订个人学习计划,对他们从入学到毕业进行全程指导和负责。双导师制在目前不失为解决高职师资不足,特别是"双师型"教师缺乏问题的一个方法,同时也有利于高职院校加快"产学结合、校企合作"的体制改革。

① 刘剑青,方兴,马陆亭.从终身教育(学习)理念到学分银行建设[J].中国电化教育,2015(4):138-141.

② 李鹰,李哲,张喜春.高职教育的学分制和弹性学制改革初探[J].教育与职业,2007(3):43-44.

③ 韩玉辉,张庆玲.基于现代学徒制的高职"双导师"队伍建设探索与实践[J].中国职业技术教育,2018,686(34):89-91.

（三）完善校企合作制

遵循教育性、互利性、平等性原则，推进校企双方的深度合作，调动企业积极性，搭建学生创新实践平台，推进校企双方利益共享。学校在为企业发展提供各种技术、营销、管理、咨询服务；企业也主动向学校投资，建立利益共享关系。建立合作的长效机制，促进学校积极利用企业的优质资源，包括物质支持、平台共建、师资提升等，改革教学，促进学生创新实践能力和职业技能水平的提升。

三、改革高职课堂教学方法，提升人才培养质量

课堂教学是培养学生创新精神和创新能力的主要渠道。针对目前高职院校理论教学普遍存在灌输式教学方法、实践教学被动实践的问题，本书认为，为培养出高职技能型创新人才，高职院校必须改革传统的教学方法。

对于理论教学，教师应综合使用多种教学方法，比如启发式教学法、讨论法、案例教学法等，培养学生的自主学习能力和创新思维能力，提高高职生的自学能力、动手能力、分析问题和解决问题的能力。

对于实践教学，要注重学生在实训过程的主体地位和教师的主导作用，培养学生动手操作能力，激发学生勤于动手、勇于实践、探索未知的精神，让学生能够在实践中接触和感受最新的科研成果，激发和增强学生的创新激情和创新能力。

需要指出的是，二者不能完全割裂开来，理论教学与实践教学应有机融合。理论教学与实践教学是一种"实践—理论—再实践—再理论"的模式，把理论教学与实践教学结合起来，理论教学以学习创新的理论知识为主，实践教学以培养学生的创新能力为主，两者并重，实现理论与实践的结合，使创新的理论知识化为创新的能力。

在信息化大发展的时代,高职院校应当加快推进教学手段的改进,运用移动智能终端借助网络资源的优势,在课堂教学中引入实时的网络信息,增强课题内容与目前社会的结合程度,使得学生更能感受到所学知识点与当下社会实际的结合度,就可以激发学生的学习兴趣,为学生提供丰富多彩的课外知识材料,拓展学生的学习空间。例如,在机械专业课上,教师可结合相关内容在课前备课的时候就找好相关实操视频,学生互相讲述所见、所想,展开点评、讨论,既巩固所学知识又拓宽知识面。当然教学信息化手段的运用在于高校是否有一支智慧教师的队伍,在信息化 2.0 时代的到来下,智慧教师应具备专业的知识技能,更要掌握信息化的技能。

课前预习和课堂导入阶段,学生良好的课前准备和学习情绪的充分酝酿对于课堂教学的成功有着很好的助力作用。教师可以运用微课激发学生学习兴趣,引导学生思维走向,诱发其探究学习欲望,使其主动参与到教学活动中。

在课堂教学实践阶段,将 iPad 等移动智能终端应用到课堂教学实践中最大的优点就是人机互动,可将不同学科有机融合,充分培养学生的综合实践能力。例如,在课上,可设计课堂实践练习:利用移动终端推送的素材和实践操作相得益彰。还可引导学生借助 iPad 设计简易的布景、海报、墙报、手抄报。从这一系列的教学互动中,将学科与学科相互交融,学生眼、手、口、脑并用,学生驾驭信息技术,学科跨界操作增强了学习体验,使得学习互动广泛而高效,大大提高了高职技能型创新人才的综合实践能力的提升。

由于学生的认知水平是有差异的,对于一些关键的知识点并不是所有学生都能明白,若是问题得不到及时解决,还会使其逐渐丧失学习兴趣和自信心,这对人才的培养是很不利的。这就需要教师精心设计教学环节,引导学生参与进来。例如,在教学微积分或几何问题时,其实是很抽象的，在以往的传统教学中，通常是以教师讲解＋演示＋学生操作的方法来突破这一重难点。这种方法能够使部分学生掌握这一技能，但往往有一些学生错过知识讲解的重点，或在听课过程中一知半解，导致对该知识的缺漏。为此，在教学中，教师适时利用动画微课讲解，一方面可以紧紧抓住学生的注意力，另一方面通过动画演示三角尺和直尺摆放的位置，让学生可以更清楚抓住重点，在难点处还可以着重批注讲解，使知识点更加清晰。对于课堂上掌握不牢的学生还可以通过反复观看微课达到巩固和加强的效果。

第四节　深化高职考试评价改革

高职院校的考试是高等教育过程的一个重要环节，全面、科学、合理的考试制度能积极引导教与学双方朝教育目标前进；反之，则会对教育目标的实现起阻碍作用。改革高职院校考试制度，在创新人才培养中具有重大作用。

一、推进招生考试制度改革，实现中高职衔接与分阶段协同育人[①]

实现高等职业教育和中等职业教育的有机衔接和协调发展，是现阶段我国建设现代职业教育体系的主要任务。中高职衔接在国家文件中多次提及，《国家中长期教育改革和发展规划纲要（2010—2020年）》提出现代职业教育体系"完善职业学校毕业生直接升学制度、拓宽毕业生继续学习渠道、中等和高等职业教育协调发展"。《国务院关

---

① 杨岭，潘伟彬.基于招生考试制度改革的中高职教育有机衔接研究[J].考试研究，2014(4)：20-25.

于大力发展职业教育的决定》提到，建立职业教育与其他教育相互沟通和衔接的"立交桥"，使职业教育成为终身教育体系的重要环节，促进学习型社会建立。《国务院关于大力推进职业教育改革与发展的决定》提出，加强中等职业教育与高等职业教育，职业教育与普通教育、成人教育的衔接与沟通，建立人才成长"立交桥"。建立中等职业教育与高等职业教育相衔接的课程体系。《面向 21 世纪教育振兴行动计划》提出："依据《教育法》和《职业教育法》，要努力建立符合我国国情特点的职前与职后教育培训相互贯通的体系，使初等、中等和高等职业教育与培训相互衔接，并与普通教育、成人教育相互沟通、协调发展。"《国务院关于〈中国教育改革和发展纲要〉的实施意见》首次以文件形式表述"要逐步形成初等、中等、高等职业教育和普通教育共同发展、相互衔接、比例合理的教育系列"。在中高职教育衔接所涉及的众多领域中，中高职招生考试制度的改革处于关键地位。招生考试制度的改革是一项系统工程，涉及面广、政策性强。招考制度对于中高职教育衔接其他方面（包括教学大纲、课程设置、教学内容等）的改革具有重要作用，因此，探讨招生考试制度改革视角下中高职教育有效衔接问题具有重要意义，有必要对影响"中高职教育衔接"的关键因素——招生考试制度问题进行剖析。

促进中高职教育的有机衔接，构建中高职人才成长"立交桥"，是我国职业教育改革、现代职业教育体系的趋势与目标。要实现这一目标，首先要改革现行的招生考试制度及方式。招生考试制度作为高等职业教育选拔录取新生的重要手段和中高职衔接的重要接口，其制度的合理性直接影响高职教育的生源质量和现代职业教育体系的形成，是中高等职业教育衔接的关键环节。

（一）成立职业教育招考机构，加大统筹协调管理职能

目前，政府没有设置专职部门对中高职招生考试实行顶层设计，统筹规划,综合协调,造成条块分割,沟通不畅;在录取评价机制上也存在种种问题,现代职业教育体系没有形成,中高职衔接错位,中高职人才"立交桥"亟待构建。

《中共中央关于教育体制改革的决定》明确规定:"高职教育要优先对口招收中等职业技术学校毕业生以及有专业实践经验、成绩合格的在职人员入学。"加强中高职教育衔接招生考试制度的改革,当前行之有效的办法是成立专门的职业教育招考机构,职业教育招生考试机构可以和各个职业教育集团联盟,发挥政府主导、企业参与的作用。根据行业发展情况、产业结构、市场需求等制定每年的招生计划,为行业、企业储备人才。从招生考试制度的命题到最终的录取,职业教育招考机构中的来自行业、企业一线的专家,政府代表,以及学校代表,三方加强联系,共同负责,对招生考试的全程互相监督,及时反馈情况,不断完善中高职衔接的招生考试制度。在招生考试中,政府部门负责组织与监督,职业教育集团负责对考生进行知识、技能水平的测试,行业、企业负责对考生技术与能力的考核。

(二)普遍实施高职院校自主招生考试制度改革

自 2006 年起,教育部、财政部启动了示范性高等职业院校建设项目,2007 年,在部分示范性高职院校进行自主招生的改革试点。[①] 2013 年 4 月,教育部出台的《关于积极推进高等职业教育考试招生制度改革的指导意见》明确要求:高等职业教育考试招生制度改革,逐步与普通高校本科考试分离,重点探索"知识＋技能"的考试评价办法,为学生接受高等职业教育提供多样化入学形式。[②] 高职院校自主招生考试有必要进一步推广,在招生考试制度改革中,要给高职院校更大

---

① 沈秀梅.高职自主招生面试中存在的问题及对策[J].职业教育研究,2012(4):66-67.
② 梁国胜.高职院校招生制度改革面临巨变[N].中国青年报,2013-08-12.

的招生自主权。进一步完善分类考试、平行录取,使高职院校招生录取自成体系。各个高职院校应将特色专业作为单招的主打专业,招生时间可以有更多的自主权。高职院校可以和中职学校签订合作协议,双方共同商定高职院校自主招生录取标准,学生在合作学校达到一定条件就能够被高职院校录取,引导生源向优质学校、优质教学资源集聚。

(三)放宽招生计划比例,实行免试制度和推荐入学制度

目前教育部针对中高职衔接教育招生的五年一贯制、中职升高职、高职升本科三种方式给定了三个5%的计划政策。尽管这个比例在各地运行中都有所突破,但是这些所谓的比例数较之学校、企业以及学生的期望值仍然存在一定程度上的差距。对于中高职衔接教育的招生,国家应以市场需求为导向,在中高职衔接、高职本科衔接5%的招生计划比例做出适当地放宽,以实现人才培养与市场良好的互动和对接。

需要注意的是,在当下时期普通高校不断扩招的情况下,应适当地扩大中等职业学校学生升入高职的比例,例如确立中职技能大赛获奖选手免试进入高职院校学习制度,通过制度的手段最大化地调动起中职院校学生在学技能、比本领、打基础、搞创新等方面的积极性和主动性。与此同时,要积极推动和倡导中等职业学校对口升学及推荐优秀学生直接升入高职的做法。

地方重点中职学校要与高职院校联合举办高中后三年制高职教育。应当允许和鼓励部分有专业特殊优势、专业教育水平比较高的重点中职学校举办高中后三年制高职教育,由高职院校开展统一招生工作,按照高职的培养规格和要求来开展和组织中职学校的教育教学活动。通过这样的运作方法,有利于提高中职学校的办学水平,促进中高职学校的有效衔接和良性循环,大大地提升了中职学校学生在进入高职学习阶段的学习能力、技术水平和创新能力。

（四）改革考试内容与形式，契合技能型创新人才的全程化培养

目前国家对高职单考单招主要采取了"3＋X"的考试形式，其中"3"即为语文、数学、外语三门基础课程；"X"指的就是开设的各类综合性专业课程。对于当下这种考试模式，不难发现，考试内容当中文化课占了很大的比重，这也使得中职学校在人才培养方案和课程设置上偏重对文化课的学习，忽视了对专业技能的培养。从根本上来说，该模式已经偏离了职业教育本身发展的方向，并且直接导致了大量的中职学生尽管技能过硬、扎实，但因文化基础差的劣势而无法入学深造。因此，当务之急是必须尽快完善高职的入学考试和招生办法，给予高职院校、中职学校更大的自主权和活动范围，将高职的入学考试与中职的教学、考试、证书、技能竞赛等成绩结合起来，形成体系化的机制，补充并完善高职院校对接中职的自主招生制度。与此同时，尝试让企业参与到学生培养的过程之中，给予企业一定的权力，由企业推荐在本单位工作两年至三年的职工到高职院校进行技能的学习和进修，补充、更新和完善技术水平，以适应生产需要。

（五）拓宽生源渠道，实现"面向人人、面向全社会"的教育

为应对生源危机的挑战，高等职业院校要积极拓宽生源渠道，实现"面向人人、面向全社会"的教育。在"中国梦"的引领下不断推进学习型社会的建设，扩大生源渠道。改变目前招生对象错位的现象，生源以中等职业学校的毕业生及其同等学力者为主，中职毕业生是高职生源的主体，重视职业技能的基础和衔接。同时把招生范围拓展到社会，为返乡农民工、进城农民工、退役士兵、生产服务一线职工、下岗失业人员等城乡劳动者提供更多受教育的机会。

要拓宽高职院校的生源渠道，就必须扩大中高职学校（院）的对接，这意味着要在建立科学的职教体系之中不断地扩大生源。国家教

育部发布的教育规划纲要提出:"到 2020 年,形成适应经济发展方式转变和产业结构调整要求、体现终身教育理念、中等和高等职业教育协调发展的现代职业教育体系,满足人民群众接受职业教育的需求,满足经济社会对高素质劳动者和技能型人才的需要。""鼓励毕业生在职继续学习,完善职业学校毕业生直接升学制度,拓宽毕业生继续学习渠道。"不难看出,高职院校的生源范围囊括了普通高中毕业生以及大量的中职毕业生,因此按照国家规定,各省、市、地方的教育行政部门要制定和发布具体政策,扩大高职对口单招的规模,拓宽生源渠道。

随着我国经济和社会的不断发展和全面进步,教育产业在这个过程中不断地壮大,与此同时,学习不仅可以理解为"投资",更是一种"消费"和"享受",日趋广泛且多元化的需求呈现出强有力的态势。学习型社会的建设和"中国梦"的实现离不开教育,开放性的职业教育模式将会有广阔的拓展空间,因此高职院校要在这股潮流之中充分利用自身资源,扮演好这个重要的角色,积极开展各类各行培训、职业技能鉴定,与企业单位开展各种订单式培养,同时积极研究策略,开展高水平的"回炉"教育,灵活有效地满足不同群体组织的求学和进修需求。

作为职业教育的两个重要层次,中等职业教育和高等职业教育彼此有机衔接是一个必然的现象,是我国建立现代职业教育体系的重要举措。毋庸置疑,改革中高职衔接招生考试制度,促进中高职教育的有效贯通,在实践中仍然面临着许多障碍和困难,需要更多的理论工作者和实践工作者进一步深入探究。

二、促进"技能高考"改革,[①]选拔具有创新潜质的学生

2011 年,湖北省率先在全国试点湖北高校招收中职毕业生改革,

---

① 杨岭."技能高考"的发展困境与改革策略——以湖北省为例[J].中国考试,2013(3):58-62.

推行以技能考试为主、文化课考试成绩为辅的"技能高考"。试点首先在机电类的机械加工技术专业进行,2012年试点增加机电类和计算机类专业。这项改革改变以往以文化课考试为主的高考模式,打破一张试卷考所有考生的高考"大一统"局面,引起广泛关注。

"技能高考"作为高考改革的一种新模式,具有不可小觑的价值和意义。它有利于连接中高职教育,构建独立的职业教育体系,有利于引导中职教育教学改革,有利于高职技能型人才的培养;同时给中国高考改革带来清新的气息,有利于深化高考改革,形成多元化招生考试格局。

促进"技能高考"改革有助于连接中高职教育,构建独立的职业教育体系。《国家中长期教育改革和发展规划纲要(2010—2020年)》提出,"要完善职业学校毕业生直接升学制度,拓宽毕业生继续学习渠道","建立以考试招生制度改革为突破口,逐步形成分类考试、综合评价、多元录取的考试招生制度"。综观世界职业教育发展现状和趋势,可以发现,职业教育是一个独立的教育系统,应当独立于普通教育。但是,目前我国高职院校没有独立的选才体系和选才标准,而是与普通高等院校的选才方式一样,通过高考考查学生的文化知识水平。"技能高考"首次打破一张试卷考所有考生的高考"大一统"局面,湖北这项改革被舆论誉为"破冰之举","技能高考"更是被比喻成中职生跨入大学的"立交桥"。湖北省教育厅副厅长张金元对"技能高考"满怀信心:"它不仅为高职学校提供了技能素养高的生源,也能推动高职院校技能人才的培养,有利于中高职的衔接,是湖北构建现代职业教育体系、推动职业教育改革发展的重要举措。"

促进"技能高考"改革有利于引导中职教育教学改革。中职学校的办学优势在于培养实用型技能人才,而技能人才的显著特点是动手能力强。目前我国中职教育偏重文化知识的传授,技能课受忽视,不少中职学校片面追求升学率,搞应试教育,忽视学生技能的掌握,中职教育办学模式照搬普通高中模式,这样造成对职业技能的训练缺乏规范化指导,各校学生技能的培养水平也参差不齐。"技能高考"作为一种强有力的指挥棒,可以有效地"指挥"教育教学。它有利于引领中职教育教学改革,突出实践教学和技能培养,加强技能培训,并使之成为中职学校的立校之本。

促进"技能高考"改革有利于高职技能型人才培养。高职院校和普通高校在培养目标上有很大区别,所以高职不能沿用普通高校的人才选拔模式。高职培养的是在生产、建设、服务、管理第一线的高端技能型人才,而录取到具有实践操作能力的优质学生,是保证高职技能型人才培养的一个基础和前提。因此,高职的选才标准应侧重于技能的考查,偏重实践操作能力的检测。技能型高考用一种新的方式,打破了普通高考过于注重科学文化基础知识的考查,忽视对能力素质检验的传统。"技能高考"赋予专业技能操作考试较大的比重,有利于挑选到高职需要的人才,更加符合高职教育教学的实际。

促进"技能高考"改革有利于深化高考改革,形成多元化招生考试格局。近年来,高考改革取得不小的进步,在全国统一考试的制度下,已经注意到多样化的问题,出现北约自主招生联考、华约自主招生联考、中学校长实名推荐制、高职自主招生考试试点等。"技能高考"有益于打破以往"高考独大"的局面,鼓励人们探索新的招生考试模式,使得招生考试制度更加适合于不同类型、不同层次的高等院校,有益于深化高考改革,形成多元化的招生考试格局。

任何一种考试制度想要发挥出应有的作用,必须在实践中不断改革,趋于完善。尚处于试点阶段的"技能高考"要得到大范围的推广,需要从以下方面着手努力:

一要建立和完善考试招生管理制度。考试招生管理制度的缺陷是造成教育不公平的重要因素。因此,为保证高职院校自主招生考试的公平公正,必须建立和完善自主招生考试管理制度,推动高职院校自主招生考试由试点转为常态管理。首先,建立和完善自主招生考试公开制度和招生公示制度,完善和落实招生考试的政策、制度和办法。依照各项管理规章制度,严格规范招生管理工作,切实做到政策执行不走样。其次,完善各项工作制度,加强招生工作管理。要制订和完善自主招生人员的管理制度,加强对自主招生人员的教育与管理,明确工作任务和责任,严肃纪律,完善责任追究制度。最后,进一步建立和完善自主招生工作的各项监督制度,加强对自主招生考试的监督,保障考试的公平公正性。

二要建立和完善更加科学的录取标准。"技能高考"要发展,必须建立更加科学合理的综合素质评价体系。对于文化课考试,可以参照普通高等学校统一入学考试的模式;对于技能操作的考评,无成熟范本可以参照,需要在实践中进行摸索。欲建立和完善科学的录取标准,可以请教育评估专家,针对不同专业的性质、特点和要求,对各个重要素质、能力的等级及权重进行量化,形成综合素质评价体系评分表。构建一套科学合理的招生录取标准,录取标准应当具有较高的信度和效度、合适的难度和区分度,既能体现考试的基础性,同时又能发挥考试的选拔性功能;既能保障考试的公平性,又能提高考试的效率,寻求效率与公平的最佳统一。

三要拓宽生源。第一,改善高职办学条件,保证人才培养质量。提高教育质量是永恒的主题,是高等教育的生命线。要提高高职生源质量,根本的办法是强化高职办学质量。以质量求生存,以改革求发展,只有改善办学条件,提高人才培养的质量,才能够持久地获得优质生源。第二,加大宣传力度,提高高职的认可度。宣传是提高"技能高考"生源数量和质量的重要途径和渠道。通过宣传,让更多人认识到

"技能高考",熟悉高职。只有让大众了解这种新的招生考试形式以及高职教育,人们才能从心里乐意接受,而不是被迫无奈的选择。

四要正确处理好几对关系。(1)正确处理好文化课基础知识考核与技能操作考核的关系。"技能高考"一改以往考试侧重文化课基础知识的考核,第一次尝试把技能操作考核放到比较重要的位置,强调学生技能操作水平评价,不管对于中职教育教学的改革还是高职人才的培养,都有重要作用。因此,应当坚持技能考核,强调学生的实践操作能力。但是另一方面,强调技能并不等于不需要文化基础知识,学生的文化基础知识同样重要。因为文化基础知识是学习专业知识的基础,学生只有掌握了一定的文化基础知识,才能更好地去学习、理解和掌握专业知识。另外,文化基础知识有助于提高学生的综合素质和能力,有助于开阔视野,提高学生可持续发展的能力。因此,"技能高考"不能一味地强调技能,而应当在强调技能的基础上,不放松对文化基础知识的重视。把文化基础知识的考核与技能考核有机地整合起来,真正选拔出那些掌握一定文化基础知识、具备学习的能力,同时具备较好的实践操作能力的人才。(2)妥善处理考试的基础性和考试的选拔性之间的关系。"技能高考"与传统高考有所区别,"技能高考"文化基础知识的考核更加侧重于基础性,技能操作考试也偏重基础技能技巧的考核,因此,从整体上看,技能考试具有基础性,挑选出具备一定基础知识和技能的中职生,是不少中职生跨入大学的"立交桥"。但是,"技能高考"作为一种选拔考试,又必须具备选拔功能。因此,在保证考试基础性的情况下,又能发挥考试的选拔功能,应妥善处理好二者的关系。(3)处理好考试公平与效率的问题。公平与效率是一对矛盾,既对立又统一。高考的公平与效率问题历来是人们争论不休的话题,"技能高考"同样也不能回避这对矛盾。"技能高考"若试图推而广之,也必须考虑是效率优先,还是公平优先的问题。做到既能保障考试的效率,又能兼顾考试的公平。"技能高考"是高考改革的重要举措,对高职招生问题的研究,可以为高职招生考试制度改革提供理论支持和政策咨询,进而对国家整体的招生考试制度改革产生推动作用。因此,"技能高考"需要进一步深化理论研究。另一方面,作为一种新生事物,"技能高考"需要在实践中不断完善,方能最大限度地保障其公平性和科学性。

三、深化自主招生考试改革,^①帮助创新人才破壳而出

高职招生考试改革始于 2005 年,由上海三所高职院校最先进行试点,尝试通过自主招生考试来选拔人才。2005 年 2 月,上海市教委和上海市民政局联合发出《关于做好 2005 年本市部分民办高校进行依法自主招生改革试点招收退役士兵工作的通知》(沪教委学〔2005〕41 号),遴选上海杉达学院、上海建桥职业技术学院和上海新侨职业技术学院作为试点举办自主招生,计划招生 855 人。^② 随后,北京、天津、广东等省市高职院校也开始尝试自主招生考试,目前高职自主招生人数已超过两万人。所谓高职院校自主招生,是指经上级教育主管部门批准的高职院校依法自主进行入学测试、自主确定入学标准、自主实施招生录取的招生方式。考生参加院校自主招生测试合格后,可直接被录取,不用再参加高考。^③ 高职院校与普通高等院校有相当大的区别,高职不盲从普通高等院校入学考试的标准,另辟蹊径,单独选才,采用多样化方式选拔录取,不管对于高职院校本身还是广大学生,都具有重大意义。高职自主招生考试有利于深化高职院校招生体制的改革,学校有更大的自主权;同时打破了简单通过高考这座独木桥

---

①　杨岭.高职院校自主招生考试公平性影响因素及改进策略研究[J].教育与考试,2012(2):19-21.

②　刘祥.北京市高职自主招生现状分析及发展模式研究[J].中国教师,2011(19):38-42.

③　张永红.关于高职院校自主招生的现状研究[J].长春理工大学学报(高教版),2010(4):33-34.

走向高等教育殿堂的传统,给广大在某一方面有特长和技能的学生一次机会,有利于其特长的发挥。

公平性对于任何一种考试都至关重要,高职自主招生考试应该坚持公平、公正的基本原则。所谓"公平",就是公正而不偏袒,对所有人员一视同仁,不带任何偏见,又称"正义""平等"。在某种意义上解释为"正义""公正"。高职院校自主招生考试制度需要在实践中逐步完善,进一步提高考试的公平性。本书认为,保障高职院校自主招生考试公平性和公正性,可以采取以下几个方面的措施:

一要创新高职自主招生考试理念。传统高考模式下选拔的理念基本上是依据成绩的优劣,不少偏才、怪才不管其天赋潜质如何,在高考竞争中很难获得竞争优势,而高职自主招生要能实现理念上由原先"分数至上""一纸定终身"等转变为基于专业及学生特长双向选择,考试应该重在选拔和录取具备某一职业发展潜质的苗子,这类人才需要同时能够符合生产一线实际需求,能够有培养的潜力,考试录取的内容要更加注重应用性与技能性,贴近生产生活实际,高职自主招生考试要转变仅看文化基础课成绩的传统模式,结合考生实际操作、职业倾向等综合考测其发展的潜质,真正树立与落实考试公平性与个性化平衡的理念,通过多元考试评价理念的确立与落实,为行业和企业真正选拔出合适的人才。[①]

二是建立和完善更加科学的录取标准。高职自主招生的原意是给各高职院校充分的招生自主权,让学校能够录取到符合自身培养目标的人才。为保障高职自主招生考试的公平公正,录取到所需的人才,科学的录取标准尤为重要。综合能力测试中对分值没有做任何硬性规定,专业技能测试也缺乏统一的标准,但是没有规定、没有标准不等于招生录取可以毫无章法。建立更加科学合理的综合素质评价体

---

① 夏欣.高职自主招生对高考改革有何启发?［N］.光明日报,2011-5-31(5).

系,请教育评估专家对各重要素质、能力的等级及权重进行量化,形成综合素质评价体系评分表。录取标准更灵活,各高职院校应该根据培养目标的要求,形成个性化的评价方案。针对不同类型学生特点,采取推荐录取、破格录取、自主录取、定向录取等多种录取方式。

三是自主招生过程公开化、透明化。在高校自主招生的语境中,所谓透明度,就是高校自主招生相关信息的公开度,亦即有关自主招生的录取方案、工作流程、动态信息、咨询答复等信息的顺畅流通并可以被公众自由获取的程度。[①] 招生过程的公开化、透明化可以最大限度地避免自主招生的"暗箱",保障高职自主招生考试的公平性,最大限度地保障广大考生的利益,促进高职自主招生长足发展。高职自主招生要更加透明化,招生工作本不是什么"社会机密",完全可以建立公开透明的招生工作体系,使得招生录取工作公开化、招生信息透明化,向社会公开整个招生过程,接受外界监督,把自主招生录取工作置于群众监督和舆论监督之下。总之,只有保障高职自主招生操作过程的透明、公开,才能从根本上确保高职自主招生的公平公正。

四是完善自主招生监督机制。为保证高职自主招生考试的公平公正,需要不断完善高校自主招生考试监督的长效机制。可以从法律监督、社会监督、自我监督三个层面来建立高职自主招生考试监督机制。第一,法律监督。目前我国现有的法规和政策并未对高职院校的自主招生考试作详尽说明,迫切需要国家出台相关政策法规或完善相应的法律法规,建立完善的自主招生考试监督机制。第二,社会监督。欢迎社会各界进行监督,发挥舆论监督作用和功能。允许媒体进入高职的自主招生程序,使高职自主招生考试的选拔程序公开化、透明化,让更多的人了解更多的信息,了解录取工作的各个环节与程序。深化

---

① 尹晓敏.高校自主招生如何赢得公众信任——以信息公开为视角的理性分析[J].江苏高教,2012(2):47-50.

社会各界对自主招生考试的进一步认识,善于听取来自社会各方面的意见和建议。第三,自我监督。高职校内也应建立相应的监督机制,出台自己的招生监督办法。杜绝招生腐败行为,受理有关违纪违规问题的投诉和举报,对于招生过程被举报的腐败、不公平、不公正等现象,应当进行调查处理,及时纠正并予以答复。高职自主招生是高考改革的重要举措,对高职自主招生问题的研究,可以为高职招生考试制度改革提供理论支持和政策咨询,进而对国家整体的招生考试制度改革产生推动作用。[①] 因而,高职自主招生需要进一步深化理论研究。同时,作为一种新生事物,高职自主招生考试需要在实践中不断完善,方能最大限度地保障其公平性和公正性。这需要社会各方长期不懈的努力。

四、变革培养过程评价机制,顺应创新人才成长规律

一要树立有助于创新人才培养的考试观。建立适应创新人才培养的考试制度,需要我们树立新的考试观,改变以往那种妨碍学生创新能力培养的考试观念,摒弃那种仅仅把分数作为衡量学生素质的唯一的标准的考试观念。考试应该从学生创新能力的培养和考量出发,培养学生的质疑精神、大胆创新,建立公正全面的评价体系,正确地认识考试目的,提高学生的素质和能力。

二要坚持考试形式的多样性。加德纳教授提出人类的智能是多元化的,智力因素是创造活动的必要条件。此外,人格因素是影响创造活动的重要的外部因素,应通过多种渠道、多种方式对学生进行评价,使每个学生都能通过适合其智能特点和学习方式的途径展现自己的知识和能力。培养创新人才,高职院校应该坚持考试形式的多样

---

① 任东辉,蓝欣.我国高职自主招生改革研究综述[J].中国职业技术教育,2011(18):37-39.

性,改变以往那种单一的考试形式,综合灵活地运用开卷、闭卷、口试、论文、实验等多种形式,培养和考核学生的创新能力和创新思维。把闭卷考试与开卷考试结合起来,把口试跟笔试结合起来,把平时测验与期末考试结合起来,提高过程考核成绩占课程总成绩的比例,以减少期末终结性考核带来的片面性。[①] 此外,考试的结果也可以采用多样的形式,比如,可以采用百分制、等级制。总之,采用多样化的考试形式,有利于综合考评学生的素质和能力,有利于学生创新能力的培养和综合素质的提高。

三要确立以创新能力考核为主体的考试内容培养创新人才。高职院校应该确立以创新能力考核为主体的考试内容,考试内容设计上体现对学生创新能力的培养和学生个性的张扬,使这个“指挥棒”充分发挥作用。考查学生运用知识的能力,考试内容要“活”“开放”,不应该局限于教材跟所谓的标准。理工科的考试内容侧重于创新实验设计,文史类专业侧重于对某一问题发表见解。教师评卷时,学生的见解独到、新颖,应该给予高分,从而为学生独立思考、创新思维的发展提供一个自由的空间。通过对知识的深层比较、分析、理解,锻炼学生的创新思维能力,多给学生机会探索知识,积极鼓励学生进行独立的思考,培养学生的创新能力和创新精神。

增加教学双方的创新精神、创新能力的评价要素。不能只看学生是否按教师或指导书的要求完成规定的学习任务,对有独特见解、独特方法或做出创新性成果的学生,给以加分、奖励;注重形成性评价;将课程出勤、学习态度、课堂表现、平时作业的情况、思考问题的深度、学习提高的程度等因素列入考核评价范畴,使考试由原来的只考核学习效果拓展到对整个学习过程和学习效果的综合考评。[②] 一位接受访

---

① 戴家干.创新考试制度服务创新人才培养[J].中国高等教育,2009(1):28-31.
② 李淑娣.高职学生创新能力培养与评价研究[D].北京:华北电力大学,2010:37.

谈的高职校领导这样谈道:"学校目前推行形成性评价、发展性评价。形成性评价不仅考核知识、考核技能,而且更加关注过程。过去我们要求学生把某个东西做了,做出实验,实验报告写完了,结果正确了,就可以了。现在我们更应该关注整个实验过程,他是怎样的一种态度。比如,做化学实验,考量学生如何配试剂,让学生来准备试管啊、器皿啊,量杯啊,等等,在此过程中评判学生,而且要看他是否进步了,有错误就要指出来,让他改正。另外看他在实验中的表现,是不是大声喧哗,以及他的习惯等。当然,不同的课程有不同的考核内容,所以不拘于考试、不拘于完成的状态,素质的养成也要贯穿到整个教育教学过程中,贯穿到老师的关注点上。"

四要加强高职院校考试管理。考试管理是高职院校教学管理中的一个重要环节,加强高职院校考试管理,有利于激发教师"教"与学生"学"的积极性。高职院校进行适应创新人才培养的考试制度改革,应该加强高职院校的考试管理。出卷时,加强对考试出卷的管理,提高试卷的信度、效度、难度和区分度,不断地提高试卷质量和考试质量。评卷时,不拘泥于标准答案,以一种开放的态度,鼓励学生结合教学内容大胆猜想,对于学生独到、新颖的见解,应该给予高分,为学生独立思考创新思维的发展提供一个自由的空间。此外,做好考试分析。试卷以及考试结果的分析是考试管理中十分重要的一环,是对考试的深化和提高。因此,高职院校应该重视对考试的分析,根据考试结果建立一个完整的评价体系,发挥考试的激励作用,为教学内容与教学方法的改革提供准确可靠的信息,推动教学的进一步发展。高职院校考试制度是否完善对培养创造性人才具有重要的导向功能,总之,基于创新人才培养的高职院校考试制度的改革是一个系统的、复杂的工程,因为制约创新型人才培养的因素有很多,建立适应高职院校创新人才培养的考试制度并非易事,需要各方面不断积极努力地探索。

第五节　营造技能人才成长环境

一个宽松的、使其创新潜能得以激发、展现和生长的环境,对于培养技能型创新人才至关重要。创新性人格的形成与创新思维的形成,有赖于长期的陶冶与熏陶,而民主、自由、和谐、安全的环境是创新人才成长不可或缺的养料与气候。[①]

我国高职创新教育的开展,是一个复杂的、动态的系统工程,需要凝聚政府、市场和高校多方力量综合进行。只有充分挖掘"政校企行"各自的潜能,统整各方优势力量,盘活各方教育资源,才能提升高职创新创业教育发展的动力,才能确保高职创新教育的可持续发展。为此,本节分别从政府层面、社会层面和院校层面提出建议,以促进我国高职创新教育的开展。

一、政府层面

在政策实施上,比起普通本科教育来说,与高等职业教育相关的政策比较少。并且,已有的一些政策都没有被很好地实施,甚至与最初的期望背道而驰,其中最主要的原因在于政策不符合当前的实际情况,政策内容过于死板,各个学院找不到正确的符合生情的定位。这就需要政府积极推进、帮助各个高职院校的成长,在每个环节严格把控,及时获取高职院校师生的反馈,针对政策上的不足,及时跟进并在

---

① 蒋晓虹.论创新人才的素质特征及其成长环境[J].苏州大学学报(哲学社会科学版),2010(4):174-178.

权衡利弊后作出修改。国外的高职教育制度,不能照搬照抄那些只能是参考。政府还可以建立高职院校试点,以一些综合性的高职院校作为高职教育改革的范例,进行政策试行,权衡政策的可行性,从中吸取经验教训,为其他高职院校的发展提供范本。经历过政策参考学习后,制定出符合我国高职教育生情的政策,再将这些政策投入试点高职院校,总结经验,将政策推行到全国的高职教育院校。尤其要注意政策实行后,应积极跟进院校的发展情况,不盲目跟着政策走,允许各个院校在政策的基础上添加自己的特色,做好调查反馈,从师生身上了解政策是否施行到位、是否适用于其他院校,总结优秀院校的办学特色和优势,并跟随时代的发展,不断推进改进政策的发展,才能让政策灵活运用,发挥出作用。

政府要加强对高职院校开展创新教育的政策支持和财政支持,加快提升服务水平,做好创新教育服务与指导工作。高职创新教育是我国创新教育体系中的重要组成部分,政府要加快出台高职创新教育的政策法规,明确规定政府、社会、企业、高校等各类主体在创新教育开展过程中的义务和责任。通过政策法规的调控,政府引导和支持社会力量广泛参与到创新教育中,使得创新教育的开展具有坚实基础。同时,政府要为高职创新教育的开展提供有力的财政支持。中央和地方政府要制定科学高效的财政支持政策,合理分配中央与地方的财政责任,以地方财政支持为主,不断加大地方财政投入力度,确保高职创新教育的开展能够获得财政保障。另外,政府要立典型、树榜样,积极选拔创新教育成功开展的典型院校,推广典型院校创新教育的特色发展经验,供其他院校学习和借鉴。总之,高职创新教育的开展是一个复杂的、动态的过程,要充分发挥政府的引导和服务作用,加强政府对具有特色化发展潜力的高职院校进行创新教育的政策支持和财政支持,对高职创新人才培养发挥积极有效的作用。

一要建立相关法律法规。政府应加快与创新教育相关政策法规的修订,建立合理的创新教育管理体制,创设健康的法律环境,以保障高职院校创新教育的进行。建议将创新教育纳入国家发展规划中,从国家政策法规上,将创新教育作为新时期的一种教育形态纳入原有的教育系统中,并出台相关法律法规,对创新教育的地位、实施和评估等方面作出规定。

二要搭建高职院校与企业界联合的平台。政府要积极搭建大学与企业界联合办创新教育的平台,为高职院校开展创新教育扩宽合作渠道,引进企业的实践经验,借鉴行业企业的创新模式,促进大学创新教育的发展。具体来说,这一举措不仅可以在搭建实践基地、开发师资方面发挥作用,也可以促进高职院校与行业企业开展多种形式的战略技术联盟,促进创新教育校企合作共建,加强大学创新教育与企业相关合作的力度。

三要引导建立科学的评估机制。创新教育的质量评估是检验高职院校创新教育是否高质量开展的重要举措。相关课程是否有效实施、大学生权益是否得到保障、多元服务体系是否健全等都将影响创新教育的能否高质量开展。因此,政府应将创新教育课程的实施、大学生权益的保障程度、多元服务体系的建设情况作为重要指标,以此来衡量创新教育发展的质量。

二、社会层面

在经济转型发展的新时代,创新人才成为企业实现可持续发展的关键因素。社会层面的行业、企业及产业要加强创新教育参与意识,要认识到创新人才培养是全社会的共同责任。一方面,企业、行业最为了解自身的人才需求,在人才就业的双向选择中掌握主动权。企业要根据自身转型发展需求,积极参与高职创新教育专业建设上来,为高职创新教育的开展提供符合企业发展实际的建议或意见,以促进高职创新教育人才培养方式与企业实际需求相衔接。另一方面,高职创新教育必须依托企业进行,企业应为高职创新人才的培养提供有利条件,实现双方的合作与共赢。通过构建多样化的产学研基地、多职能的校企合作平台,实现校企协同发展,这既有利于企业开展应用型项目研究,从高职院校获得有力的技术支持和人才支持,提升企业转型发展能力,又能促进高职院校推进校企深度合作,为实现创新人才特色化培养搭建平台。

运用信息化手段推动职业教育开放办学,构建家庭、社会和学校教育的有效沟通机制。职业教育可以利用现代信息技术,进一步构建学校、社会联通的办学机制,实现职教学校的开放办学。人所接受的教育不应仅仅局限在正规的学校,而应扩展到社会生活之中,来自企业行业、生活社区等资源都能够成为重要的教育条件,职业教育学校要在现代信息技术的帮助下进一步实现与其他类型或形式教育相互整合,职业教育变得更加地灵活,向终身教育实现开放,对社会成员开放,满足社会成员接受教育的需求,增加职业教育优质教育资源的共享,促进职业教育的社会化,最终促进职业教育体系的完善。在现代信息技术下,职业教育向社会提供教育服务,实现资源共享,职业教育要成为终身教育的重要阵地,承担起为全民终身教育的职责。① 基于学习者个性化的需求,职业教育应提供灵活多样的教育方式,在网络科技的影响下,通过职业教育慕课、网络学习等,为职后教育提供更多便利,搭建职业教育与终身教育的沟通桥梁。

---

① 蔡艳.职业院校参与国民终身教育机制建设的策略研究[J].中国职业技术教育,2015(28):57-59.

三、院校层面

高职院校本身要明确高职创新教育的办学定位，只有定位准，才能办出水平、办出特色。首先，高职创新教育要紧密结合区域发展条件和自身办学传统，力求开展特色鲜明的创新教育，避免千篇一律。区域发展条件和办学传统是一所院校向前发展的深刻基因，高职创新教育要办出特色，就必须以区域发展条件和自身办学传统为根基，科学合理地设置创新教育课程，准确把握市场对相关专业的需求变动，调整构建一系列的智能制造、新兴技术等课程目录，以增强学生主动适应社会环境的发展能力，实现特色发展与满足需求并举。其次，高职院校要以创新人才培养目标为指导，走"政校企行"协同办学以及产教学研相结合的特色发展道路。高职创新教育若想主动适应新时代发展需求，输送具有创新能力的高素质人才，了解市场、了解企业、了解实际，在人才培养目标上坚持以创新能力培养为核心，坚持培养面向生产、建设、管理、服务一线的高素质技术技能型人才，就必须与"政校企行"协同发展，实现多方合作共赢。再次，高职院校要加强教学改革，优化"双师型"教师队伍，进行教育教学的创新性改革与尝试，为高职创新教育办出特色提供重要保障。高职创新教育教学要以现实问题为导向，以综合提升学生创新能力为核心，增加锻炼学生创新实践能力的相关教学内容。高职创新教育教师队伍建设要以"双师型"要求为导向，强调教师的企业实践经验，加强对教师实践能力的培训，通过灵活的教师评聘制度，为高职创新教育特色化开展提供有力的师资支撑。最后，高职创新教育特色化开展要注重创新文化培育。高职院校要以开放的心态、包容的气度、非凡的眼光，积极融合校园文化、企业文化、社会文化等，促进多元文化交流碰撞，为高职创新教育的特色化发展提供源源不断的动力。

（一）硬件环境建设

人才培养的硬件环境建设至关重要，高职院校要为技能型创新人才培养提供硬件环境的支持。加强校企合作，共建创新基地，推进企业创新基地的建设，高职教师与企业联合进行技术攻关；同时高职的学生也可以有机会参与企业技术开发，实现"教学—科研—开发"三位一体。企业与学校相互渗透，学校针对企业的发展需要设定科研攻关和研究方向，并将研究成果转化为工艺技能、物化产品和经营决策，提高整体效益。此外，高职技能型创新人才的培养离不开实验设备和图书资料，离不开有利于创新人才成长的实验实践基地，离不开数量充足并且具有先进现代化教学技术设备的教室。目前，高职院校普遍存在着办学经费紧张的问题，这个问题是人才培养质量、办学水平的硬伤。高职院校除了争取政府经费支持外，还应通过行业、企业、个人等多方筹集经费。此外，更为重要的是，高职院校应该从自身经费使用的效益方面进行努力，钱要花在刀刃上，不浪费一分钱。图书和设备的购买，应该尊重教师和学生的需求，广泛地征询他们的意见，因为他们是图书和设备的使用者，只有他们才知道最需要哪些书籍和设备。另外，可以尝试院校之间资源的共享，与兄弟院校合作，合买设备、共同建设图书馆，合作学校的师生可以共同使用这些资源。

在资金提供上，政府应该继续加大力度，让高职教育从业者没有资金上的后顾之忧，体现出国家对高职教育的重视，也吸引更多学生报考；在资金使用上，政府可以通过提供财务会计管理技能类的人才支持，针对指定的高职院校来做范例，提供资金使用策略，统筹资金的运用，将师资、教材、基础设施、后勤等全面谋划，其他院校积极跟进，以期把资金发挥出最大效能。资金从哪里来、资金怎么用，对于尚在起步的我国高职教育来说至关重要，没有资金或者资金浪费，都会让从业者和报考者心存忧虑："这样的教育形式真的有前景吗?"所以，在资金这一块，政府一定不能吝啬，要持续加大资金投入，也要帮助高职教育者合理统筹，让资金尽其用，做到有钱可花、花得有理。

（二）软件环境建设

人才培养的软件环境建设要为创新人才培养创造一个宽松的成才氛围，创造有利条件，要有具有高深专业知识的"双师型"教师，要有宽松的创新环境。

1.打造创新型教师队伍

师资队伍建设是高职院校保证教育教学质量的关键一环。培养创新人才，关键在教师。不管对于理论知识的积累还是实际操作技能的提高，教师都对学生产生深远影响。接受访谈的一位高职院校校长也谈道："办教育规律性的问题是：办学理念是灵魂，师资是关键，条件是基础，改革是核心，管理是保障。所以，学校师资队伍的建设是学校的重中之重。"

第一，提高教师的"双师"素质。多种渠道充实和提高教师队伍的综合素质，高职教育的教师必须既懂理论又会技能，并能更新原有知识库，掌握最先进的技术。一方面，改善高职教师的知识结构。一个优秀的高职教师除了掌握扎实的专业知识外，还应该具备广博的文化知识以及一定的教育理论知识。另一方面，提高高职教师的实践技能。组织教师，特别是那些"从学校到学校"的没有实践经验的教师，到行业、企业第一线与专家进行交流和学习，此过程可以和学生一起，教师与学生一起学习。另外，根据学校实际情况和条件，组织一些教师去挂职锻炼。

第二，加强对创新理论、教育理论的学习。创新型人才要靠创新教育来培养,而创新教育的开展需要创新理论和教育理论的指导。在教师的知识结构中,如果教师的专业知识是核心的话,那么创新理论和教育理论则是支撑,同样是不可少的。加强对创新理论的学习,组织教师利用假期学习教育理论和创新理论,重点提高教师的意识。高职院校也应该努力培养具有创新精神和创新能力的人才,并且这一目标也是有可能实现的。帮助他们在专业理论教学和实践教学中自觉地培养学生的自主学习能力、独立思考能力、创新意识和创新实践能力等。加强对教育理论的学习,更加深刻地认识高职教育现象,解释教育教学中的问题,并用教育理论来指导教育实践。让教师懂得如何教,如何培养学生的创新精神和创新能力。平常的教育教学中,把同一专业的教师编成一个学习小组,相互听课、评课,组内开展多种形式的学习活动(办月报、宣传栏等),提高教师的理论水平,使教师逐渐由教书匠转变为教育家。

第三,鼓励教师进行科学研究。从事科学研究的能力是高职教师必备的能力之一。不同层次、不同类型的学校,科研工作的重点和定位是不同的。高职教师的科研不能和研究型大学教师的科研盲目攀比,而应该根据高职院校、学生的不同特点,根据行业的要求,合理定位。应定位为以高新技术的应用、实用技术的开发研究为主,鼓励教师从纯学术研究向应用技术服务与开发方面转换,注重解决生产实践的具体问题,面向生产建设第一线,与企业合作,为企业提供技术指导、技术的更新和改造、产品的升级、技术的推广等。此外,高职教师的科研应和教学紧密地结合起来,通过科研,更新教学内容和教学方法,提高学生的实践能力和创新水平。高职院校可以重点采取两条措施来鼓励教师进行科学研究:一是建立激励措施,在职称评定、业绩考核、工资奖励、评优评奖等方面,对科研工作有所挂钩。二是落实科研经费;争取省级、市级的科研项目,尽最大努力向政府争取科研经费;

从企业、行业中获得相应的经费,与企业合作开发项目。

第四,建立一支来自实践一线的兼职教师队伍。兼职教师队伍的建立,可以有效地降低学校开销和教育成本,提高办学效益,并且能够使学校更好地与来自行业或企业生产、管理、服务第一线的人员进行合作。纵观发达国家的高等职业院校,他们的兼职教师已成为教师队伍的重要组成部分。高职院校应该多聘请来自行业或企业的专家,组成一支校外兼职教师队伍到学校进行教学活动,将最新的技术引进教学;或者组织学生到工厂、车间等实践第一线,接受兼职教师的指导。聘用兼职教师,有几点应该注意:首先,要做好岗前培训工作,帮助兼职教师学会教,把自己的技术通过合适的教学方法传授给学生。学生只有掌握了娴熟的技术后,创新也才有了可能。其次,加强对兼职教师的管理,如签订聘用合同,规范聘用程序,健全对兼职教师的考核机制,建立相应的激励机制等。

2.营造校园创新文化

文化对人具有"润物无声"的影响。文化在潜移默化间对人的观念、习惯、思维模式和行为模式产生影响。[①] 高职院校构建创新教育的文化氛围,在于为学生营造鼓励创新、支持创业、崇尚创造、强调应用的文化环境,是对学用文化的坚持。高职院校构建创新的文化氛围,是提倡"学用结合"的具体表现,是坚持学用文化的鲜明注脚,是弘扬学用文化的生动说明。只有充分发挥学生的主动创造性,让学生具有主动创新的意愿,主动提升创新能力,变革学生的学习方式,变被动学习为主动学习,变被动引导为主动创造,才是高职创新教育最大的成功。构建创新教育的文化氛围,让创新文化氛围"润物细无声",影响学生思维模式和行为模式,使学生自主、自发、自然地培养起创新意

---

① 张夫伟.公民意识与学校生活建构[M].北京:中国社会科学出版社,2015:55.

识,有助于提升学生的创新兴趣和创新能力。[①]

只有大力加强学校内部创新教育环境的建设,营造出了一个良好的校园创新文化,才能真正使创新人才的培养落到实处。校园创新环境的建设是一个系统工程,它包含很多因素,牵涉方方面面。本书认为,开展各种形式的创新活动是建设有利于创新人才培养软环境的核心内容。大力开展各种形式的创新活动,营造努力学习和积极创造的氛围。技能型创新人才培养可成立学习兴趣小组。学习的最好刺激,是对所学材料的兴趣。兴趣是入门的向导,兴趣是创造力的源泉。在学习兴趣小组里,学生可以相互学习,共同成长,创设条件,让他们参与到项目研究中。同时,高职院校可以经常举办一些科技创新大赛,通过这类比赛激发学生的竞争意识,使其最大限度地发挥出创造的潜力。适时在学生中开展一些小发明、小创造、小制作等科研的竞赛和评奖活动,以激发学生勤于动手、勇于创造发明的热情。利用好国家级、省级、市级等各类技能大赛平台,鼓励学生积极参加各种技能大赛,以赛促学,着力提高学生的实践动手能力,努力培养学生的创造性思维,提高学生的创新意识、综合素质、竞争能力,培养高技能高素质人才。此外,利用假期组织学生深入基层、深入生产、管理、服务的第一线,利用所学的知识和技能解决生产建设中的实际问题和困难,提高学生针对实际问题解决能力,为优秀人才脱颖而出创造条件。

3.建立灵活的创意挖掘与创新扶持机制

高职院校要根据不同学科不同专业的特点,综合运用校内外资源,鼓励学生整合各专业优势,实践自己的创意和想法。建立灵活的创意挖掘机制,为学生的发展进行创意挖掘,及时进行机会识别、风险识别等,帮助学生将创新创业的一些想法得以实践。可以通过开展创

① 贾新华.文化自信背景下高职院校文化创新发展研究[J].教育与职业,2019(12):45-50.

业计划大赛、学生"挑战杯"等,激发或发现学生的创意想法;以专业的创新创业教育指导团队,帮助论证学生创意的可行性与实现条件。在确定学生创意具有可行性的基础上,高职院校要结合自身优势资源,根据创新创业发展阶段,分阶段地在知识上、师资上、经费上及时提供恰当的支持。大学生仍处于不断成长的阶段,尤其对于创新创业机会的认识和把握能力可能会稍显欠缺,这就需要建立灵活的创意挖掘和创新创业扶持机制,依据不同阶段对学生进行及时恰当的指导与帮助。在新企业创立时期,高职院校要组织各方资源,指导学生组建创业团队,配合学生开发商业计划,鼓励学生引入创业融资。在企业发展期,高职院校应为企业提供必要的资金或智力扶持。在企业持续成长或退出阶段,高职院校应为企业持续创新、培养竞争优势出谋划策;如果企业选择退出,则要在相关策略上提供帮助。

第五章　宁波职业技术学院创新教育个案研究

　　高职院校作为我国教育系统的重要组成部分,是我国开展创新教育的一支重要力量。研究高职创新教育既具有必要性,也具有紧迫性。本章将宁职院创新教育作为案例,在掌握丰富文献资料的基础上,对宁职院创新教育开展状况进行实地调查。通过对宁职院相关人员进行访谈以及对学校相关文献资料的搜集与分析,全面了解宁职院发展情况,尤其是创新教育开展情况,目的在于提炼总结宁职院的创新教育特色,探索高职创新教育特色形成的主要影响因素,为高职院校创新教育的有效开展提供一定的借鉴。

　　为响应"大众创业、万众创新"的号召和国家政策,助力经济发展,宁职院审时度势,积极进行创新创业教育,为社会经济发展输送创新创业人才。目前,宁职院创新创业教育的开展取得一定成效,彰显出学校办学特色和办学水平。及时进行特色提炼,对于宁职院在创新创业教育方面找准定位、明确优势、理清思路、达成共识具有重要意义。

第一节　宁波职业技术学院创新教育的理念目标

一、理念创新是新时代发展的必然要求

教育理念是大学的灵魂,引领着大学的变革与发展。办学理念随时代生长、更新,是高职创新创业教育实现自发式、超越式、内涵式发展的重要体现。立足宁职院发展实际,综合考虑自身办学传统与办学条件,全面分析自身办学优势与劣势,结合院校发展社会生态,进行办学理念更新,实现办学理念创新,是其紧密关联社会经济发展需求和人才培养需求的重要表现,不仅有利于宁职院确立新时代发展定位,而且有助其牢牢抓住时代发展机遇,勇立潮头。

新时代背景下,高职创新创业教育发展机遇与挑战并存。《中国制造 2025》政策导向、"一带一路"倡议指引、智能制造发展引领、时代精神与传统文化交互碰撞、宁波港凸显发展新潜能等新时代背景下,宁职院亟须进行办学理念创新。

(一)《中国制造 2025》政策新要求

《国务院关于印发〈中国制造 2025〉的通知》指出:与世界先进水平相比,我国制造业仍然大而不强,在自主创新能力、资源利用效率、产业结构水平、信息化程度、质量效益等方面差距明显,转型升级和跨越发展的任务紧迫而艰巨。[①] 当前,全球制造业格局面临重大调整,制造

---

① 国务院关于印发《中国制造 2025》的通知[EB/OL].http://www.gov.cn/zhengce/content/2015-05/19/content_9784.htm,2017-05-19.

业面临复杂的发展形势和环境。宁职院的发展必须紧密结合新一代信息技术与制造业深度融合、科技创新领域全面爆发、智能制造引领制造方式变革、产业价值链重塑的发展大局,积极迎接新时代的挑战,牢牢把握新时代的机遇,加强统筹规划和顶层设计,为院校发展树立新的办学理念,全面统领院校改革,主动为新的生产方式和产业形态输送契合性创新型人才。

《中国制造 2025》政策给宁职院发展以时代启迪,要求其及时孕育新时代办学理念,进行办学理念创新,形成新时代办学理念特色。

(二)"一带一路"倡议新指引

"一带一路"(The Belt and Road)是丝绸之路经济带和 21 世纪海上丝绸之路的简称。"一带一路"倡议充分依靠中国与有关国家既有的双多边机制,借助既有的、行之有效的区域合作平台,积极发展与沿线国家的经济合作伙伴关系,共同打造政治互信、经济融合、文化包容的利益共同体、命运共同体和责任共同体,给高职教育发展带来新的发展机遇。

一方面,"一带一路"倡议创造了新的经济范式,给我国高职院校发展带来更多机遇。"一带一路"倡议要求我国高职教育走向全球,将跨境教育扩大化、深入化,与其他国家共商共建高职教育内容,共创共享高职教育资源,凝聚高职教育发展动力,促进全球高职教育实现系统性、整体性、全球性变革,形成全球高职教育命运共同体。宁职院要以"一带一路"倡议为引领,深化国际性、跨区域合作内涵,升华跨境教育方式,形成形式多样、内涵丰富的多边国家的高职教育合作。另一方面,"一带一路"倡议创造了更多就业机会,创新创业型人才和高素质劳动者流动将更加频繁,其就业也更具有国际市场。标准化人才是发挥中国标准作用的关键所在。高素质、复合型的标准化人才队伍是

"一带一路"倡议的重要需求。① 因此,宁职院培养具有创新创业能力且符合国际标准的人才将具有更强的市场竞争力。此外,"一带一路"倡议也带来多边国家文化交流的加深。中华传统文化源远流长,博大精深,具有丰厚的内涵和强大的生命力。如何在"一带一路"倡议中,增强国家文化软实力,发挥中华传统文化魅力,是高职院校履行文化职能的重要关切点。宁职院作为我国示范性高职院校,承担着文化传承和文化交流的重要责任,挖掘、传承并弘扬中华传统文化是新时代宁职院的一项重要担当。

"一带一路"倡议引领宁职院办学理念创新,跨区域深入化合作、全球性人才流动及中华文化传承交流,是新时代宁职院办学理念更新的重要参照,如此方可形成特色化办学理念。

(三)智能制造产业发展新趋势

智能制造(intelligent manufacturing,IM)是由智能机器和人类专家共同组成的人机一体化智能系统,能够将智能活动嵌入到生产制造过程中,并通过人与智能机器的合作共事来扩大、延伸和部分地取代人类专家在制造过程中的脑力劳动。智能制造最初仅限于制造自动化的概念,在其快速发展过程中逐步将涉及领域扩展到生产制造过程的柔性化、智能化和高度集成化等领域。当前,全球正出现以信息网络、智能制造、新能源和新材料为代表的新一轮技术创新浪潮,对产业发展产生了日益深刻的影响。智能制造作为此轮产业革命的核心组成部分,是影响未来全球制造业竞争格局和我国制造业转型升级方向的根本性要素。② 智能制造给高职教育发展带来了全新的挑战和机

---

① 标准联通共建"一带一路"行动计划(2018—2020 年)[EB/OL].https://www.yidaiyilu.gov.cn/xwzx/bwdt/41045.htm,2017-12-26.

② 林汉川,汤临佳.新一轮产业革命的全局战略分析——各国智能制造发展动向概览[J].人民论坛·学术前沿,2015(11):64-77.

遇。虽然我国制造业体量比较大,但我国制造业存在能耗比较高、产业附加值比较低等诸多问题,我国制造业"大而不强",制造业转型升级成必然。由于智能制造主要运用现代技术和现代制造装备系统,生产效率大幅提升,智能制造对劳动力的需求将大为减弱。高职教育应该培养什么样的人才,才能应对智能制造从劳动力成本优势向生产效率优势转型的变化,高职教育应如何发展,才能满足未来智能制造发展的需求,这都是目前高职教育首先要考虑的问题。一旦智能制造对劳动力数量需求大幅降低,高职教育培养的人才该何去何从?智能制造给高职教育带来挑战的同时,也倒逼高职教育密切关注智能制造发展动态和发展需求,要求高职教育重新反思办学理念及人才培养模式,加强培养与智能制造相适应的创新型人才。

宁职院是我国首批示范性高职,是我国高职教育发展的重要阵地和排头兵,更是高职教育改革发展的先行者。新时期智能制造成为制造业发展新的驱动力,引发宁波职业技术学院关于院校发展的理性思考。与时俱进地进行办学理念创新,形成独特的办学理念特色,是新时期宁职院创新创业教育发展的必然选择。

(四)时代精神与传统文化交互碰撞新特点

时代精神与传统文化在现代社会发展中呈现交互碰撞的新特点。从传统文化中汲取养分,塑造时代精神,助力时代发展;从时代精神中寻找灵感,创新传统文化,推动社会进步,是当今社会发展的主题之一。高职教育发展离不开时代与传统的影响,高职教育变革带有明显的时代特征和传统印记。

改革开放以来,我们形成了以改革创新为核心的解放思想、以人为本、包容贵和、责任奉献的时代精神,它从不同的层面诠释着时代精神,构成了时代精神的多维内涵。^① 改革创新是时代精神的核心。创新创业精神是当前时代精神的重要代表之一。与此同时,我国愈加重视中华优秀传统文化在现代社会发展中的作用。中华文化源远流长,博大精深,是我国民族发展前进的重要基础和推动力量。习近平总书记强调,实现民族复兴的"中国梦"、培育和弘扬社会主义核心价值观、推进国家治理体系和治理能力现代化、提升国家文化软实力、坚持和发展中国特色社会主义等,需要弘扬和传承中华优秀传统文化,发扬传统文化的价值。

时代精神和传统文化必然影响高职院校发展建设工作,高职院校办学理念的更新必然带有时代精神、传统文化及其办学历史的烙印。宁职院把握时代精神与传统文化交互碰撞的新特点,继承和发展院校历史传统,进而创新办学理念,是实现院校特色化发展的必由之路。

(五)宁波港凸显发展新潜能

"书藏古今,港通天下。"宁波历史悠久,人文荟萃。随着"一带一路"倡议的推进,宁波因其具有特殊重要的城市战略地位、得天独厚的港口资源优势、源远流长的开放合作基础、开放包容的国际营商环境、开拓进取的民营企业群体、深厚的历史文化底蕴,成为国家"一带一路"倡议下重要的港口节点城市,同时还是"中国制造2025"首个试点示范城市区。宁波港是宁波发展的主要依托,在新的历史时期,正凸显新潜能,迎来新机遇。宁波港由北仑港区、镇海港区、宁波港区、大榭港区和穿山港区组成,是一个集内河港、河口港和海港于一体的多功能、综合性的现代化深水大港。国家、省市级政策的大力支持,正促进宁波实现"以港兴市,以市促港",带来港口城市发展的新机遇。而宁波市的发展,必然会引进和培育更多具有发展价值和发展潜力的优

---

① 王岩.论时代精神的多维内涵[J].毛泽东邓小平理论研究,2009(3):70-74.

质产业项目,从而引发更多的技术创新人才需求。

宁职院自创立之初就发挥着服务区域经济发展的重要职能,为宁波市经济社会发展培育了大批高素质劳动者。在宁波港凸显发展新潜能的今天,宁职院更要紧跟"以港兴市,以市促港"战略,与时俱进,砥砺奋进,以更加开放、融合、包容的态度,创新院校发展理念,寻找新时期院校发展机遇,为区域经济发展培育产业升级转型所需的高素质创新型人才。

《中国制造2025》政策导向、"一带一路"倡议指引、智能制造发展引领、时代精神与传统文化交互碰撞、宁波港凸显发展新潜能等一系列新特点,要求宁职院必须进行办学理念创新,唯此才能实现院校的可持续发展、特色化发展。

二、"三化三跨"的办学理念

宁职院坚持"三化三跨"的办学理念,形成自身办学的理念特色。"三化"指的是校企合作有效化、教育信息化、办学国际化;"三跨"指的是跨境、跨界、跨专业。

(一)"三化":宁职院创新教育的理念指导

宁职院坚持校企合作有效化、教育信息化和办学国际化发展理念,是其积极探求特色化发展的表现。

《国务院关于加快发展现代职业教育等决定》明确指出:"强化校企协同育人""健全企业参与制度""发挥企业重要办学主体作用"。[①] 校企合作有效化以人才培养规格作为重要引领,培养技术技能型人

---

① 国务院关于加快发展现代职业教育的决定[EB/OL].http://www.gov.cn/zhengce/content/2014-06/22/content_8901.htm,2016-06-22.

才。通过开展广泛的校企合作,宁职院形成了深层次、立体化的校企合作范式,在专业建设、课程建设、师资建设、实习实训和学生就业等方面取得一定成效。同时,随着"互联网＋"时代的来临,教育信息化建设成为高职院校发展的助推器。《国家中长期教育改革和发展规划纲要(2010—2020年)》指出:"信息技术对教育发展具有革命性影响,必须予以高度重视。"[①]宁职院将教育信息化建设作为院校发展的重要动力和支撑,大力进行教育信息化建设,强化教育信息基础建设和硬件设施建设,进一步丰富教育信息资源,并将教育信息化建设作为推动教育教学与院校管理改革的重要手段,改进人才培养模式、管理方式与教学方式方法等。办学国际化是国际社会对我国高职院校办学水平和办学质量的认可,是高职院校走出国门、承担国际责任的表现。目前,宁职院积极开展援外项目,服务我国的"一带一路"发展战略,助力中国企业走出去,让宁职院的高等职业教育实力受到国际认可。

(二)"三跨":宁职院实现发展的落脚点

"三跨"与"三化"相辅相成,互为表里,为宁职院实现特色化发展确立了理念指导。"跨境、跨界、跨专业"的"三跨"理念,给宁职院确立了具体发展路径。

跨境教育是高职教育走向国际化的反映。通过跨境教育方式,高职教育参与主体更加国际化,高职教育标准、合作办学项目、交流内容形式也更趋国际化水平。通过跨境教育,宁职院扩展了与国际高校及相关机构的交流与合作范围,如国际学历互认、境内外联合培养人才、吸引留学生、完善评估机制、构建质量保障机制、引进优质教学资源等。通过建设援外大楼,宁职院积极开展援外培训,与宁波政府合作

---

① 国家中长期教育改革和发展规划纲要(2010—2020年)[EB/OL].http://www.gov.cn/jrzg/2010-07/29/content_1667143.htm,2010-7-29.

建设援外项目,实现宁职院优质高职教育走出去,积极发挥国际影响力。跨界教育强调教育与其他领域的渗透,消解教育部门与其他部门、不同层次类型教育之间边界。[①]《国务院关于加快发展现代职业教育的决定》要求高职院校要"密切产学研合作,重点服务企业特别是中小微企业的技术研发和产品升级"。高职教育本身的职业性、社会性等特性也决定高职教育必须回应企业需求,助力企业发展。因此,跨界教育是实现跨界合作,多方联合培养高素质技能型人才的重要途径。依托政府政策、区域优势、企业要求及行业需求,宁职院创新创业教育,形成政校合作、校企合作、校地合作与校校合作模式,实现"政校企行"全方位联合培养创新创业人才的良好局面。跨专业教育以创新创业人才培养需求为指针,打破专业壁垒,融合专业资源条件,凝合专业力量,是实现联合培养创新创业人才目标的重要方式。宁职院在开展创新创业教育过程中,积极推进跨专业教育,通过专业的交叉、渗透与融合,提升创新创业人才的培养质量。

"三化三跨"理念作为顶层设计的内容,对宁职院的发展起到全局性、统领性作用,对院校治理体系构建、创新创业教育实施及创新创业文化培育等方面发挥着重要作用。宁职院继提出"三化三跨"办学理念之后,再次探索学院与地方产业园"院园融合"的新型育人模式。[②]在"三化三跨"办学理念的指导下,宁波职业技术学院作为全国示范性高职院校,一直处于全国高职院校发展的第一方阵,创造了一系列全国第一和全国特色,为全国高职院校创新发展做出了贡献。[③]

而"三化三跨"又是以"爱心促动力"作为其理念精髓。通过文化

① 毛大龙.高职教育发展"三化"与"三跨"理念的若干思考[J].中国职业技术教育,2016(30):56-60.
② 苏志刚,郑卫东,贺剑颢.高职院校产学研合作育人模式的机制策略创新研究——宁职院"院园融合"育人模式探索[J].高等教育工程研究,2012(5):153-157.
③ 张慧波.宁波职业技术学院事业发展"十三五"规划编制的理念与整体思路[J].宁波职业技术学院学报,2015(4):13-15.

氛围构建的渠道,高校将知识技能教育与人文教育并举,实现了由灌输训练式教学向启发学生自由创造、主动创新转变,联合显性教育和隐性教育,实现创新创业教育成人与成才的教育目标。

(1)以爱心促动力获得创新创业教育源动力。以爱心教育、感恩教育为基础,从根本出发,激发学生的自我成就意识和创新创业意愿,唤醒学生进行创新创业的社会责任意识,激活学生的创新创业源动力,培育创新创业的文化土壤,对于创新创业教育的开展具有十分重要的意义,是根本性举措,更是对教育价值的回归。

(2)知识技能教育与人文教育并举。高职教育作为高等教育发展中的一个特殊类型,肩负着面向生产、建设、服务和管理为一线需要培养高技能人才的使命。以爱心促动力,构建创新创业教育的文化氛围,将知识技能教育与人文教育并举,不仅促使高职院校由单纯培养技术技能型人才向培养创新创业型人才转变,而且推动高职院校走向文化建设领域,整合社会文化、企业文化和院校文化,从而走上内涵式发展道路。

(3)灌输式教学向启发学生自由创造主动创新转变以爱心促动力,构建创新创业教育文化氛围,突破了传统的灌输式教学方式,重在潜移默化影响学生和启发学生,其表现形式更加多样,影响范围更加广阔,参与主体更加多元,从方方面面传递着崇尚创新、支持创业的包容态度。具体来说,以爱心促动力,可以通过灵活的组织形式、丰富的爱心活动、创新的教学设计、自由的管理方式等,向学生传递自由创造、主动创新的文化氛围。这有助于促使学生主动将创新创业精神、融于血液、融于思想、融于观念、融于行为,让学生主动地将“学”转化为“用”,将知识、技能创造性地应用到社会生产实际,从而推动整个社会的进步。

(4)显性教育和隐性教育联合运用。创新创业教育不同于传统应试教育的理念和模式,也并不以培养企业家为导向,而是一种传播理论知识为辅、营造文化氛围为主的综合教育。从某种程度上说,创新创业教育是一种动态的场域,或者说是不同文化主体相互作用、相互影响的过程。这种文化氛围的营造既包含一定的显性教育,也包含一定的隐性教育。通过不同文化主体,包括学校、企业和社会间相互作用、相互影响形成的创新创业教育文化,在潜移默化间影响高校师生的观念、习惯、思维模式和行为模式。

(5)实现成人与成才的教育目标。以爱心促动力,构建创新创业教育的文化氛围,具有人本性、实用性和创新性。这不仅有利于促进学生树立正确的价值观,提升道德修养,增强学生的社会责任感,实现教育价值的回归,更重要的是引导学生转变学习方式,由被动接受式学习向主动探求式学习转变,进一步走向实践,发挥自身价值,实现由"学"到"用"的转化,实现知识技能的创新,从而实现高职院校人才培养成人与成才的教育目标。[①]

三、"新增长力1+3+5"发展理念创新

办学理念是高职院校发展的灵魂,属于高职院校顶层设计层面的内容,理念创新是高职院校永葆院校发展活力的基本保障,是形成院校办学理念特色的关键内容。

结合宁职院的办学传统和办学条件,更结合宁职院面临的新时代挑战与机遇,新时期宁职院办学理念为"新增长力1+3+5"发展理念,即"新增长力一核三基五支撑"办学理念。宁职院"新增长力1+3+5"理念,是新时期宁职院积极进行办学理念探索的创新性成果,是其创

---

① 刘慧.以爱心促动力,构建创新创业教育的文化氛围——宁波职业技术学院创新创业教育特色探索[J].南昌工程学院学报,2018,37(2):82-85.

新创业教育新时期理念特色的重要组成部分。

"新增长力 1＋3＋5"理念具有丰富的内涵,坚持创新创业人才培养的核心,抓住创新创业力、智能制造力和文化创造力三个基本点,以政策环境支撑、良性机制支撑、多元合作支持、优质师资支撑、创新文化支撑作为办学的实现路径,"新增长力一核三基五支撑"一体化发展理念,为宁职院实现特色化发展确立了重要理念指导,是新时代宁职院办学理念特色的重要体现。

(一)"一核"是实现特色化发展的重要战略定位

"新增长力 1＋3＋5"理念的"一核",即创新创业人才培养,是宁职院新时期实现特色化发展的重要战略定位。

《中国制造 2025》政策导向、"一带一路"倡议指引、智能制造发展引领、时代精神与传统文化交互碰撞、宁波港凸显发展新潜能等新时代特点的出现,昭示未来经济社会对劳动力人才能力的要求大为提升,传统高职培养一技之长人才的目标定位已经不能适应新时代的人才需求。只有牢牢把握新时代人才培养方向,坚定创新创业人才培养定位,才能在风云变幻的经济社会中,让宁职院培养的人才有竞争力、影响力和前沿性。

教育部《关于大力推进高等学校创新创业教育和大学生自主创业工作的意见》中提出"提高自主创新能力,建设创新型国家"和"促进以创业带动就业"的发展策略,培养创新创业型人才不仅是时代发展要求,也是国家政策要求。[①]创新创业人才是指具有创新创业素质和实践操作能力的高素质人才。与传统高职院校培养的技术技能型人才不同,创新创业人才更具有创新性、创业性以及将创新创业想法付诸

---

① 教育部关于大力推进高等学校创新创业教育和大学生自主创业工作的意见[EB/OL].http//www.moe.gov.cn/publicfiles/business/htmlfiles/moe/info_list/201105/xxgk_120174.html,2010-05-13.

实践的能力。宁职院把创新创业人才培养作为院校人才培养的核心工作,以学生创新创业思维和创新创业能力培养为根本,是坚持学生主体性,实现人才培养观念更新和教育教学模式创新的重要理念指导。"新增长力1+3+5"理念中"创新创业人才培养"的核心理念,是宁职院办学理念特色化的前瞻性选择,抓住了院校发展的根本和关键。

(二)"三基"是抓住新时代发展机遇的重要突破口

"新增长力1+3+5"理念的"三基",即创新创业力、智能制造力和文化创造力,是宁职院抓住新时代发展机遇的重要突破口,是其探索建立未来院校发展新规则,打造具有创新创业力、智能制造力、文化创造力全方位发展桥头堡的关键抓手。

"三基"代表院校发展倾向与追求。首先,宁职院强调创新创业力的重要作用,以创新创业力作为院校发展的关键抓手之一。创新创业力不仅是宁职院整体发展实力的符号代表,也是其采取一系列教育举措的指导思想,体现在院校办学的人才培养、院校治理、师资建设、课程建设、"政校企行"合作等方面,突出对创新创业力的追求,将创新创业力作为院校发展的理念指导之一。

其次,宁职院遵循智能制造作为未来产业发展的重要趋势,将智能制造力作为院校发展的关键抓手。在人才培养上,加强智能制造人才培养,使院校毕业生能够胜任智能制造产业的需求;在产业合作上,加快构建院校与智能制造产业企业合作平台,积极为智能制造企业与院校合作培育深厚土壤;在政策倾向上,院校领导干部采取前瞻性、战略性政策,对智能制造的产学研工作采取广泛的政策支持。

最后,文化创造力也是宁职院实现特色化、长久性发展不可忽视的重要突破口。联合国教科文组织发布的《文化时代——第一张文化创意产业全球地图》的报告,认为文化创意产业是世界经济的主要贡献者和数码经济的主要驱动者。文化创意产业的效益已超过电信业，提供的工作岗位数已超过欧洲、日本和美国三地汽车产业工作岗位数的总和。[①] 文化创造力是国家发展的重要动力之一，已经被摆在国家发展的重要位置。"一带一路"国家发展战略以"政策沟通""设施联通""贸易畅通""资金融通""民心相通"作为建设的主要内容，其中"民心相通"就是各国间社会根基相通，也就是注重文化的相通和融合，必将带来一系列文化产业的兴起。文化创造力催生的新兴产业、文创园区、复合式体验型文创商城等给宁职院的发展带来新的战略启示。宁职院把文化创造力作为发展的重要抓手之一，牢牢把握新兴文创产业带来的人才需求和"政校企行"合作机会，实现院校的前瞻性、特色化、立体化发展。

宁职院推进办学理念特色动态化成长更新，积极进行办学理念创新，关注"新增长力1＋3＋5"理念的"三基"，将"三基"作为院校发展的重要突破口，有利于实现以特色立校、以特色发展、以特色超越的发展目标。

（三）"五支撑"，是创新教育的实施路径

"新增长力1＋3＋5"理念的"五支撑"是指政策环境支撑、良性机制支撑、多元合作支撑、优质师资支撑和创新文化支撑。"五支撑"是"新增长力"理念指导实践的重要保障，是宁职院创新教育实现特色化发展、可持续发展的重要路径。

1.政策环境支撑

政策环境支撑是"政校企行"有利政策环境支撑。政策环境支撑既包括国家层面创新创业教育政策支持的宏观环境，也包括与创新创业教育相关的企业、行业层面的支持性规则，还包括院校层面出台的

---

① 疏影.联合国发布首张全球文创地图，文创产业是经济主要贡献者[N].中国文化报，2016-01-11.

创新创业教育相关的利好做法,更是"政校企行"多方政策互动、调整、适应形成的高职创新创业教育良性政策环境支撑。国家层面上,我国对高职创新创业教育的政策支持,总体上是以国家法规为宏观调控,以地方政策来辅助实施,国家法规与地方政策共同为高职学生创新创业提供保障性政策。[①] 政府部门对高职创新创业教育提出发展要求,在政策制定、财政支持、舆论指导、服务体系和部门协调方面大大促进高职创新创业教育的开展。我国高职院校要培养适合地方社会经济发展需要的人才,就必须与产业部门、研究部门紧密结合起来,但要做到产学研结合,就必须建立有效的联系机制,在我国,由政府牵头组织是最有效的途径。[②]《国务院办公厅关于深化高等学校创新创业教育改革的实施意见》提出,"坚持创新引领创业、创业带动就业","以提高人才培养质量为核心,以创新人才培养机制为重点,以完善条件和政策保障为支撑"的指导思想,要求"加快培养规模宏大、富有创新精神、勇于投身实践的创新创业人才队伍,为建设创新型国家、实现'两个一百年'奋斗目标和中华民族伟大复兴'中国梦'提供强大的人才智力支撑"。[③] 随后,教育部、财政部、国家市场监督管理总局等政府部门,纷纷出台相关支持政策,使创新创业在程序上更加高效,资金上增加扶植、舆论上加强引导、服务上力求全面、部门上更加协调,为广大高职学生创新创业提供了十分有力的政策支持。高职院校应实时关注政策变化,准确解读政策要求,牢牢把握政策带来的发展便利,为创新创业教育的开展营造良好的政策环境,获取国家层面的政策支持。企业、行业层面上,企业、行业则根据市场经济变化发展情况,及时采取体现企业经营管理水平和经营决策水平、利于行业发展的措施,这对

① 杨丽敏.创业政策对高职学生创业动力的影响实证研究[J].山西农经,2017(5):144-145.
② 王洪才,朱如龙.政产学研合作:高职发展的新模式[J].教育学术月刊,2011(9):92-94.
③ 国务院办公厅关于深化高等学校创新创业教育改革的实施意见[EB/OL].http://www.gov.cn/zhengce/content/2015-05/13/content_9740.htm,2015-05-13.

高职创新创业教育的开展提供了企业、行业层面的环境支撑。目前，我国经济呈现"新常态"发展态势，经济发展速度从高速增长转为中高速增长，经济结构不断优化升级，经济发展从要素驱动、投资驱动转向创新驱动。在以中高速增长、结构调整、创新驱动、素质提升和公平分享为主要特征的新的经济发展阶段，企业为了实现利润最大化，行业为实现健康可持续发展，会制定相关准则和发展措施。高等教育中的职业教育因其显著的职业性，而与企业、行业有着最为紧密的联系，在新常态经济下，企业、行业与高职院校关于人才培养、职业素质、职业能力、合作方式方面的发展策略变更，会对高职创新创业教育产生一定影响。高职院校要在企业、行业新发展策略环境下，转变合作方式，创新合作形式，谋求合作机会，积极为创新创业教育的开展争取企业、行业支持，实现高职创新创业教育的可持续发展。在院校层面上，根据自身发展要求，院校出台系列规章制度和治理措施，形成一定的院校制度环境，为创新创业教育的开展提供了院校层面的制度支撑，[①]具有高职教育特色的高职院校章程以及与院校章程相配套的各项规章制度，如教学科研管理、财物与资产管理、后勤管理、校办产业管理等一系列规章制度等，共同构成了高职院校的制度环境。高职创新创业教育的开展离不开院校层面的制度环境支撑。因为院校制度环境不仅涉及高职院校与政府之间的权力分配、规则约定和制度安排，还包括高职院校与企业、行业、产业之间的人才培养方式方法规定，及高职院校内部利益相关者之间的职责约定、权力分配和制度设计等，这些制度将影响高职创新创业教育的运行。宁职院创新创业教育的开展要积极关注并利用"政校企行"各方政策支持，为院校发展争取更多的发展资源，促使院校实现特色化、可持续发展。

---

① 徐维莉，葛鑫伟.高职院校创新创业教育生态圈构建路径研究[J].中国职业技术教育,2020(1):83-86.

2. 运行机制支撑

良性机制支撑是"新增长力"理念发挥对高职技能型创新人才培养指导性作用的重要保障之一,主要包括高职技能型创新人才培养一体化发展机制、高职技能型创新人才培养科教资源共建共享机制、高职技能型创新人才培养利益相关者协同治理机制。高职技能型创新人才培养一体化发展机制,是综合技能型创新人才培养的多方力量,推动高职技能型创新人才培养一体化建设,吸引"政—校—企—行—国际"共同参与制定高职创新创业人才培养计划,健全高职创新创业人才培养成本共担和利益共享机制,为"政—校—企—行—国际"全方位参与高职技能型创新人才培养构建一体化保障机制。高职技能型创新人才培养一体化发展机制,是"新增长力"理念的重要机制支撑之一,要树立全局发展观和统合发展观,立足高职院校,协同各方力量,聚焦创新创业人才培养重点,推动形成以"校—企"为创新主体、"政—产—学—研—用"深度结合的一体化发展机制,发挥服务创新创业人才培养的基础性作用,实现"政—校—企—行—国际"的合作共赢。首先,在高职技能型创新人才培养发展决策上,要发挥高职院校、企业和政府创新决策的重要作用,鼓励高职院校和企业联合投入,积极开展校企协同性创新创业人才培养方式方法研究,支持高职与企业、高职与政府共建新型研发机构和研发平台,为高职创新创业人才培养提供基地基础。同时,借助"一带一路"国家发展战略机遇,鼓励高职院校和企业联合开办境外创新创业人才培养机构和科学研发机构,鼓励高职院校和企业参与国际创新性技术的跨界融合,借鉴国际人才的培养标准,推动高职技能型创新人才培养走向中高端,进而引领国际创新创业人才培养模式。其次,科教资源共建共享机制也是"新增长力"理念得以实施的重要机制保障之一。加强高职技能型创新人才培养资源整合,集合创新人才培养基地资源,加强优质技能型创新人才培养资源与优势技能型创新人才培养平台紧密联合,有助于形成高职技能型创新人才培养科教资源共建共享机制。高职院校是创新创业人才培养基地,也是创新创业人才的蓄水池,深入实施技能型创新人才培养科教资源共建共享战略行动计划,发挥高职院校创新创业人才培养的中心作用,同时深化区域协同,凝聚各方科教资源,完善统一科教资源共建共享机制,健全高职技能型创新人才培养资源运用体系,将为高职技能型创新人才培养的开展提供坚实保障。最后,利益相关者协同治理机制也是"新增长力理念"得以生根发芽的重要保障之一。高职技能型创新人才培养实现利益相关者多层面、全方位的协同参与,将高职院校与企业、政府及国际社会紧密结合,以人才培养、产业合作、科研协作、学生就业为契机,通过市场化机制、优质化服务和专业化设计,凝聚多方利益相关者参与治理,推动各利益相关者参与建设集研发设计、人才培养、成果转化、创业孵化、科技咨询、信息交流、国际资源对接的一体化、专业化高职创新创业服务平台,及时回应市场对人才的现实需求,优化创新创业人才培养服务工作,遵循人才发展规律,建立健全的高职技能型创新人才培养多方利益相关者治理机制,为"新增长力"理念的实施提供了有力保障。

宁职院新时代技能型创新人才培养理念的创新,离不开良性机制的支撑,只有牢牢把握高职技能型创新人才培养一体化发展机制、高职技能型创新人才培养科教资源共建共享机制、高职技能型创新人才培养利益相关者协同治理机制的重要作用,才能为高职技能型创新人才培养的开展提供全面有力的支撑,才能保障高职技能型创新人才培养顺利开展。

3.多元合作支撑

多元合作支撑是"新增长力"理念指导宁职院技能型创新人才培养实践的重要路径,通过广泛的校企合作、政校合作、国际合作,为技能型创新人才培养的开展提供有力支撑。一要创新校企合作形式。以创新校企合作形式为发展重点，探索多样化校企合作模式，着力完善校企互利共赢体系，打造校企产业合作、科研合作新模式。依据新时代发展趋势，创新校企合作形式，可以创立宁职院智能制造产业研究院，谋划建设校企共同参与的智能产业合作园等，推进校企创新链、人才链、产业链的深度融合，营造创新驱动发展的良好合作生态。二要优化政校合作方式。高职技能型创新人才培养的开展离不开政府的支持，但也不能完全依赖政府。要优化政校合作方式，推进政校共建创新创业人才培养体系，通过构筑泛在性、普惠性的信息网络，建立健全互联互通的创新创业人才培养模式，构建以基础平台为主的综合性政府支持系统。加强政府的基础保障作用，树立政府方向引导、资源支持及优质服务定位，推动释放院校技能型创新人才培养潜力，实现政校合作高效、有效、实效的技能型创新人才培养生态共建格局。三要深化国际合作层次。根据宁职院原有的办学基础，抓住"一带一路"倡议机遇，继续推进跨国合作深入化，实现深层次的国际产业合作和国际教育合作。在国际产业合作方面，以产业为支撑，吸引沿线国家及地区的跨国公司、研究机构在宁职院设立国际合作产业研发中心和分支机构，创建境内外产业合作平台，积极组建前沿性、创新性的产业联盟，打造以宁职院为重要联结点的国际产业合作示范平台和高水平多类型的产业合作园。在国际教育合作方面，谋划建设以宁职院为中心的"一带一路"职业教育合作办学基地、产教协同创新中心和国际交流教育中心，打造"一带一路"国家职业教育合作综合试验区。设立以宁职院为中心的"一带一路"国家发展教研基地，高水平建好宁波海上丝绸之路沿线国家高职教育研究院，举办有利于扩大宁职院影响力的"一带一路"沿线国家高职技能型创新人才培养交流会，开展"一带一路"产教协同高峰论坛等。新引进沿线国家和地区知名高职院校与宁职院开展合作办学,探索境外办学和援外培训新模式,办好"一带一路"沿线国家的境外高职教育项目,实施"一带一路"沿线国家和地区留学生奖学金计划,在沿线国家和地区新建阳明学堂等,发挥宁职院的区位优势。多元合作支撑是宁职院践行"新增长力"理念的重要路径,是其实现创新发展、特色发展的重要保障措施。

4.优质师资支撑

优质师资支撑是"新增长力"理念的另一个重要支撑。一要强化校内师资支撑。校内原有师资队伍依然是推动院校发展的主要动力。谋划设立以宁职院为主导的"一带一路"高职教育研究中心和企业服务中心等机构,鼓励校内教师参与国家"一带一路"研究机构建设,引导校内教师积极参与高职教育研究中心和企业服务中心工作,提升校内师资队伍创新教育教学水平,强化本校教师对践行"新增长力"理念的保障作用。同时,宁职院要从多渠道进行校内创新教育师资培养,及时出台"双师型"教师培养政策,鼓励校内教师走向企业、走向实践,让校内创新教育教师不仅有数量保障,更具质量保障。二要吸收校外优质师资,尤其要加强国际人才引进。宁职院要借助"一带一路"倡议,深度融入全球职业体系,提升院校高职教育对外开放层次,建设高标准高职创新创业开放平台,加速集聚国际化创新创业人才,营造有利于创新人才脱颖而出的良好氛围。要实施更加积极有效的人才引进政策,加强院校与企业、政府、国际社会的人才联动,加大引进具有世界水平且满足国际要求的创新创业领军人才和高水平创新创业团队的建设,探索构建创新型人才引进模式,积极引进高技能人才、经理人、管理人员和企业家,进而将优秀人才转化为宁职院的优质教师资源。宁职院要积极谋划建设"一带一路"国际人才交流港,促进国际科技人才交流,加快引进具有创新创业能力、拥有国际视野及跨文化交流与沟通能力的优质人才,实现国际优质人才为我所用,搭建具有国际水平的优质师资队伍,为高职技能型创新人才培养提供国际化的师资保障。

同时,要建立健全高职教师校内培养、校外引进、国际吸收、及时激励机制,健全高职教育科研人才双向流动机制,大力激发高职教育人才活力,构建高素质、高标准、高要求的高职技能型创新人才培养教师队伍,为宁职院技能型创新人才培养的开展提供优质师资保障。

5.创新文化支撑

创新文化支撑也是"新增长力"理念贯彻落实、指导实践的重要支撑之一。创新文化不是单一的文化,而是多元文化的融合,是校园文化、企业文化和社会文化在相互碰撞中形成的崭新文化,是一种崇尚创新、追求变革的创新性文化,具有创新性的理念追求、创新性的制度保障和创新性的文化氛围特征。宁职院培育创新文化,发挥创新文化的影响力,要在科教文卫多领域以及"政校企行"多主体间广泛开展文化交流合作,构建多方参与的创新文化交流机制,鼓励各种文化主体加强文化交流,提升高职创新文化创建与发展能力。同时,宁职院创新文化的构建离不开国际创新文化的合作交流。要鼓励采用多样化的合作方式构建国际高职创新文化合作交流新格局,将宁职院作为创新文化交流的重要门户,全面服务地区其他高职院校及"一带一路"沿线友好国家。

此外,创新文化具有较高的质量文化要求,加强宁职院技能型创新人才培养质量文化培育是一项重要任务。宁职院要主动参与、积极引领构建现代高职技能型创新人才培养质量体系,立足院校人才资源丰富的优势,抓住"一带一路"建设机遇,加快聚合国内国际创新资源,构建"政校企行"多方协同创新共同体,壮大创新创业新动能,提升创新创业文化的质量水准,全面提高高职创新文化质量。

"新增长力1+3+5"发展理念是在当前社会背景下,宁职院针对所面临的新时代特点而作出的重要战略抉择,是一项具有战略思维、战略眼光和战略心态的重要创新。"新增长力1+3+5"理念,坚持"创新创业人才培养"的核心追求,立足于"创新创业力""智能制造力"和"文化创造力"三个重要基点,构筑了"政策环境支撑""良性机制支撑""多元合作支撑""优质师资支撑""创新文化支撑"五大实施路径支撑,是立足于宁职院实现可持续发展作出的前瞻性设计,体现了对传统办学理念的超越,是一种长期理性、长期认可、长期坚持,实现了办学理念创新,形成具有时代特征的办学理念特色。宁职院技能型创新人才培养理念创新,是对新时代环境分析后实现的内驱力发展,体现了对"百年树人"长效目标的坚持和价值选择,是宁职院办学理念与时俱进的自主和自觉,而正是办学理念创新,使得宁职院的特色化办学特征更加明显。

第二节　宁波职业技术学院创新教育的治理保障

高职院校技能型创新人才培养离不开有效的治理结构,学校的治理需要适应国家行政管理体制改革要求,明确政府的管理权限和职责,明确各级各类学校的办学权利和责任。宁职院依法办学,实行中国共产党宁职院委员会领导下的校长负责制,推行教授治学和民主管理,形成了高职院校现代治理结构。宁职院设置校党委、校长、理事会、学术委员会、教职工代表大会、校务委员会、学生群团组织等,并实行校务公开制度,体现了宁职院在处理多方利益冲突、协调多元决策主体时作出的独特的治理结构设计。

宁职院设置校党委、校长、理事会、学术委员会、教职工代表大会、校务委员会和学生群团组织等,将行政力量、学术力量和社会力量一并纳入学校治理中,并实行校务公开制度,形成高职院校的现代治理特色,以贡献求支持、以服务求发展,最大程度为创新创业发展整合社会资源,"以科技兴区、人才强区和文化活区"为宗旨,结成"政校企行"战略性治理联盟。此外,宁职院成立创业学院,创业学院整合教务处、科技与产学合作、招生就业办、学工部、团委、工程训练与素质拓展中心、数字科技园(大学生创业园)等资源,全面负责统筹协调全校的创新创业工作,成为技能型创新人才培养治理的专门责任学院。

一、宁职院治理不断科学化

宁职院治理主体呈现多元化特点,这有助于院校决策不断科学化。高职院校因其职业属性明显,与社会联系密切,随着市场经济的发展,高职院校越来越成为多方利益相关者的纽结,各利益相关者越发关注高职院校的发展,通过直接或间接的方式参与到现代高职治理中去,构成高职治理的主体。宁职院设置校党委、校长、理事会、学术委员会、教职工代表大会、校务委员会和学生群团组织等,将宁职院的利益相关者作为院校共同治理主体,协调行政力量、学术力量和社会力量三方力量,形成多元的、非单一的治理主体,促使各方力量参与院校决策,有助于群策群力,促进院校决策不断走向科学化。

宁职院治理方式呈现多维化特点,各方力量以多重方式各司其职又融合共通,有助于院校治理实现"1+1>2"的效果。宁职院的治理综合了以校长为代表的行政力量、以学术委员会为代表的学术力量和以理事会为代表的社会力量三方力量,融和来自不同领域、具有不同资源优势的利益相关者参与治理。各利益相关者拥有不同的治理任务,具备不同的治理职能。具体来说,以校长为代表的行政力量负责学校日常行政事务;学术委员会为代表的学术力量负责学校的教学研究方面的内容;以理事会为代表的社会力量参与学校重大问题决策并发挥监督职能。通过不断创新治理方式,构建更加完善的治理体系,达到更高的治理水平,促使宁职院的治理方式更加多维化,决策过程也更为民主化和科学化,最终有利于院校的可持续发展。

宁职院治理目标渐趋理性化,更加注重提高教育质量的中心要求,有助于院校实现跨越式发展。随着社会经济的发展,产业升级、智能制造、新兴科技及全球技术合作等趋势,引导人们更加关注高职人才培养质量,高职院校能否培养出具有创新创业意识和创新创业能力的高素质人才,成为社会各方的重要关注点。宁职院院校治理的出发点和落脚点都集中到人才培养质量上,治理措施紧紧围绕高质量人才培养目标进行,治理目标由迎合市场向关注人才本身转变,以人为本,强调务实性、量化式治理,是治理目标走向理性化的根本性选择。

二、宁职院治理渐趋现代化

宁职院的治理更强调协商共治。如今高职是与社会各界有着复杂联系的综合体,尤其在"一带一路"国家发展战略推出后,使得高职院校不得不走向国际社会,更加深入国际社会。高职所涉及的利益相关者数量呈扩大化趋势,多方参与式的相互协商、共同治理,成为当前高职治理的重要表征。宁职院设置多样化治理组织,各治理主体履行相应的治理职能;与此同时,通过多样化的办公会议、协商会议等,促使各治理主体走向合作、走向协商,促进各治理主体的包容与互动,达到不同治理主体在价值理念和制度上的共识,将差异性主体经由集体会议、共同决策实现统一,达到协商共治的效果。

宁职院的治理较为注重秩序与和谐并举。没有规矩,不成方圆。

良好的运行秩序是高职院校顺利开展教育工作的重要保障;和谐是高职院校治理,使得各方利益相关者达到自身目的的相对舒适状态。秩序与和谐都是高职院校治理的重要追求。宁职院在院校治理结构的顶层设计方面体现了科学性与合法性,形成以校党委为领导核心的校长负责制,同时设置理事会、学术委员会、校务委员会、教职工代表大会及学生群团组织,院校治理的制度设计遵循治理秩序,逐渐实现宁职院院校治理秩序与和谐并举的状态。

宁职院的治理更加重视高质量治理。高质量治理是现代高职院校治理的重要追求。高质量治理意味着以质量追求为核心的理性治理,成功渗透到高职利益相关者的治理理念中,贯穿到高职治理主体的治理行为中,影响着高职治理结构的最终成效。宁职院强调高质量治理,首先体现在其治理结构中设置了全面的治理组织,包括校党委、校长、董事会、校务委员会、教职工代表大会和学生群团组织等;其次体现在其治理主体的职能,各治理主体职能明确,各尽其职;最后体现在其治理公平与效率原则兼顾,党委领导下的校长负责制使得决策更加公平高效。

宁职院的治理主体多元,治理权力分配较为民主,治理程序相对公平合理,治理机制也较为灵活。宁职院的治理结构特色体现了高职治理的科学化、现代化追求,有助于院校实现可持续发展。

第三节　宁波职业技术学院创新教育的教育实施

教育实施特色是高职创新教育实施过程中形成的特色,是贯彻高职教育理念、落实创新人才培养目标过程中凝结的教育特色,主要体现为高职创新教育的专业发展特色、课程与教学特色、师资队伍建设特色等。宁职院在创新教育实施过程中,形成了自身发展的专业发展特色、课程与教学特色、师资队伍建设特色,现总结如下:

一、宁职院创新人才培养专业发展特色

(一)文理管工交融是提高创新人才培养质量的有力举措

宁职院高职专业设置数量充足,专业服务范围广泛,专业结构布局合理,拥有丰富的创新创业人才培养的专业教学资源和基础条件。文理管工交融是宁职院推进创新创业教学改革、提高技能型创新人才培养质量的立足点,强化文理管工交融发展,有助于科学规划专业设置,进一步优化专业结构布局,通过专业间合作并举,实现技能型创新人才培养的特色化发展。宁职院以创新创业人才培养为导向,紧紧围绕社会经济对高素质人才的需求设置专业,在提高专业设置的针对性的同时,积极促进文理管工专业交融,以培养融合多专业的高素质创新创业人才。也可以说,创新创业人才素质的特殊要求,决定了文理管工交融培养方式的创新,只有加强专业交融,改革培养方式,才能使高职培养的人才具备合理的知识结构、基本的职业道德素养、全面客观的思维体系,从而突破桎梏,超越传统,真正具有创新创业思维和创新创业意识,进而具备创新创业实践能力,成为满足时代需要的高素质"双创"人才。文理管工交融是将文科、理科、管理学、工科的知识、技能、思维与逻辑方式等相互融合,共同作用于创新创业人才的培养中。

(二)形成"无界化、融合性、复合型"的文理管工专业交融特色

以"双创"人才培养为导向,宁职院改革传统人才培养方式,着力

构建现代创新创业人才培养体系,依托原有专业的基础条件和教学资源,有序推进文理管工专业间的交融合作,促进专业建设机制创新,凸显了"无界化、融合性、复合型"的文理管工专业交融特色。

1.开展"无界化"合作,实现"全员育人"

宁职院鼓励二级学院创新内部管理机制,提倡系、部之间的"无界化"合作,通过系、部合作,促进教学资源最大限度地发挥育人价值。比较典型的是会计专业与财务处的合作共建。财务处与工商管理系会计专业共建会计实训中心,开放财务处部分业务,财务处开放的部分业务成为学生的实训项目。系、部之间做到工作人员互任职务、互聘师资,财务处工作人员可任职为实训教师,给予学生实务训练上的指导。系部共建实训中心从机制上为"无界化"合作、实现"全员育人"提供了条件。此外,建筑系与基建处共建也是"无界化"合作育人的重要体现。基建中的资料整理、招投标过程的管理、新建或改建项目等成为学生的专业实训项目;基建处工作人员成为实训指导教师,建筑系教师为基建处提供项目评定服务。学院与北仑区共建的图书馆,就曾作为实训项目对接工程项目,让学生在做中学、学中做。另外还有国际学院与外事处共建,援外项目中发展中国家管理和技术研修班项目作为国际学院学生的实训项目,外事处人员指导学生结合专业课程的学习,参与完成每期研修班的接待、翻译、会务等工作。

宁职院通过加强跨界、跨部门的资源整合,发挥学校专业群的资源优势和系部合作机制优势,拓展专业人才培养与实际相结合的广度与深度,对于加强"无界化"合作,实现"全员育人",培养创新型人才发挥了不可忽视的作用。

2.促进"融合性"互动,实现"共育共建"

宁职院以优势专业、特色专业为核心,发挥重点专业的引领辐射作用,推进文理管工专业间融合互动,推动专业集群整体发展,并通过专业集群合力建设带动教学资源优化配置，为创新创业人才的培养打下了坚实教学资源基础。机电（海天）学院是宁职院二级学院中的重点学院，学院开设的机电一体化技术专业、机械制造与自动化专业、工业设计专业、模具设计与制造技术专业是浙江省和宁波市的特色专业，学院所培养的人才是当前市场较为紧缺的人才，也是颇具发展前景的高薪职业。宁职院以优势专业、特色专业为核心，发挥机电学院相关专业的带动与辐射作用，促进多专业融合互动，在理工专业中注重管理学知识、技能与思维方式的传授，在文科和管理学专业中注重理工科知识技能的渗透，联合多专业共育共建，培养全面发展的高素质创新型人才。比如，机电一体化技术专业就与机械制造及自动化专业、国际贸易专业、商务英语专业"融合性"互动，实现跨专业联合培养，共建"海天国际班"，共育国际化高素质人才，为经济社会发展提供了既具备专业能力和专业素养，又具备除本专业素质以外的其他必要素养，能够顺利对接产业转型升级与发展需求、对接企业岗位需求。

宁职院以优势专业、特色专业为引领，基于新时代产业转型升级发展对人才产生的新需求，积极推进文理管工多专业融合互动，着力打造合作并举的特色专业群，推进多专业合力培养创新创业人才，形成显著的共育共建特色。

3.强化"复合型"培养，实现"协同创新"

宁职院以创新创业人才培养为导向，更进一步强化文理管工融合，统筹规划多专业人才培养方案与课程设计，促使多专业合作并举，实现"复合型"培养，通过提高文理管工专业的协同创新能力，培养具有多维素质的复合型高素质创新创业人才。

艺术学院作为宁职院的二级学院，实现了对学生的"复合型"培养，展现了艺术学院专业的协同创新能力。"让会乐器的人造乐器"是艺术学院在人才培养过程中的一项创新性举措。艺术学院乐器制造技术专业将钢琴调律专业、艺术设计专业相结合,将演奏乐器的艺术思维与制作乐器的科学思维有机结合,提出"让会乐器的人造乐器"的理念。也就是说,乐器制造专业的学生不仅要学习钢琴制造、提琴制作等制作性技能,还要学习本应是钢琴调律专业的钢琴演奏、提琴演奏等艺术性技能。艺术学院还要求钢琴制造方向的学生在毕业时,要考取五级或四级钢琴调律师资格证书;提琴制作方向的学生在毕业时,不仅需要独立制作一把完整的提琴,还要考取提琴制作工职业资格证书。这些硬性要求有利于保障多专业并举下的人才培养质量。

宁职院强化复合型培养方式,鼓励不同专业有效发挥人才培养优势,集合文理管工专业优质教学资源,使得任何专业都可成为复合培养的动力源,这是创新创业人才培养在专业融合方面的协同创新,非常有利于复合型高素质创新创业人才培养,是宁职院技能型创新人才培养的重要特色之一。

宁职院积极统筹学科专业建设与发展,促进学科专业间的交叉与融合,实现人才培养向创新型、复合型方向发展。通过完善的综合素养训练制度,促进文理管工专业交融,使文科学生训练工程素养,工(理)科学生训练管理素养,搭建工管互通职业素质养成平台,大大促进了"双创"人才的全面发展,形成"无界化、融合性、复合型"的文理管工专业交融特色。

二、宁职院创新人才培养课程与教学特色

(一)创设立体课程是提高创新教育质量的必要保障

高职技能型创新人才培养高质量开展的关键环节之一就是课程建设,统筹规划"双创"人才培养方案设计与特色课程开发是提高创新教育质量的必要保障。目前我国高职技能型创新人才培养主要依靠

院校自主开展,缺乏国家层面的高职技能型创新人才培养课程开发指导和高水平的"双创"课程开发队伍,因此,高职院校本身须负起创新教育课程开发的主要责任。高职院校要深刻认识高职"双创"人才素质要求的特殊性和"双创"课程实施的复杂性。与单纯的技术技能人才不同,"双创"人才素质更加强调创新性,人才的创新意识、创新思维、创新性知识结构、创新能力及创新实践操作素质是衡量创新教育成功与否的重要标准。这对传统的人才培养方式提出了挑战,传统的教学课程难以满足"双创"人才培养要求。无论是课程内容上,还是教学方式上,沿袭旧的课程教学方式只会离"双创"人才培养目标越来越远。因此,高职院校必须立足本校,从"双创"人才需求与新时代发展要求出发,整合"双创"课程开发力量,积极提升"双创"课程开发效益,设置"双创"课程与教学标准,加强"双创"精品课程教材建设,为"双创"人才的培养提供坚实的课程基础。

　　宁职院围绕"双创"人才培养要求,进行了特色课程开发,形成了纵横交错的创新创业立体特色课程,不仅注重学生创新创业兴趣与创新创业意识激发,关注学生创新创业素质培养,还注重学生创新创业实践操作能力的培养。可以说,宁职院创设的立体课程为创新创业人才的培养提供了坚实基础。

(二)立体课程的"三层级"结构

1.第一层级:基本特色课程

　　宁职院技能型创新人才培养基本特色课程,针对学生基本创新创业素质展开,意在培养学生的团队合作意识,提升学生的心理健康素质,帮助学生进行职业定位、树立精益求精的职业基本素养等。基本特色课程类型丰富,面向全校学生展开,是宁职院技能型创新人才培养立体课程的基础环节,主要包括素质拓展训练课程、大学生心理健康课程、职业发展与就业指导课程、"工匠学堂"博笃菁英导师营课程、情商训练营课程、大学梦工厂课程等。其中,素质拓展训练课程是颇受学生欢迎的课程之一,比较有代表性。

宁职院素质拓展训练项目被列入首批浙江省高校校园文化品牌。该课程以"人人皆可成才"的人才观和多元智能理论为指导,借鉴"成功学"训练模式,帮助学生树立自信、健康、阳光的学习与生活态度,使学生入学时的不自信得到彻底改观,潜能和创造力得到激发。素质训练课程本身就为学生提供了立体化的教育服务。具体来说,学生的素质拓展训练包括三个层次:一是入学时集中的素质拓展训练;二是开设相应的素质训练公选课;三是课外团队性的训练课程,比如工作坊等。学生入学时义务性参与素质拓展训练,在素质拓展训练中培养自信、健康、积极阳光的心态,培养团队合作意识,提升人际交往能力,激发自身潜能和创造力。素质训练公选课则为广大学生提供了自主选择权。素质训练公选课采用校企合作模式,此外还拥有一定数量的校外兼职教师,通过校企联合培养,引进相关企业领导到学校上课,让学生提前了解企业人才素质要求,掌握产业发展新动向,将素质训练公选课打造成素质拓展实验室的摇篮。课外团队性的训练课程,比如工作坊等,则为学生追寻兴趣、实现自主学习提供了便利的平台。在以个体兴趣为前提的工作坊中,学生们不断探寻,发现自我,对于创新创业意识的培养具有基础性作用。

此外,基本特色课程中的其他课程对培养学生基本素养和基本能力也发挥着重要作用。大学生心理健康课程在学生发展中发挥着基石作用。乐观性、韧性、人际关系、情绪管理等都是创新创业的心理资本,学生具有良好的心理素质才能在创新创业的道路上走得顺畅。学校设立心理委员和朋辈互助工作坊,每年开学对学生进行心理普查,定期开展心理讲座,为学生心理健康保驾护航,奠定学生创新创业健康心理基础。职业发展与就业指导课程发挥着激发与引导作用。职业发展与就业指导课程包括就业和创业两部分,其中就业课程主要是简历撰写和面试技巧的讲授,创业课程才是该课程的主体。通过邀请已经毕业且成功创业校友讲述其创业经历,激发、培养学生的创新创业意愿,促使学生形成创新理念。职业发展与就业指导课程并不是要求每个学生都进行创新创业,其旨在激发学生的创新创业意愿,引导有创新创业思维的学生勇于创新、乐于创业,最大程度地发掘学生的创新创业潜力。"工匠学堂"博笃菁英导师营课程着重培育学生严谨认真、精益求精、追求完美的工匠精神。该课程引导学生强化责任意识和职业操守,鼓励追求卓越、刻苦钻研,努力为打造质量强国和制造强国培育高素质"双创"人才。此外还有情商训练营课程关注学生情商的训练,大学梦工厂课程注重激发学生创新创业意愿,鼓励学生将学生创新创业想法变成现实。

基本特色课程培养学生基本素养和基本能力的同时,还给学生提供了思考要不要选择创新创业的机会,这为宁职院筛查具有创新创业意愿的学生以进行重点支持提供了便利。以素质拓展训练课程为代表的基础特色课程是立体课程的有机组成部分,在技能型创新人才培养课程中发挥着发现"双创"人才、培育"双创"人才的基础作用。

2.第二层级:主干特色课程

主干特色课程是宁职院创新教育立体课程的第二层级,也是创新教育课程的主体部分,承担"双创"人才培养的主要任务。宁职院创新教育主干课程有创业俱乐部、班级项目化建设、创业工作坊、创意实践课程、创新转化课程、创业辅导平台、创业课程整合等系列课程,是集创新创业通识性知识、创新创业专业性知识与技能、创新创业实践操作转化技能等全面性知识传授与技能训练为一体的综合训练体系。

宁职院面向全体学生开设创业基础、就业创业指导等方面的必修课和选修课,将其纳入专业教学计划学分管理,建设依次递进、有机衔接的技能型创新人才培养专门课程群。宁职院还利用教授工作室、研究所、博士工作室、各类工作坊、班集体等,开展科研项目训练、创意实践训练,旨在提升学生的创新创业能力。创新教育主干课程创新的实施方式不拘泥于课堂内教学,以课堂外学生自主参与的创业俱乐部、班级组、工作坊等形式实现灵活教学。值得一提的是,宁职院创新教育与专业教育相互渗透,既培养学生的创新创业素质能力,又扎根学生专业,注重提升学生的专业创新创业转化能力和专业创新实践能力,促进学生综合素质的提升。

其中,创业俱乐部是创业者的聚集地,也是创新教育得以开展的一种课外教学载体,它专注于帮助学生在其专业领域或其他兴趣领域取得创新成果并创业。宁职院通过汇集不同专业背景人员,帮助企业寻找优秀人才,帮助人才寻找对接企业,帮助创意寻找支持力量;通过多样化的创业交流、会议、讲座、联谊等活动,让具有创新创业意愿的学生获得一定支持。班级项目化建设则是以班级为单位,在班级分组进行,选择一个或几个项目作为创新创业对象,全班同学共同参与。班级项目主要分为志愿服务类、动手实践类以及专业拓展类三大类。一般来说,班级创新创业项目会与本班学生所学专业契合,比如应用日语专业的学生进行与日本相关的"寿司制作与销售"的创业探索。对于班级项目化建设,宁职院给每个班级予以一定的资金支持,以保障班级创新创业项目能够从想法落实到实践。此外,类型多样的工作坊也是技能型创新人才培养实施的重要场所。比较有宁职院特色的是木格子动画工作坊。该工作坊以培养创新创业人才和企业首选人才为教学宗旨,以校企结合的方式为培养模式,结合宁波嘉宁动画公司的实际管理,秉承"坚持梦想,精彩动漫"的理念,以不断创新的学习方式,研究和探索动漫设计的新思路、新方法,引进来自教学一线的专业教师和来自企业一线的兼职教师,带领学生展开创新创业探索,并取得良好成绩。另外,创意实践课程与创新转化课程,着重帮助学生将创新创业想法付诸实践,实现创新成果转化;创业辅导平台、创业课程整合,通过对学生进行创新创业技能培训,激发学生进行创新创业思考,帮助学生进行创新创业项目分析,辅导学生进行创新创业项目设计与选择,鼓励和支持学生进行创新创业行动。

主干课程是持续引导、能力塑造阶段的课程,是宁职院技能型创新人才培养的主体课程部分。以创业俱乐部、班级项目化建设、创业工作坊、创意实践课程、创新转化课程、创业辅导平台、创业课程整合为代表的创新创业主干课程,对持续提升学生创新创业能力具有重要作用,是宁职院技能型创新人才培养立体特色课程的重要支撑部分。

3.第三层级:边缘特色课程

边缘特色课程是宁职院技能型创新人才培养立体特色课程的又一重要组成部分,是宁职院在人才培养方式上的创新性探索,它打破了传统的教室内的讲授式教学方式,向教、学、做三结合的实践性教学转变。宁职院以优势与特色专业为龙头,基于新时代产业发展需求打造校企深度合作实训平台,联合政府和企业开发优质教学资源,建设共享型专业教学资源库和精品资源共享课,改善技能型创新人才培养条件,建设高水平多功能的校企合作实训实操基地,形成"现场环境+实物教具+训练软件+实训平台+教学管理系统+资源管理系统"多维场景教学与训练模式。依托种类丰富的实训基地、创业园、产业园、众创空间等,边缘特色课程在宁职院创新教育中发挥着培养学生实践操作能力、促进学生由"学"到"用"紧密接洽的桥梁作用,在"双创"人才培养中具有举足轻重的地位。

目前,宁职院依托数字科技园、大学生创业园、科技产业园、众创空间等,形成了以"院园融合"为主体特色的开放、包容、共享、高水平、多功能的技能型创新人才培养实训平台。首先，"院园融合"育人，建立新型产学研基地，促进创新教育与专业教育的有机结合。宁波经济技术开发区数字科技园由宁职院、宁波经济技术开发区、宁波市经信委三方联合成立，以学院西校区作为园区主场地，紧密结合区域产业结构特色，共建集人才开发与服务、产业集聚与培育、科技合作与开发"三位一体"的区域产学研合作基地。在服务区域产业转型升级的同时，园区企业与学院共建工业设计、影视动漫、视觉传达等专业，共设专业方向，共同制定和实施专业人才培养方案等，集创业教育、人才培养、企业孵化、产业培育、产业扶持为一体。提升学校各专业与区域经济发展匹配度，对接区域主导和支柱产业群（链），针对智能制造、绿色环保、互联网＋、跨境电商、智慧物流、文化创意等产业发展新技术、新工艺、新业态，促进各专业定制开发体现"1＋N"创新点的技能型创新人才培养课程体系，在专业课程体系和教学内容中融入技能型创新人才培养目标要求，促进技能型创新人才培养与专业的融合。与此同时，"院园融合"跨界、跨专业推动学校优势资源与区域重大需求及社会资源的精准对接，例如学校对接跨境电商产业园，与开发区共建跨境电商学院，政府提供跨境电商学院建设资金、合作应用平台资源，合作企业提供企业兼职教师资源等，政府、学校、企业三方合作开展区域继续各类跨境电商人才培养培训。其次，"院园融合"搭建技能型创新人才培养实践孵化平台。依托数字科技园，统筹政校企资源搭建了创客孵化基地，"院园融合"探索了双模式"2＋1"创业班，开设以大二学生为主的碎片化时间的俞家年糕班、恒荣科技班、跨境电商班、精密磨具制造班、奥康雏鹰班、钳工工艺创新技术班等创新创业班，开设以大三学生为主的集中化时间的卓越创业精英班。最后，"院园融合"共建"区校合一型"的大学生创业园。依托数字科技园，学校与开发区共建"区校合一型"的大学生创业园。数字科技园成为宁职院技能型创新人才培养的制高点与汇合点。学院与园区"院园融合"育人模式曾获得国家级职业教育教学成果一等奖,成为国家职业教育与产业协同发展创新试验区示范项目,被纳入国家发展改革委服务业发展重点扶持项目、全国高校实践育人创新创业基地、科技部和浙江省科技厅优秀众创空间、浙江省首批大学生示范创业基地。

另外,宁职院积极进行政校合作。学院设立中国职业技术教育援外培训基地、教育部现代教育技术师资培训基地、高等教育研究所、教育部发展中国家职业教育研究院、宁波市职业教育研究中心、全国高职高专校长联席会议副主席单位和秘书处、中国高职高专网承办单位、宁波市经信委培训中心、北仑图书馆等,搭建政校合作平台,借助政府资源,实现专业人才培养规格、教学要求与企业用人要求、岗位标准的对接,实现学校与政府人才共育、就业共担、资源共享。

此外,宁职院注重协同创新,为创新创业人才培养搭建公共服务平台。学院与地方政府、行业协会、龙头骨干企业、共建区域性科技服务中心、人力资源开发中心、产品设计研发中心和公共服务平台,建立资源共享机制,为中小企业解决发展过程中遇到的技术和管理难题。其中,与北仑科技局共建的"北仑科技创新服务中心",在政府、企业和科研院所、投融资机构之间搭建科技创新服务的桥梁,是集企业产品设计、企业产品研发、技术咨询与服务、技术转移及专利推广为一体的综合服务平台,通过整合社会资源、聚集科技力量,为企业提供技术咨询、产品检测、项目包装、标准化认证咨询、信息化服务、人才培训等。类似的服务合作平台还有北仑人力资源服务基地和大学生创业园。作为学生创新创业实践平台和职场训练的摇篮,"大学生创业园杯"被列入北仑区政府政策扶持范围,区校共同开展大学生创业项目评审和资助。基地引进天鹰监测设备公司、海控电气公司、创想企管公司、玛雅网络公司等,为学生提供创业孵化平台和创业土壤。

边缘特色课程对于构建技能型创新人才培养立体课程体系,推进技能型创新人才培养教学管理改革,完善创新创业人才培养模式,切实提高创新创业人才培养质量,为社会经济发展输送适应新时代要求的创新创业人才具有重要意义。从传统的教师主导的课堂内灌输式教学向注重实训实操、强调学生自主学习转变,宁职院打造第二课堂主阵地,让人才培养贴近企业、社会的实际需求,让学生主动接受企业、社会多元文化冲击,有利于高素质"双创"人才培养。边缘特色课程加深学科交叉与专业协同,促进理论与实践紧密结合,不断探索"双创"人才培养模式改革与创新,形成令人瞩目的成效,成为宁职院立体特色课程的重中之重。

三、宁职院创新人才培养师资队伍建设特色

(一)契合创新人才培养需要,加强"双师结构"师资队伍建设

高职创新创业人才的培养需要既具有理论基础,又具备实践能力"双素质"的"双师型"教师。从教育部颁布的《高等职业院校人才培养工作评估方案》看,"双师型"教师是指同时具有教师资格和生产实践经验的专任教师。加强"双师型"师资队伍建设是高职院校开展技能型创新人才培养的必要工作和关键环节,是提高"双创"人才培养质量的重要保障,也是评价高职院校创新教育水平的核心指标之一。近年来,宁职院为契合"双创"人才培养需要,积极进行"双师型"师资队伍建设,取得一定成效。

宁职院"双师型"师资队伍建设成效首先体现教师培训方面。教师培训受益面不断扩大,不同专业背景的教师经过知识性、实践性培训与培养,加强对企业、产业的了解,增强自身教学水平,师资结构不断完善,师资队伍质量不断增强。在省级高职高专院校访问工程师校

企合作项目成果评审中,宁职院青年骨干班学员老师多人获奖。"双师型"师资队伍建设成效还体现在师资队伍国际化进程明显加速上。通过教师队伍的"走出去",让宁职院教师走向全球,接受更为国际化的企业实训与交流,促进教师专业水平和实践能力的提升。另外,宁职院采用兼职教师分类聘任的方式,形成省级、国家级教学团队的培育梯队,建成具有技术开发、技术服务和技术培训的研究博士工作室和劳模技师工作站。

可以说,宁职院在"双师型"师资队伍建设上,把具有理论基础和实践能力的"双素质"作为衡量教师满足创新创业人才培养要求的重要标准,努力为教师发展与进步提供机会,鼓励教师走进企业、了解企业、对接实践,注重教师实践素质的培养和专业能力的提升,形成具有宁职院特色的"双师型"师资队伍建设模式。

(二)探索"双师"教师培育模式,彰显"双师"教师培育特色

宁职院积极探索"双师"教师培育模式,从教师选聘、教师培训、教师交流、职称评审等方面,大力加强"双师型"教师培育,注重提升教师的理论水平和实践能力,彰显宁职院"双师"教师培育特色。

在教师选聘上,宁职院创新人才引培机制。满足创新创业人才培养需求的"双师型"教师是高职院校开展技能型创新人才培养的重要保障力量,是宁职院建设优质示范校、创新创业特色校的关键所在。宁职院坚持把"双师型"教师队伍建设放在优先发展地位,深入实施人才强校战略,积极创新人才引培机制,着力在吸引人才、培养人才、开发人才、用好人才上下功夫,选聘"双师双能"素质的"双师型"教师,大力提升技能型创新人才培养师资队伍整体水平。校党委实施"英才集聚"计划,把师资队伍建设作为"外强内实、品牌建设"的关键保障,深入推进高层次、高技能人才集聚,坚持"引进与培养"并重,构建一支结

构合理、专业性强、高素质的"双师"结构师资队伍。学院围绕区域主导产业发展和传统优势产业转型升级的需要,探索"编制在校、产业使用"的柔性引才机制,建立专家资源库,为他们提供相对宽松的环境,发挥高端人才"磁场效应",合力打造专业带头人和科技创新服务团队。学院打破身份界限,践行"科学设岗、按岗定酬、人岗相适、分类管理"的理念,创新人才管理机制,盘活人力资源,激发队伍活力,对引进的企业人才保留"高校+企业"的双重身份,教师工作时间弹性化,以研究带教学、以成果促服务,发挥科研型教师的"孵化"效应。

在教师培训上,宁职院注重理论与实践相结合。学院依托基层教学组织来提升教研活动质量,加强教师的理论培训工作,提升教师的专业素质和专业能力。教研活动覆盖到每个教师、每门课程。宁职院修订基层教学组织管理办法,要求所有专兼职教师服从所属教学基层组织的业务安排和管理,鼓励教师以课堂教学创新为重点,广泛开展课堂研究与实践。宁职院通过充分的集体研讨与交流,让教师参与到专业建设与课程改革上来,以集体评优的方式,总结推广先进教研经验,给"双师"教师的理论素养提升注入新内涵,提供新思路。宁职院还十分注重教师实践能力培训培养,着力建设实践能力突出的"双师型"教师队伍,以满足创新创业人才培养需求。宁职院积极开展校企合作项目,如校企共建"访问工程师"实践基地,促进校企间人才交流与培训,还开设创新教育青年骨干学习班,每两年教师到企业挂职一次或实践两个月,与企业工程师长期结对。加强技术合作,促进相互学习交流,教师帮助企业解决技术问题,企业为教师提供实训基地、提升教师实践教学能力和服务企业的能力。此外,宁职院还专门开展由人事处牵头、职业教育教师培训学院组织实施的青年教师助讲培养培训工作,并予以专项经费保障。通过集体学习、师徒结对、助教培养等方式,学院加强青年教师的"双素质"培养,提升青年教师技能型创新人才培养能力。此外,宁职院还通过加强与政府间合作、校企合作、高职院校间的校校合作,共建技能型创新人才培养科研机构、创新创业孵化基地、工程技术中心等创新创业服务载体,促进教师科技服务能力和实践教学能力的同步提升。

在教师交流上,宁职院联合多方互动力量。宁职院大力提升教师素质,加强教师的国际交流,提升师资队伍的国际化水平,积极推进国(境)外师资引进与交流工作。宁职院引进国(境)外教师,让国外教师担任相关外语专业的语言教学工作及国际商务、涉外旅游、援外项目相关的教学工作,扩大教师交流范围,提升教师的国际化水平。同时,宁职院还鼓励校内教师出国(境)进修交流,实现教师资源"引进来"与"走出去"并举。宁职院为出访教师提供行前指导、行中管理和行后成果跟踪一体化服务,鼓励和帮助优秀教师走出国门进行学术访问、进修培训、合作科研等活动。此外,宁职院还注重整合企业资源和社会资源,鼓励青年教师下企业学习交流,所有非企业来源的新进教师均会被安排到企业实践,原则上两年内在企业实践累计要达到 6 个月;依托省高校"访问工程师"项目,选送骨干教师带着任务和项目,脱产到省外博士后工作站、科研院所及国内一流高新技术企业参访。总之,宁职院整合国际国内教育资源,联合多方互动力量,促进师资合作交流,引进国际优质师资为我所用,鼓励教师学习国际国内高职技能型创新人才培养先进经验和先进教学理念,促使教师队伍在交流中提升自主创新能力和创新教育水平,为"双创"人才的培养夯实了师资基础。

在职称评审上,宁职院优化人才成长与晋升机制。宁职院积极完善教学管理和职称评审制度,为教师发展成长提供上升空间。2016年,学校出台《宁职院专业主任(主任助理)管理办法》和《宁职院教学秘书管理办法》,确定了专业主任(专业主任助理)和教学秘书的任职条件、工作职责与考核要求,并提高和落实包括教师津贴补助、教师培训、评优及评职称等在内的多方面待遇,旨在为教师专业发展解决后顾之忧,并为教师发展提供上升空间。这有助于教师明确"双师"目标,提高"双师"水平,积极投身技能型创新人才培养实践,做好创新创业人才培养工作。此外,关于职称评审制度,宁职院鼓励教师分类晋升与发展。分类晋升与发展的新标准凸显教师分类的作用,教学型、研究型、实践型教师标准不一,依据岗位工作实实绩,鼓励不同任务导向的教师采取不同的申报标准,这有利于促进教师的专项专精发展。同时,宁职院注重教师激励,通过改革用人制度、分配与考核评价制度等,鼓励教师敢于创新、敢于挑战、敢于进步。另外,宁职院将师德考核评价作为教师职称评审的重要标准之一,实行"师德一票否决制",凡出现违背师德准则行为的教师不得参与职务职称聘任、进修、深造和评优奖励。

宁职院在"双师"教师培育方面做出自己的特色:创新人才引培机制,增强教师选聘工作效能;注重理论能力和实践能力相结合,为教师"双素质"培训提供保障;整合企业、产业、地区力量,为教师交流拓宽空间;完善教学管理政策措施,激发教师潜质,充分调动起教师成长发展的主动性。可以说,宁职院在"双师"教师培育上,营造出鼓励人才干事业、支持人才求发展的良好氛围,这将有助于技能型创新人才培养的开展走向新高度。

第四节　宁波职业技术学院创新教育的文化基础

文化是人类在社会历史发展过程中创造的物质财富和精神财富

的总和。文化是教育之根,也是教育的手段,是学校制度实施的重要保障。^① 大学特色具有文化属性,而创新创业文化本身就是高职创新创业教育特色的重要彰显。创新创业文化是高职院校开展创新创业教育过程中形成的一种特殊文化,它不是单一的文化形式,而是具有创新创业精神内涵的校园文化、企业文化、区域文化和社会文化等多元文化的融合。高职院校注重创新创业文化培育,是高职院校走内涵式发展道路的重要标志。宁职院在技能型创新人才培养开展过程中形成了多元文化交融的创新创业文化特色,具有一定的借鉴意义。

一、加强创新文化培育,是实现创新教育高质量开展的有力举措

第一,创新文化培育有助于学生创新精神的塑造。技能型创新人才培养不同于传统应试教育的理念和模式,也并不以培养企业家为导向,而是一种以传播理论知识为辅、营造文化氛围为主的综合教育。从某种程度上说,技能型创新人才培养是一种动态的场域,或者说是不同文化主体相互作用、相互影响的过程。^② 创新创业文化作为一种隐性教育资源,潜移默化间影响学生的思维观念和行为模式,有助于学生将创新创业精神融于血液、融于思想、融于观念、融于行为,激发学生的创新创业意愿。高职院校注重培育技能型创新人才培养的文化氛围,积极为学生营造鼓励创新、支持创业、崇尚创造、强调应用的文化环境,有助于在潜移默化间激发学生发挥主动创造性,增强学生主动创新创业的意愿,有利于学生创新创业精神的塑造,促使学生自主提升创新创业能力。

① 刘献君.论文化育人[J].高等教育研究,2013(2):1-8.
② 潘懋元,朱乐平.以创新文化养人以创业实践育才[J].中国高等教育,2017(8):51-53.

第二，创新文化培育有助于改变学生传统的学习方式。学生传统的学习方式是被动接受式的，被动地接受教师灌输的知识，很显然不利于创新创业能力的培养。要想改变传统的学习方式，就必须采取创新性教学方法。创新创业文化作为一种隐性教育资源，将知识技能教育与人文教育并举，为学生传递了打破常规的思维方式和勇于创造的精神力量，同时也悄然变革学生获取知识的方式，促使学生变被动学习为主动学习，变被动引导为主动创造。创新创业文化"润物细无声"地影响学生的思维模式和行为模式，使学生自主、自发、自然地培养起创新创业意识，有助于提升学生的创新创业兴趣和创新创业能力。

第三，创新文化培育有助于实现"文以化人"。高职技能型创新人才培养具有高等性、职业性、应用性、创新性和教育性等属性，其中教育性是不容忽视的一种属性。高职教育是我国教育系统的重要组成部分，在人才培养方面发挥着不可忽视的作用。因此，高职教育教化育人功能的有效发挥就显得尤为重要。高职创新教育的教育属性，强调高职院校的技能型创新人才培养必须注重以人为本，培养具有高尚道德和强烈社会责任感的全面发展的人，要"文以化人"，通过创新创业文化氛围的营造，促使学生素质全面提升。

此外，高职技能型创新人才培养的创新性属性，要求高职院校采取灵活、创新的办学方法，推崇创新文化，包容多元文化，提倡进行创新性的制度文化、组织文化、管理文化等院校文化的培育。

多种举措相辅相成，文化氛围更浓厚。宁职院积极开展与爱心教育相辅相成的创新创业教育工作，进行成功教育、构建职场化训练制度、开展教师职业能力培训和教学改革、实行"院园融合"育人等，形成浓郁的创新创业文化氛围，保障创新创业教育工作的顺利开展。学院借鉴"成功学"训练模式，对学生进行"成功教育"，让学生有爱心，更有信心。用"成功教育"改革公共课程，将成功教育贯穿于学院教育教学的各个环节,帮助学生形成自信自强的品质,激发学生潜能和创造力,培养有爱心、有能力、阳光自信的未来人才。同时,宁职院构建职场化训练链,让学生由"爱心"激发的创造力得到专业化训练。建立职场化训练制度,进行"职业教育—素质拓展训练—训练岗位招聘会—企业创新创业训练"一体化教育,营造良好的创新创业文化氛围。宁职院还积极开展教师职业能力培训和教学改革,要求教师要做有理想信念、有道德情操、有扎实学识、有仁爱之心的好老师。在课程设计与教学方面,突出能力目标,将德育和自学能力、人际交往、创新能力等职业核心能力,渗透到所有课程教学,并进行学生能力实训。宁职院还实行"院园融合"的育人方式。学院建立集创业教育、人才培养、企业孵化、产业培育、产业扶持为一体的新型产学研基地,让学生的创新创业实践在这里得到帮助和指导,让学生由"爱心"产生的创新创业想法获得实践的土壤。创新创业教育文化氛围的构建,是当今时代高职院校的必然选择。可以说,宁职院以爱心促动力,创新创业教育文化氛围的构建是非常成功的,是值得借鉴的。需要指出的是,高职创新创业教育的文化氛围不是一朝一夕就能形成的,从学校主体构建,到多主体相互作用、相互影响,再到整体性的文化自觉,需要多方共同努力。费孝通曾说,文化自觉是一个艰巨的过程,只有在认识自己的文化,理解并接触到多种文化的基础上,才有条件在这个正在形成的多元文化的世界里确立自己的位置,然后经过自主的适应,和其他文化一起,取长补短,共同建立一个有共同认可的基本秩序和一套多种文化都能和平共处、各抒所长、联手发展的共处原则。① 反映到高职创新创业教育领域,创新创业教育文化氛围构建,离不开校本文化这个重要的文化基础,离不开多元企业文化的交流碰撞,更离不开对社会主义核心价值观主流文化的坚持。高职创新创业教育文化氛围的构建,

---

① 费孝通.费孝通论文化与文化自觉(第2版)[M].北京:群言出版社,2007:190.

应掌握爱心教育、感恩教育的重要方法,将爱心教育与职业教育、传统文化与创新创业文化相融合,形成特色性、校本性、创新性和恒久性的创新创业文化氛围。

二、促进多元文化交互融合,共育特色创新文化

融合创新创业精神内涵的校园文化、企业文化、区域文化和社会文化等多元文化形成的创新创业文化,以显性或隐性教育的方式,潜移默化间影响高校师生的观念、习惯、思维模式和行为模式,有助于提升学生创新创业意识和创新创业能力。宁职院在长期的技能型创新人才培养实践中,积极推进多元文化交互融合,包容和吸收有益的文化形式,形成由学用文化、企业文化、校友文化、宁波文化及中国传统文化融汇而成的创新创业文化,这使得宁职院技能型创新人才培养更具深厚的内涵和底蕴。

(一)学用文化构成宁职院创新文化的精髓内容

早在 20 世纪 90 年代,我国高等教育研究专家王洪才教授就提出学用文化理论,详细论证了我国校园文化走向。社会市场机制以供求关系作为主要杠杆,将需求与效益联结起来。而学用文化将"学"与"用"结合,使得高校人才培养更能满足社会需求。以学用主义为导向,高校发展了多样化的人才培养模式,如"政校企行"联合培养人才、多部门联合设立合作研究平台、开展校办产业、创立创业服务平台等。

倡导唯实、唯用、唯新和唯效价值理念的学用主义,在技能型创新人才培养如火如荼开展的今天,颇具启示意义。学用文化的价值理念无疑与创新创业文化具有相似的内涵,都是强调"学以致用""唯新唯效",甚至可以说,学用文化构成了创新创业文化的精髓。大学文化建

设的中心是人,大学文化建设应始终基于大学师生,且为了大学师生。[①] 宁职院弘扬学用文化,强调创新创业人才培养,注重教学要求与企业用人要求和岗位标准的对接,实现教学过程与企业生产过程的对接,实现学历证书与企业职业资格证书的对接。同时,学校鼓励学生创新求变,积极参与创业实践,鼓励学生将创意想法进行成果孵化,发挥其社会价值。宁职院构建创新创业的文化氛围,是提倡"学""用"结合的具体表现,是坚持学用文化的鲜明注脚,是弘扬学用文化的生动说明。

(二)企业文化促进宁职院创新人才培养求实求新

技能型创新人才培养的特殊性决定了校企合作的密切性,多层次的校企合作使创新创业文化不可避免地受到企业文化的影响。高职创新创业文化的培育要打破二元对立思维,积极开展与企业文化的融会贯通工作,吸纳企业的优质文化资源,为创新创业人才的培养创造良好的文化氛围。众所周知,企业文化具有与校园文化不同的文化属性。一般来说,企业文化以企业利益最大化为根本追求,强调企业的发展效益,注重企业实际问题的解决,看重解决实际问题的能力,要求打破常规思维,而且企业更强调团队合作意识等。而校园文化则以学历教育为重,注重学生知识技能的掌握,强调学生的理论知识学习远大于实际操作体验。如果坚持单一的思维模式,不注重吸纳企业文化内涵,不注重培养学生的企业实践素养,那么就可能造成学生理论与实践的脱节,导致校园文化与企业文化的错位。

宁职院创新创业文化培育,开展全方位、多层次、高水平的校企合作,积极吸纳企业文化中的优质教育资源。一是制定职场化训练制度。宁职院实施职场化训练制度,引入企业设备资金和师资,使企业持续参与人才培养。一方面让学生了解企业岗位能力要求,参与职业

---

① 王洪才.高校校园文化走向及其思考[J].江苏高教,1992(5):30-33.

能力等级评价,加强核心能力培养;另一方面更为学生体验企业现场文化提供了便利,促使学生了解企业产品制造工艺的高标准、品质保证技术的高要求,让学生熟悉企业组织架构与运作,促进学生提前适应企业环境。二是借鉴企业6S管理理念。宁职院借鉴企业6S管理理念,在课堂教学、实训实习、寝室管理等环节全面推进6S管理,通过营造规范、安全等环节,让学生体会企业文化中规范严谨的管理氛围,帮助学生养成认真的工作态度和严谨踏实的工作作风,有利于培养学生良好的职业素养。三是借鉴企业"成功学"训练模式。宁职院借鉴企业文化中积极向上的乐观氛围,引入企业"成功学"训练模式,用"成功教育"改革公共课程,将成功教育贯穿于宁职院教育教学的各个环节,帮助学生形成自信自强的品质,激发学生潜能和创造力,培养自信乐观、积极向上的高素质人才。可以说,企业文化的融入让宁职院的创新创业文化更贴近企业的实际需要,更具有创新求变之风,为技能型创新人才培养打下企业文化根基。

(三)校友文化是宁职院创新人才培养的内生动力

以朋辈互助、朋辈榜样为基础的校友文化是院校发展的内生动力。一般来说,校友文化具备较强的稳固性。一方面是因为校友文化形成的主要前提是校友资源,而校友对母校感恩回馈的情怀是一种相对单纯和稳定持久的精神资源;另一方面是因为校友资源具备一定的丰富性,数量庞大的校友来自五湖四海,也带来丰富的资源,这在一定程度上保障了校友文化的稳固性。通过凝结历届校友力量,汇聚丰富的校友资源,促进校友资源的开发与共享,有利于院校形成坚实稳定的支持力量,大大提升院校发展实力,进而形成院校自身发展的文化品牌。[1]

---

① 赵慧,韦琨.高职院校校友文化建设助推工匠精神培养探析[J].教育与职业,2018(24):38-41.

宁职院积极构建校友互助氛围,形成稳固、浓厚、良性的校友互助文化,为宁职院技能型创新人才培养提供重要内生性动力。校友文化最突出的表征就是思源基金。在校师生和历届校友成为思源基金的主要捐助力量。学校成立"思源学院"思源文化教育实践基地,将慈善助学与教化育人密切结合,创新高职院校助学模式,打造校友文化互助品牌,这对于引导学生树立良好的价值观、世界观和人生观,激发学生的社会责任感大有裨益。此外,宁职院积极打造"名片工程"。宁职院要求每个专业树立一批受用人单位欢迎、工作成绩突出的毕业生典型,打造"学生名片",树立学生榜样。学校大力宣传优秀毕业校友的典型事迹,为在校学生树立学习榜样,发挥榜样的激励作用,促进广大学生奋发进取,为技能型创新人才培养的开展提供良好的校友文化氛围。

(四)宁波文化为宁职院创新文化提供区域特性

宁波文化的代表是甬商文化,甬商文化作为一种地域性文化至今对宁波产生积极影响。甬商文化蕴含着积极的精神内涵,在当代创新创业环境背景下,对于当前创新创业人才培养,仍然具有十分宝贵的熏陶和指导意义。开拓进取、勇于创新是甬商文化的灵魂,是甬商文化显著的特质之一。这种特质是任何时代都需要的,尤其对于当代社会仍然具有重要的启示意义。高校技能型创新人才培养的开展,首要任务就是培养学生的创新创业意识,激励学生勇于创新、勇于探索,激发学生开拓进取的精神。对"仁义礼智信"优良品质的追求是甬商文化另一显著特质。宁波人具有对"仁义礼智信"传统商帮文化的执着追求与身体力行,这将继续对后继者产生深刻影响。就其现代意义而言,高校创新创业人才的培养,要注重创新创业人才行为准则和行为规范的培育,尤其是要注重提升学生的社会责任感。这些都需要良好的道德准则加以引导和约束。甬商文化中对于"仁义礼智信"的坚守,是值得在当代社会创新创业人才培养过程中加以强调和灌注的。此外,绵延不断的感恩精神也是甬商文化的重要特质之一,这也是甬商文化得以传承和发扬的重要原因。以宗族乡帮观念为基础的乡帮团结精神和互助精神,使得广大甬商能够团结一致,互帮互助,不断向前发展。对当代高校技能型创新人才培养来说,我们不仅要将学生培养成创新创业人才,更要促使创新创业人才发挥社会价值。要培养创新创业人才的爱国爱乡精神、团结互助精神,培养创新创业人才的感恩精神,促使创新创业人才为国家为社会做出贡献。

除以甬商文化为主要代表的文化特色外,宁波文化也因其地理位置以海港文化著称,深厚海港文化传统也给宁波发展注入了特别的动力。宁职院大力传承和弘扬甬商文化,充分发掘海港文化潜能,积极发挥宁波文化在创新创业人才培养中的作用,这使得宁职院创新创业文化具备了显著的本土特征和区域特色。

(五)传统文化为宁职院创新文化注入中国元素

中华传统文化源远流长,博大精深,具有极强的生命力和创造力,它是中华民族经久不衰、传承千年的重要法宝,是万千中华儿女集体智慧的结晶,更是世界文化宝库中的璀璨明珠。习近平总书记在十九大报告中指出:培育和践行社会主义核心价值观,要深入挖掘中华优秀传统文化蕴含的思想观念、人文精神、道德规范。传统文化蕴涵着积极的修身养性哲学,注重伦理道德的提升,强调知行合一的运用,对于提升学生的综合素质,帮助学生树立正确的价值认知,培养学生的创造性思维,增强学生的社会责任感具有积极意义。将传统文化融入创新创业文化中,有利于活化传统文化教育资源,有助于传统文化在当代教育中发挥积极作用。

宁职院开发思源文化广场作为传统文化与创新创业文化结合的

主要基地,为创新创业文化培育注入了"中国元素"。思源文化广场鼓励创新、创造、创优的同时,不忘从中国五千年文明中汲取营养,剪艺、珠算、书法篆刻、绣色江南、竹安堂伞艺等传统文化项目纷纷进驻思源文化广场,作为专门的训练项目供学生选择。这一举措有利于实现传统文化由抽象概念向实践实操的转化,有利于学生在实践操作中进一步将传统文化智慧内化为自己的理性创造思维,并在潜移默化中培养学生的民族自豪感,有利于提升学生的社会责任意识。此外,宁职院还设立了专门的非物质文化遗产展览馆。非物质文化遗产展览馆是以具有区域特色的非物质文化遗产项目为主题,集宣传展示、互动教学、创新研发为一体的综合文化场馆。作为宁职院展示与弘扬非物质文化遗产的教育实践基地,非遗馆先后入驻了舞龙、剪纸、书法等多个传统文化项目。馆内采用实物、图片、教学体验等手段,多方位展示"非遗"项目,通过培训、互动、展演等形式复兴传统文化,推动非物质文化遗产保护工作,同时发挥"非遗"文化在学校传统文化教育、校园文化建设、技能型创新人才培养中的积极作用。

宁职院建设思源文化广场等传统文化教育基地,是将传统文化和现代文化结合的睿智之举,这使得技能型创新人才培养文化氛围的构建更具全面性、完整性和科学性。

第五节　宁波职业技术学院创新
教育特色及可推广性分析

高职创新教育是我国创新教育体系中既重要又特殊的组成部分。深入探析高职创新教育内核,就会发现它是区别于其他教育形式的创新教育,也区别于以往高职的人才培养方式。高职创新教育,以职业教育为基础,体现显著的职业性;培养创新人才,而不是普通人才,强调学生创造力和创新力的培养,体现其人才培养理念向更深层次发展;迎合经济社会发展需求,为社会输送创新人才,与社会发展紧密相连,因此可以说,高职创新教育是具有一定特殊性的创新教育形式。宁职院开展创新教育有哪些优势值得研究,创新人才培养的"高职道路"有哪些高职特色和高职经验有待总结和推广,这无疑是技能型创新人才培养策略构建的重要前提。

一、宁职院创新教育特色的形成

宁职院技能型创新人才培养特色的形成是市场经济、区域发展、企业要求及宁职院自身发展需求多方互动、共同作用的结果,是"政校企行"多方联动的动力机制作用的结果。

(一)国家经济发展趋势带来政策利好

近年来,我国经济由高速增长转向中高速增长,经济结构优化升级,从要素驱动、投资驱动转向创新驱动,呈现新常态发展趋势。国家经济发展将以创新创业、技术提升、结构升级为基础,实现经济向集约型、质量型方向发展。因此在政策上,政府鼓励高职院校开展技能型创新人才培养,实现以创业促进就业,同时发挥高职院校为社会发展输送创新创业人才的作用。长期以来,宁职院积极把握国家政策带来的发展便利,同时也积极争取宁波政府的广泛支持。比如,宁职院最早成立了由市教育局、开发区、市总工会和龙头企业代表组成的理事会,优化升级院校治理模式,盘活技能型创新人才培养资源,创新地、市、区合作共建办学机制,创建数字科技园、人才服务基地、北仑图书馆等一系列"政校企行"合作基地，为技能型创新人才培养的开展争取了社会资源，大大提升了院校竞争力和发展实力，有利于技能型创新人才培养特色化的开展。

（二）区域经济发展环境带来有利条件

宁波因其具有特殊重要的城市战略地位、得天独厚的港口资源优势、源远流长的开放合作基础、开放包容的国际营商环境、开拓进取的民营企业群体、深厚的历史文化底蕴，而成为国家"一带一路"倡议下重要的港口节点城市，同时还是"中国制造2025"首个试点示范城市。可以说，宁波的经济发展环境呈现利好态势，这为宁职院的发展提供了良好的区域环境依托，尤其是北仑区域经济发展对宁职院开展技能型创新人才培养起到重要的支持作用。宁职院办学经费主要来自宁波市财政拨款，地方财政拨款到位是院校开展教育活动的重要保障。北仑区人民政府和宁波市教育局共同出资建立"北仑援外大楼"。"北仑援外大楼"不仅是宁职院深入推进高职教育国际化的重要平台，也是北仑区现代化教育强区建设中的代表性工程，将被打造为北仑国际交流合作中心、宁波高职教育国际化平台，这将有利于宁职院技能型创新人才培养实现高水平特色发展。

（三）宁职院内部驱动力

宁职院已有的发展基础和发展经验为技能型创新人才培养的开展提供了源源不断的内部驱动力量。在长期的办学历程中，学院历届领导和教职员工同舟共济、励精图治，积累了丰富的办学经验，形成了深厚的文化底蕴。院校的创新性教育理念、合理的组织架构、校园基础设施的建设、高素质的师资队伍、科学的课程体系等形成了宁职院独特的办学传统和办学风格，为宁职院创新教育提供了强劲动力。宁职院技能型创新人才培养特色是院校内部多方力量合力促成的结果，继续传承宁职院优秀的办学传统，充分发挥院校内部驱动力作用，有利于把握新时代机遇，建成具有更大影响力的、特色鲜明的高职院校。

二、宁职院创新教育经验的可推广性分析

宁职院技能型创新人才培养特色既具有独特性，又具有共通性。独特性在于宁职院在自身办学条件上形成了其关于技能型创新人才培养的难以复制的办学风格，形成技能型创新人才培养的成功经验，是值得被其他院校借鉴、模仿的，具有一定的推广价值；共通性是因为宁职院技能型创新人才培养特色的形成，离不开对课程、教师、物质设施、校园文化等基本教育要素的调控与运用，而这些基本教育要素也是其他院校所具备的，因此宁职院技能型创新人才培养经验具有复制和推广的可能性。独特性和共通性并举，使得宁职院特色具有可推广性，而且这种推广具有可行性。

（一）宁职院创新教育特色具有可推广性

特色之所以称为特色，就在于其有独特性，具有一定的借鉴和推广价值，而这种独特性也会给经验的推广带来一定的困难。宁职院技能型创新人才培养具有宁职院发展特色，这是由宁职院独特的办学历史、办学基础和办学环境等决定的。但特色的形成在于其产生了影响力，也就是其他院校可以从宁职院技能型创新人才培养的开展中汲取有益经验，这说明特色具有共通性的内容。这种共通性可以理解为院校外部宏观基础的共通，比如宏观国家政策、地方政府支持、市场经济环境、时代发展机遇等；也可以理解为院校内部微观因素的共通，比如院校的管理架构、教师员工人才支持、校园基础设施等。也就是说，除

宁职院以外的其他院校也具备形成自身技能型创新人才培养特色的外部宏观基础和内部微观条件。

所以说，特色的共通性给特色的推广提供了可能，即宁职院技能型创新人才培养的办学理念、治理结构、专业发展、课程建设、"双师"教师队伍及校园文化建设经验是值得推广且可以推广的。

（二）宁职院创新教育特色的推广须结合院校发展实际

考虑到我国高职院校办学的复杂性和不同院校面临环境的多样性，本书认为，对于宁职院技能型创新人才培养特色的推广必须结合院校发展实际，一切从实际出发，根据自身院校的发展基础和发展需求，选择正确的技能型创新人才培养发展道路。

一方面，要深入理解宁职院技能型创新人才培养的成功开展是多种因素、多方力量相互作用的结果。宁职院技能型创新人才培养经验是不能被机械模仿的，也是不能被完全复制的，要将谦虚的态度和批判的眼光相结合，灵活把握宁职院技能型创新人才培养开展的成功经验，以期服务于院校自身发展。另一方面，要立足区域、立足本校，综合分析本地区政策优势和资源优势，结合院校长期的发展历史和现有的办学条件，全面制定适应区域发展需要和人才培养需要的创新教育计划，力求开展有特色、有水平、有影响的创新教育。

结　语

　　当前,缺乏大批高素质的现代高技能型专业人才已成为我国高职教育发展中较为突出的问题。全国教育工作会议和《国家中长期教育改革和发展规划纲要(2010—2020年)》对高校的创新改革提出要求,明确高校要把培养具有创新精神和创新能力的人才作为办学宗旨,开展全面创新。创新人才培养应当落实到各级各类学校中去,培养技能型创新人才也应成为高职院校的一大任务,培养技能型创新人才越来越受到重视。

　　本书尝试把素质教育和创新人才培养思想贯穿到整个高职技能型人才培养模式的设计中,通过分析比较国外高职人才培养经验,并结合我国高职人才培养现状,构建高职技能型创新人才培养模式。这种创新人才培养模式有助于改变以往人们谈到创新自然而然地联想到拔尖,谈到创新人才培养就联想到研究型大学中学术型创新人才培养,而较少关注职业技能型创新人才的培养的状况。高职院校技能型创新人才培养模式的研究是个系统而复杂、具有挑战性的课题,研究中还存在许多不足之处,亟待未来深入研究。例如,对创新人才的心理结构、心理特征的研究,还有待开展,尤其是技能型创新人才的心理结构的研究还需要将来进一步探讨,此外所提出的高职技能型创新人才培养模式的实践效果及测评还未做讨论,有待后续进行研究。

　　本书获得集美大学学科建设经费出版基金资助出版,感谢单位领

导和老师们的关怀;感谢小教、学前、音乐等专业同学对本书稿研究与
成果整理校对的参与和支持;感谢厦门大学出版社在本专著出版过程
中给予的大力帮助。

附　录

《高职院校技能型创新人才培养研究》访谈提纲

访谈对象:校领导/管理者

引导语:为了掌握目前高职院校人才培养现状,了解您对高职院校创新人才培养过程的看法和建议,寻求高职创新人才培养策略,恳请您能不吝赐教。谢谢!

1.贵校的办学定位以及人才培养目标是什么?

2.您认为高职技能型创新人才是什么样的?创新人才在知识、能力等方面应具备哪些特点?

2.您对贵校教师整体的情况("双师型"教师人数及比例,兼职教师人数)评价如何?存在着哪些优势或问题?

3.请您介绍一下贵校的课程设置(课程开发主体,有选修课吗?前两年学理论课后一年到企业实习)。

4.您认为教师的教育教学存在哪些问题?或者有哪些成功经验?

5.请您介绍一下贵校校企合作或者学生实习实训的情况,说说对创新人才的培养有何影响。

6.您认为贵校创新教育开展情况如何?影响学校开展创新型人才培养的因素有哪些?

7.您了解国内外哪些高职院校的创新人才培养模式？您认为它们的可取之处在哪里？

8.请问贵校在创新人才培养上未来有什么改革计划？

9.对于高职创新人才的培养,您有什么建议？

《高职院校技能型创新人才培养研究》访谈提纲

访谈对象：任课教师

引导语：老师，您好！为了掌握目前高职院校人才培养现状，了解您对高职院校创新人才培养过程的看法和建议，寻求高职创新人才培养策略，恳请您能不吝赐教。

1.您对高职学生总体印象如何？

2.您如何看待他们的课程设置？有何建议？

3.对于创新人才培养，您在教育教学中有哪些经验或困难？教学中应注意哪些方面？

4.对于学生的创新精神和创新能力的培养，您在教学方面尝试过改革吗？有哪些成功经验？

5.您一般是如何考核或评价学生的？存在哪些问题？对此，您有何建议？

6.您指导过学生进行创新实践活动吗？有哪些经验或困难？

7.您认为高职院校的创新人才培养，目前存在的最大的问题是什么？对于高职创新人才的培养，您有什么建议？

《宁波职业技术学院创新教育案例分析》访谈提纲

附件:访谈提纲

访谈对象:宁职院领导、教师及学生

访谈时间:2016 年 6 月—2017 年 12 月

访谈地点:访谈对象所在单位

主要内容:宁职院创新教育开展情况及其特色内容

一、对宁职院领导及管理人员的访谈

1.宁职院与我国其他高职院校相比,创新教育有哪些特色?

2.宁职院创新教育课程是怎样设置的?

3.宁职院是如何构建"双师型"教师队伍的?

4.宁职院如何利用企业资源进行创新人才培养?

5.宁职院如何进行创新文化培育工作?

6.宁职院在开展创新教育过程中,有哪些困惑或亟待解决的问题?

7.宁职院如何评价学生的创新能力?

8.宁职院创新教育开展效果如何?

9.宁职院为培养学生创新能力还做了哪些工作?

10.作为院校领导,在对院校长期发展方面,有哪些规划设计?

二、对宁职院教师的访谈

1.您开设了哪些创新教育课程?

2.在创新教育课程教学过程中,您有哪些感受?

3.您认为创新教育实施的最大障碍或困难是什么?

4.您是否具有企业实践经历?

5.您的课程主要是理论指导多,还是实践方面的指导多?

6.您有没有带领学生进行创新项目实践? 有什么感受?

7.您在对学生进行创新教育过程中,有哪些成功或失败的案例?

8.您认为目前学校有哪些方面是不利于创新人才培养的?

9.您如何理解创新文化?

10.您对未来宁职院创新教育的开展有什么建议?

三、对宁职院学生的访谈

1.您是否愿意接受创新教育?

2.在接受创新教育过程中,您收获最大的是什么?

3.您认为创新教育与以往的传统教育相比,有哪些不同?

4.您认为创新教育的教学方法、教学方式及教学内容有没有颠覆性的改变?

5.您对学校开展的创新教育满意吗? 哪些方面比较满意? 哪些方面需要改变?

6.接受创新教育之后,您是否更加坚定了创新道路?

7.您认为学校的相关激励措施能否激发您的创造热情?

8.您参与了哪些创新项目? 成果如何?

9.您认为学校的创新教师队伍及其他条件能否满足您的学习需求?

10.如果让您为学校创新教育的开展提供一些建议,您会说些什么?

《高职院校技能型创新人才培养研究》调查问卷
（教师卷）

尊敬的老师：

您好！这是一份关于"高职院校技能型创新人才培养模式"的调查问卷,您客观真实的意见将为高职院校技能型创新人才培养模式的研究提供最直接的信息和支撑。本调查以不记名方式进行,我们将对具体内容严格保密,个人资料只用于统计数据,请您客观填写。谢谢您的合作！

填答说明:请您在选定的选项上打"○";如果您选择"其他"项,请予以注明。

性别:A.男　B.女

学历:A.专科或专科以下　B.本科　C.硕士研究生　D.博士研究生

工作性质:A 专职　B 兼职

职称:A.正高职　B.副高职　C.中级职称　D.初级职称　E.无

年龄:A.30 岁以下　B.30～39 岁　C.40～49 岁　D.50 岁以上

教龄:A.2 年以下　B.2～5 年　C.6～10 年　D.10 年以上

学校性质:A.公办　B.民办

担任的主要教学工作:A.文化基础课　B.专业课包括专业基础课
C.实训课　D.其他

一、选择题(多选题已注明,未注明的题均为单选题)

1.您是否认同高职教育教学把创新人才培养作为基本目标?

    A.非常认同   B.较认同

    C.无所谓(不确定)   D.较不认同

E.非常不认同

2.在实际的教育教学中,您对创新人才培养目标落实程度如何?

    A.落实较好   B.一般

    C.落实较差   D.未落实

3.您常学习和研究创新人才培养的相关理论吗?

    A.总是   B.经常

    C.有时   D.很少

E.从不

4.您认为高职技能型创新人才应该具备的最重要素质是:＿＿＿＿＿＿(可多选,限选三项)

    A.坚定的自信   B.强烈的创新愿望

    C.批判性思考力   D.顽强意志力

    E.沟通协调力   F.强烈的求知欲

    G.坚强的心理承受能力   H.健全的体魄

I.深厚的理论基础和广博的知识面

    J.较强的实践操作技能   K.其他＿＿＿＿＿＿

5.您认为您所在学校进修培训的机会:＿＿＿＿＿＿

    A.非常多,经常有机会参加 B.比较多,参加多次

    C.一般   D.比较少,参加较少

    E.非常少,基本没有机会参加

6.进入高职工作以来,您参加过哪些培训?(可多选)

    A.专业或课程的培训   B.外语、计算机培训

C.教育教学教法培训   D.其他培训

E.基本没参加过

7.您认为您所在学校对科研工作的重视程度：_____

    A.非常重视   B.比较重视

    C.说不清   D.较不重视

    E.非常不重视

8.您目前参加的课题研究(指已立项)有：_____（可多选）

    A.国家级   B.省部级

    C.厅局级   D.校级

    E.没有参加

9.您参与过企业/行业的技术研发工作吗？

    A.总是   B.经常

    C.有时   D.很少

    E.从不

10.除教师职称外，您有没有其他专业技术资格（职称），如工程师，农艺师等？

    A.有   B.无

11.您获得了与专业相关的职业资格证书了吗？

    A.有   B.无

12.到目前为止，您在企业/行业有多久与本专业相关的实际工作经历？

    A.2 年以上   B.1～2 年

    C.1 年以下   D.没有

13.目前，您常深入企业、科研单位等实际部门参加挂职锻炼吗？

    A.总是   B.经常

    C.有时   D.很少

E.从不

14.对学生创新精神与能力培养以及创新实践,您认为您对他们的指导作用:_____

　　A.非常大　　　　　　　　B.较大

　　C.较小　　　　　　　　　D.非常小

　　E.没有作用

15.您觉得自己可以为学生提供:_____(可多选)

　　A.专业知识传授　　　　　B.文化类知识传授

　　C.实践操作指导　　　　　D.创新思维训练

　　E.必要的研究条件　　　　F.其他_____

16.你认为在现实的教育教学中开展创新人才培养,您自身存在哪些阻碍性的因素?(可多选)

　　A.自身专业知识水平有限

　　B.缺乏与高职创新人才培养相关的理论知识,不知道如何培养创新人才

　　C.科研学术能力不足,自身的创新能力不强

　　D.实践锻炼较少,实践操作技能欠缺

　　E.缺乏教育教学改革的勇气,教育教学方式传统

　　F.其他_____

　　G.不存在阻碍性因素

17.您觉得学生的理论课与实践课比例_____

　　A.合理

　　B.不合理,理论课应加大比例

　　C.不合理,实践课应加大比例

　　D.说不清

18.您觉得学生的必修课与选修课的比例_____

A.合理

B.不合理,必修课应加大比例

C.不合理,选修课应加大比例　　　　　D.说不清

19.您觉得学生的公共课与专业课的比例_____

A.合理

B.不合理,公共课应加大比例

C.不合理,专业课应加大比例

D.说不清

20~25.您认为以下课程有利于培养学生的创新精神和创新能力吗?

(A.表示非常有利于　B.代表较有利于　C.代表说不清　D.代表较不利于　E.代表非常不利于)

课程	非常有利于	较有利于	说不清	较不利于	非常不利于
20.理论课	A	B	C	D	E
21.实践课	A	B	C	D	E
22.必修课	A	B	C	D	E
23.选修课	A	B	C	D	E
24.公共课	A	B	C	D	E
25.专业课	A	B	C	D	E

26.您的教学内容主要来源于:

A.教科书

B.本专业著名学者研究的前沿性成果

C.自己的研究成果

D.自身实践经验

E.其他_____

27.您在教学中常向学生介绍专业新动态吗?

A.总是　　　　　　　　　　B.经常

C.有时　　　　　　　　　　D.很少

E.从不

28.您常将自己的科研创新成果引入教学内容吗?

A.总是　　　　　　　　　　B.经常

C.有时　　　　　　　　　　D.很少

E.从不

29.本学期,您上课使用的教材的出版年份是_____

A.2010 年至今　　　　　　B.2009—2005 年

C.2004—2000 年　　　　　D.1999 年及以前

30.您经常采用的教学方法有:_____(可多选)

A.讲授法　　　　　　　　　B.讨论法

C.实习作业法　　　　　　　D.实验法

E.自学辅导法　　　　　　　F.项目教学法

G.参观法　　　　　　　　　H.其他_____

31.您上课常引导学生独立思考、分析问题和解决问题吗?

A.总是　　　　　　　　　　B.经常

C.有时　　　　　　　　　　D.很少

E.从不

32.您觉得目前的教学方式能够有效地培养学生的创新精神与创新能力吗?

A.完全可以　　　　　　　　B.可以

C.说不准　　　　　　　　　D.不能完全

E.不能

33.课余您经常引导学生查找资料、展开学习与研究吗？

    A.总是   B.经常

    C.有时   D.很少

    E.从不

34.教师之间经常开展教学观摩、教学研讨活动吗？

    A.总是   B.经常

    C.有时   D.很少

    E.从不

35.您尝试过教学方面的改革(比如教学内容、方法、手段的更新等)吗？

    A.总是   B.经常

    C.有时   D.很少

    E.从不

36.您邀请过行业/企业人员来为学生上课吗？

    A.总是   B.经常

    C.有时   D.很少

    E.从不

37.您认为自己的教学不利于创新人才培养的因素有：_____(可多选)

    A.教学目标定位不准确   B.教学计划不合理

    C.教学内容陈旧   D.教学方法单一

    E.教学条件差   F.教学评价落后

    G.其他_____

38.您认为，为培养技能型创新人才，在教学方面需要做的是：_____(可多选)

    A.改革教学理念,变机械灌输式教育为启发诱导式教育

B.突出实践教学和工程训练在教学中运用

C.在教学中运用参与式的教学方式

D.改革实践教学环节,逐步开放实验室

E.与用人单位联合开展教学活动

F.其他_____

39.您对学生的考核主要采用_____

A.纸笔考试,注重基础理论知识考核

B.实践操作,注重知识应用和能力培养

C.成果考核(如论文、制品、调查报告等)

D.考核方式多样,注重对各种能力的考察

40.您对学生的考核较重结果还是过程?

A.较重视结果,以期末考试成绩为主

B.较重视过程,主要看学生平常表现(学习态度、操作技能等)

C.结果与过程相结合

D.说不清

41.您对学生考核的依据主要有:_____(可多选)

A.期末笔试成绩   B.课堂考勤

C.平时习题作业   D.课堂提问

E.实践环节表现

F.创新成果(如论文、制品、调查报告等)

G.其他_____

42.您对学生评价最关注的方面有:_____(可多选)

A.掌握知识情况   B.实践能力、技能操作

C.创新能力   D.职业素质

E.其他_____

43.您认为您所采用的考核方式能体现创新人才的培养要求吗?

    A.完全能体现   B.部分体现

    C.说不准   D.较不能体现

    E.完全不能体现

44.您指导过学生参加国家或行业主办的技能大赛吗?

    A.总是   B.经常

    C.有时   D.很少

    E.从不

45.在您看来,贵校开展产学研结合的情况:_____

    A.开展得很好,已积累了较为成熟的经验

    B.还处在起步阶段,感到困难很大

    C.由于条件不成熟,还没有开展相关方面的工作

    D.其他_____

46.您的学校有没有专门的实习实训场地?

    A.有,条件好,作用大

    B.有,条件一般,发挥一点作用

    C.有,但形同虚设,没有发挥作用

    D.没有

47.您觉得自己对学生创新实践能力训练_____

    A.帮助很大   B.帮助较大

    C.一般   D.帮助较少

    E.没帮助

48.您认为贵校教师群体的创新创造氛围如何?

    A.非常好   B.较好

    C.一般   D.较差

    E.非常差

49.您觉得学校鼓励和支持教师进行科研吗?

　　A.非常支持　　　　　　　　B.较支持

　　C.一般　　　　　　　　　　D.较不支持

　　E.非常不支持

50.您认为您的教学改革新想法常能得到鼓励并获得相应帮助吗?

　　A.总是　　　　　　　　　　B.经常

　　C.有时　　　　　　　　　　D.很少

　　E.从不

51.你觉得学校的氛围民主、自由吗?

　　A.非常同意　　　　　　　　B.比较同意

　　C.无所谓(不确定)　　　　　D.较不同意

　　E.非常不同意

52.现实教育情境中,您认为阻碍高职教师真正开展创新型人才培养的因素有:_____(可多选,限选五项)

　　A.没有树立起创新教育的观念

　　B.自身知识水平和学术能力不足

　　C.缺乏与高职创新人才培养相关的理论知识,不知道如何培养创新人才

　　D.学校课程设置不合理,教学内容陈旧

　　E.学校的教学安排较传统,很难灵活地、自主地进行教育教学

　　F.教学水平不高,教学方法比较单一

　　G.学校内缺少创新氛围

　　H.学生的热情与兴趣不高

　　I.其他_____

二、对于创新人才培养,您在教育教学中有哪些经验和困难?教学中应注意哪些方面呢?您有什么建议?

_____

_____

再次感谢您在百忙之中完成本次调查问卷!

《高职院校技能型创新人才培养研究》调查问卷
（学生卷）

亲爱的同学：

你好！这是一份关于"高职院校技能型创新人才培养模式"的调查问卷，你客观真实的意见将为高职院校技能型创新人才培养模式的研究提供最直接的信息和支撑。本调查以不记名方式进行，我们将对具体内容严格保密，个人资料只用于统计数据，请你客观填写。谢谢你的合作！

填答说明：请您在选定的选项上打"○"；如果您选择"其他"项，请予以注明。

性别：(1)男　(2)女

年级：(1)一年级　(2)二年级　(3)三年级

专业：_____

生源地：(1)城市　(2)农村　(3)城镇

学校性质：(1)公办　(2)民办

一、选择题（多选题已注明，未注明的题均为单选题）

请选择你对以下问题的看法：

1.创新精神和创新能力是高职学生应具备的基本素质之一。

　(1)非常认同　　　　　　　(2)较认同

　(3)无所谓（不确定）　　　(4)较不认同

　(5)非常不认同

2.高职学生只要学好知识和实践操作技能，没必要进行创新。

　(1)非常认同　　　　　　　(2)较认同

（3）无所谓（不确定）　　　　（4）较不认同

（5）非常不认同

3.你把创新精神和创新能力培养当成一个为之努力的目标。

　　（1）非常认同　　　　　　　（2）较认同

　　（3）无所谓（不确定）　　　　（4）较不认同

　　（5）非常不认同

4.本学年你认为自己的学习重心主要放在：＿＿＿＿＿＿（可多选,最多选5项）

　　（1）准备外语等级考试　　　（2）准备计算机等级考试

　　（3）准备职业资格证书考试　（4）准备专升本考试

　　（5）准备招聘考试　　　　　（6）准备课程考试

　　（7）学习与专业有关的书籍资料（不为考试）

　　（8）阅读课外读物（不为考试）

　　（9）其他＿＿＿＿＿＿

5.你觉得给你们授课的老师们的知识水平怎么样?

　　（1）知识面较广,专业知识扎实

　　（2）知识面较广,但专业知识水平不高

　　（3）知识面较窄,但专业知识水平较高

　　（4）知识面较窄,专业知识水平也不高

6.你对授课老师讲课的总体评价是：＿＿＿＿＿＿

　　（1）优　　　　（2）良　　　　（3）中　　　　（4）差

7.课余,你会主动与任课老师进行学习上的交流吗?

　　（1）总是　　　　　　　　　（2）经常

　　（3）有时　　　　　　　　　（4）很少

　　（5）从不

8.在创新精神与创新能力培养上,你认为老师对你的影响_____

　　(1)非常大　　　　　　　(2)较大

　　(3)较小　　　　　　　　(4)及小

　　(5)无

9.这学期你认为自己与任课老师的关系总体上如何?

　　(1)很好　　　　　　　　(2)较好

　　(3)一般　　　　　　　　(4)较差

　　(5)很差

10.你希望老师给你提供:_____(可多选,最多选4项)

　　(1)专业知识传授　　　　(2)文化类知识传授

　　(3)实践操作指导　　　　(4)创新思维训练

　　(5)必要的研究条件　　　(6)其他_____

11.你对所学专业的课程设置感到_____

　　(1)非常满意　　　　　　(2)较满意

　　(3)无所谓(不确定)　　　(4)较不满意

　　(5)非常不满意

12.你认为所学的公共课对你创新精神的培养帮助_____

　　(1)非常大　　　　　　　(2)较大

　　(3)较小　　　　　　　　(4)非常小

　　(5)无

13.你认为所学的专业理论课对你创新能力的培养帮助_____

　　(1)非常大　　　　　　　(2)较大

　　(3)较小　　　　　　　　(4)非常小

　　(5)无

14.你认为实践课对你创新技能的培养帮助_____

　　(1)非常大　　　　　　　(2)较大

（3）较小　　　　　　　（4）非常小

（5）无

15.你认为专业课程对你学习本专业领域的新知识、新技术、新工艺和新方法帮助_____

（1）非常大　　　　　　（2）较大

（3）较小　　　　　　　（4）非常小

（5）无

16.你觉得所学的必修课与选修课的比例_____

（1）合理

（2）不太合理,必修课应加大比例

（3）不太合理,选修课应加大比例

（4）其他

17.你觉得所学的理论课与实践课的比例_____

（1）合理

（2）不太合理,理论课应加大比例

（3）不太合理,实践课应加大比例

（4）其他

18.你觉得所学的公共课与专业课的比例_____

（1）合理

（2）不合理,公共课应加大比例

（3）不合理,专业课应加大比例

（4）其他

19.你认为下列课程哪些比较重要？（可多选,最多选 3 项）

（1）公共基础课（外语、计算机、政治等）

（2）专业基础课程　　　（3）专业核心课程

（4）实践实训课　　　　（5）毕业论文/设计

(6)其他_____

20.课堂上,老师常能引发你进行思考吗?

    (1)总是　　　　　　　　(2)经常

    (3)有时　　　　　　　　(4)很少

    (5)从不

21.你如何对待教材上的知识?

    (1)从不怀疑,完全接受　　(2)有怀疑,但没任何行动

    (3)有怀疑,口头上提出　　(4)有怀疑,课余进行探究

22.课堂上,老师常引导你们尝试创造性活动(比如自行设计方案,调试程序,完成项目等)吗?

    (1)总是　　　　　　　　(2)经常

    (3)有时　　　　　　　　(4)很少

    (5)从不

23.课堂上,老师常鼓励你们围绕某一问题开展讨论吗?

    (1)总是　　　　　　　　(2)经常

    (3)有时　　　　　　　　(4)很少

    (5)从不

24.你对实践性教学环节的满意度:_____

    (1)非常满意　　　　　　(2)较满意

    (3)无所谓(不确定)　　　(4)较不满意

    (5)非常不满意

25.学习上,你能获得校外专家、企业技术骨干等人的指导与帮助吗?

    (1)总是　　　　　　　　(2)经常

    (3)有时　　　　　　　　(4)很少

    (5)从不

26.通过教师课堂的教学,你觉得自己创新精神和创新能力的提高_____

  (1)非常大   (2)较大

  (3)一般   (4)较小

  (5)几乎没有

27.您觉得自进入高职学习以来,通过老师的教学,你获得了:_____(可多选)

  (1)专业基础知识   (2)宽广的文化知识

  (3)实践操作技能技巧 (4)学习兴趣

  (5)独立思考能力   (6)钻研精神

  (7)坚强的意志   (8)创新精神与创新能力

  (9)其他_____   (10)完全无收获

28.自进入高职学习以来,你经历过哪些考核形式?（可多选）

  (1)闭卷考试   (2)开卷考试

  (3)口试   (4)实践技能操作考核

  (5)成果考核(如论文、制品、调查报告等)

  (6)其他_____

29.你认为老师对你的考核方式能真实体现你的创造性吗?

  (1)完全能体现   (2)部分体现

  (3)不能体现   (4)说不清

30.你参与创新实践活动的兴趣_____

  (1)非常感兴趣   (2)较感兴趣

  (3)无所谓(不确定) (4)较没兴趣

  (5)厌烦

31.你经常尝试制作科技创新作品(比如小发明、小模型创作、艺术品等)吗?

（1）总是　　　　　　　　（2）经常

（3）有时　　　　　　　　（4）很少

（5）从不

32.你常利用学校提供的设施设备进行研究与创造吗?

（1）总是　　　　　　　　（2）经常

（3）有时　　　　　　　　（4）很少

（5）从不

33.你觉得自己的校外实践效果如何?

（1）能上岗,实习效果好

（2）在现场接受指导,但不操作

（3）以现场参观为主,走马观花,无明确要求

（4）无校外实习

34.你对学校安排的教学实习活动的满意度_____

（1）非常满意　　　　　　（2）较满意

（3）无所谓(不确定)　　　（4）较不满意

（5）非常不满意

35.你是否有机会参与企业的技术研发项目?

（1）总是　　　　　　　　（2）经常

（3）有时　　　　　　　　（4）很少

（5）从不

36.在实习实训中,你发现过实习单位存在的问题吗?

（1）发现过,并尝试思考改进的方法

（2）发现过,向他们提出

（3）发现过,没有什么行动

（4）没发现什么问题

37.你觉得通过实习实训后,创新实践能力提高_____

(1)非常大　　　　　　　(2)较大

(3)较小　　　　　　　　(4)非常小

(5)无

38.你尝试过自主创业吗?

(1)已经开始创业

(2)有想法,努力规划中

(3)仅仅有想法,但无任何规划或行动

(4)没这个想法

39.到目前为止,你参加过哪些创新实践活动?（可多选）

(1)社会活动　　　　　　(2)单位见习

(3)实习　　　　　　　　(4)调查研究

(5)学术报告　　　　　　(6)科研项目

(7)科技竞赛　　　　　　(8)毕业设计

(9)自主创业　　　　　　(10)其他_____

40.你认为在参与各项创新实践活动中会遇到的困难有:_____
（可多选）

(1)课业及考试负担重,没有太多课余时间

(2)资料查找困难　　　　(3)经费困难

(4)缺乏教师指导　　　　(5)缺乏技能

(6)没有创新氛围,缺乏志同道合者

(7)缺乏实验条件

(8)其他_____

41.学校组织过创新技能比赛这类的活动(比如"奇思妙想"展示、
科技制作作品展、电脑制作比赛和电脑编程比赛、自制植物标本展览
等)吗?

(1)总是　　　　　　　　(2)经常

(3)有时 　　　　　　　(4)很少

(5)从不

42.你是否愿意参加这些活动?

(1)非常愿意 　　　　　　(2)较愿意

(3)无所谓(不确定) 　　　(4)不太愿意

(5)非常不愿意

43.你觉得学校的氛围民主、自由吗?

(1)非常同意 　　　　　　(2)比较同意

(3)无所谓(不确定) 　　　(4)较不同意

(5)非常不同意

44.在学校中,你的创意和灵感经常能得到鼓励并获得相应帮助吗?

(1)总是 　　　　　　　　(2)经常

(3)有时 　　　　　　　　(4)很少

(5)从不

二、你认为对于培养你的创新精神和创新能力,目前的教育存在哪些最突出的问题? 你对高职创新人才培养有什么建议?

_____

_____

_____

再次感谢!

参考文献

一、专著

1.[德]菲利克斯·劳耐尔,罗珀特·麦克林.国际职业教育科学研究手册(下册)[M].赵志群,译.北京:北京师范大学出版社,2017.

2.[美]罗伯塔·乃斯.创造力危机:重塑科学以释放潜能[M].赵军,安敏,译,北京:科学出版社,2019.

3.[美]盖尔·H.格里高利.创新教育模式:让课堂"活"起来[M].韩雪,译,哈尔滨:黑龙江教育出版社,2017.

4.[美]吉尔福特·J.P.创造性才能[M].施良方,等译.北京:人民教育出版社,1991.

5.[日]北康利.工匠之国:日本制造如何走向卓越[M].徐艺乙,译.北京:中信出版集团股份有限公司,2018.

6.[日]后藤俊夫.工匠精神:日本家族企业的长寿基因[M].王保林,周晓娜,译.北京:中国人民大学出版社,2018.

7.[新加坡]华拉保绍.新加坡职业技术教育五十年[M].卿中全,译.北京:商务印书馆,2018.

8.[英]查尔斯·汉普登—特纳.创新创业教育译丛:创新与创业教育[M].武晓哲,吴瑕,译.北京:商务印书馆,2017.

9.[英]马修克劳福德.工匠哲学[M].王文嘉,湛庐,译.杭州:浙江人民出版社,2020.

10.[美]特蕾莎·阿马比尔.情境中的创造力[M].刘艳,付晗晓,译.成都:四川人民出版社,2016.

11.OECD教育研究与创新中心.技术驱动,教育为本:技术革新教育的系统办法[M].张怀浩,译.上海:华东师范大学出版社,2018.

12.鲍洁.中国高等职业教育课程改革状况研究[M].北京:中国铁道出版社,2012.

13.查吉德.职业教育人才培养目标的理论与实证研究[M].广州:暨南大学出版社,2015.

14.董晓峰.技能中国[M].上海:上海教育出版社,2019.

15.干勇,钟志华,李新男,刘东.产业技术创新人才体系的构建研究[M].北京:经济管理出版社,2019.

16.贺国庆,等.外国职业教育史(上、下卷)[M].北京:人民教育出版社,2014.

17.李广义,弓秀云.中国技能人才发展状况研究[M].北京:中国经济出版社,2019.

18.李健,张大熊.高素质技能型人才德育创新研究[M].北京:中国文史出版社,2015.

19.刘代友,廖策权.高职院校分类分层人才培养创新研究[M].成都:西南交通大学出版社,2018.

20.沈建根.中国职业教育集团化办学发展研究报告[M].杭州:浙江大学出版社,2015.

21.孙进.高职复合型人才协同培养的创新与实践[M].北京:中国建筑工业出版社,2018.

22.陶安.工匠是怎样炼成的:车工实用技能与技巧[M].北京:航空工业出版社,2018.

23.王珊珊.创新创业教育与应用型人才培养研究——以工匠精神

的培育为视角[M].北京:水利水电出版社,2019.

24.吴建新.职业教育校企合作长效机制研究[M].北京:科学出版社,2016.

25.谢志远.高职院校新技术应用的创新创业人才培养的探索与实践[M].杭州:浙江大学出版社,2016.

26.薛昱.探究钱学森之问——科技创新人才智能分析[M].北京:科学出版社,2019.

27.杨念,等.高等职业技术教育特色论[M].长沙:湖南师范大学出版社,2005.

28.张健.职业教育的澄明与守望[M].北京:人民日报出版社,2016.

29.张亚群.中国近代大学通识教育与创新人才培养[M].福州:福建教育出版社,2019.

30.张夫伟.公民意识与学校生活建构[M].北京:中国社会科学出版社,2015.

二、学位论文

1.高峰.职业教育专业教学资源库建设效果评价研究[D].北京科技大学,2018.

2.郭文富.现代治理视角的高等职业教育质量保障研究[D].上海师范大学,2018.

3.何文晓.高职院校创新型人才培养的问题与对策[D].南京师范大学,2019.

4.霍连明.高技能型人才能力建设研究[D].中国地质大学,2010.

5.嵇新浩.适应性专长视野下高职学生职业行动能力发展研究[D].华东师范大学,2019.

6.贾文胜.我国高职院校现代学徒制运行机制研究[D].华东师范大学,2018.

7.李贝贝.高技能人才人格特点及其成因研究[D].天津职业技术师范大学,2019.

8.李君.重庆市高职院校创新创业教育实施现状研究[D].西南大学,2019.

9.李艳.技术知识生产的路径——高职教育教学改革的一项实证研究[D].华东师范大学,2018.

10.刘明耀.论技能型创新人才及其培养[D].东北大学,2008.

11.刘鑫慧."工匠精神"视角下技能型员工隐性知识分享的影响因素研究[D].湘潭大学,2019.

12.濮筠.我国经济转型期高等职业教育投资的现状与发展研究[D].苏州大学,2018.

13.唐璟怡.我国职业技术院校"工匠型"技能人才培育研究[D].福建师范大学,2018.

14.文苗.高技能人才成长规律及培养模式研究[D].湖南农业大学,2016.

15.叶晓平.高等职业技术教育人才培养模式研究[D].西安建筑科技大学,2007.

16.张芳芳.德国"双元制"人才培养模式在我国高职教育中的运用研究——以四川建筑职业技术学院为例[D].四川师范大学,2011.

17.张盼.厦门市高职院校校企合作问题与对策研究[D].厦门大学,2012.

18.赵海楠.高技能人才与现代产业的变革与发展研究[D].天津大学,2016.

19.赵静.我国高校创新人才培养的实践研究[D].中国地质大

学,2019.

20.赵利堂.高等职业教育质量第三方评估研究[D].西南大学,2018

21.郑琳琳.原始性创新人才的人格特质研究[D].福州大学,2017.

22.朱华伟.高职大学生工匠精神养成教育研究[D].浙江师范大学,2019.

三、期刊论文

1.白逸仙.美国 STEM 教育创新趋势:获得公平且高质量的学习体验[J].高等工程教育研究,2019(6).

2.陈超儒,庞祯敬,叶子荣.知识协同理念下新型技能型人才培养路径研究[J].西南交通大学学报(社会科学版),2017(18).

3.陈慧,韩忠培,陈瑶.论基于校企合作视角的高职院校高技能人才培养模式[J].教育与职业,2019(16).

4.陈进军.探讨翻转课堂在职业教育教学中的应用研究[J].现代职业教育,2018(29).

5.陈桃珍.新加坡高职人才培养模式的启示——以数字时代出版人才培养为例[J].高教探索,2012(1).

6.董静,赵策,苏小娜.宗族网络与企业创新——农村创业者先前经验的协同与平衡[J].财经研究,2019(11).

7.董小平,廖辉.高职院校人才培养过程的产业适应机制研究[J].中国高教研究,2017(12).

8.杜玉波.全面推进素质教育,培养高素质创新人才[J].中国高教研究,2012(1).

9.樊丰富.约瑟夫课程文化思想及对高职课程建设的启示[J].黑龙江高教研究,2012(2).

10.高建宁.因应产业转型升级培养技术技能型人才[J].中国职业技术教育,2015(32).

11.顾名宇."S-ESE":高职人才培养模式的创新[J].黑龙江高教研究,2011(5).

12.顾小清,易玉何.从教育生态视角审思技术使能的教育创新[J].中国电化教育,2019(11).

13.郭日发,顾小清.我国职业教育信息化政策年鉴表的构建与反思[J].电化教育研究,2018(8).

14.蒋祥龙.论高职校园文化建设[J].国家教育行政学院学报,2012(4).

15.匡瑛.高等职业教育的"高等性"之惑及其当代破解[J].华东师范大学学报(教育科学版),2020(1).

16.李丽新."互联网＋"背景下职业教育的内涵与目标[J].中国职业技术教育,2018(3).

17.李梦卿,任寰.供给侧结构性改革背景下技能型人才培养的内涵建设、动力导向与推进机制[J].现代教育管理,2017(2).

18.李鹏.职业教育学习评价元评估标准:国际与本土的尺度整合[J].职业技术教育,2020(1).

19.李诗元,唐咏.我国城市创新发展主要特点及人才挑战——以深圳为例[J].理论月刊,2019(11).

20.李文彪,赵焕英.云技术在职业教育中的应用[J].江苏教育,2013(36).

21.李滋阳,李洪波,范一蓉.基于"教育链—创新链—产业链"深度融合的创新型人才培养模式构建[J].高校教育管理,2019,13(6).

22.李忠,陶绍兴,胡计虎."双高计划"背景下校企命运共同体的构建[J].教育与职业,2020(23).

23.刘学伟,隋立国.欧盟职业教育与培训内部质量保障策略研究[J].成人教育,2020(2).

24.赵蒙成,刘晓宁.教育信息化 2.0 时代企业参与职业教育的审思与进阶之路[J].河北师范大学学报(教育科学版),2020(1).

25.罗先武.基于目标管理评价的高校教育管理可持续发展[J].中国成人教育,2018(3).

26.马君.民族地区高职院校提升专业服务产业发展能力的思考[J].职教通讯,2018(5).

27.马玲.我国职业教育信息化的发展与破局:基于日、德、中三国的比较[J].职教论坛,2018(11).

28.马祥武.职业教育技能型创新人才培养的思考[J].教育发展研究,2011(11).

29.平和光,李孝更.十八大以来中国特色现代职业教育体系建设报告[J].职业技术教育,2017(24).

30.浦毅.高职院校智能制造复合型人才培养模式研究[J].教育与职业,2019(16).

31.祁占勇,王佳昕.日本职业教育制度的发展演变及其基本特征[J].河北师范大学学报(教育科学版),2018(1).

32.申丽丽.我国职业教育信息化建设的偏差与纠正[J].继续教育研究,2018(9).

33.石芬芳,刘晶璟.现代工匠精神内涵及高职院校工匠型人才培养的路径选择[J].中国职业技术教育,2019(28).

34.宋洋."一带一路"背景下我国高职人才培养的战略契机、现存问题与创新路径[J].教育与职业,2019(20).

35.汤敏骞.省域高职教育管理体制的历史、逻辑和变革路径[J].教育与职业,2018(6).

36.王斌,李建荣,杨润贤.基于现代学徒制的高职拔尖创新人才培养路径构建[J].教育与职业,2019(21).

37.王龙.论高职课程体系逻辑建构中三个重要关系[J].江苏高教,2012(3).

38.王屹,王立高.民族文化传承人才培养的探索与实践——以广西中职民族文化传承示范特色项目建设为例[J].职业技术教育,2017(6).

39.温力.基于慕课教育的现代职业教育信息化的构建思路[J].教育现代化,2018(29).

40.翁伟斌.职业教育集团化办学的内部治理机制:框架与推进路径[J].中国高教研究,2016(5).

41.吴少华.论"工学五融入"中高职衔接专业人才培养模式[J].教育与职业,2019(22).

42.吴晓璐,卢朝佑.管理人性化:教育管理的价值诉求[J].教育评论,2018(2).

43.肖凤翔,史洪波.从无序到有序:我国现代职业教育协同共治之理[J].教育发展研究,2015(Z1).

44.肖文婷.从职业岗位能力需求谈高职数字媒体专业人才培养与广东区域产业的互动发展[J].教育与职业,2015(32).

45.谢嗣胜,华雪.紊流还是层流:技能型人才区域流动的进化博弈分析[J].工业技术经济,2018,37(11).

46.邢亮,乔万敏.文化视阈下的高校创新人才培养[J].教育研究,2012(1).

47.徐国庆.确立职业教育的类型属性是现代职业教育体系建设的根本需要[J].华东师范大学学报(教育科学版),2020(1).

48.许倩,曹兴.新兴技术企业创新网络知识协同演化的机制研究

[J].中国科技论坛,2019(11).

49.杨思帆,王致强.人力资本大国如何实现——印度技术技能型人才培养政策解析[J].湖南师范大学教育科学学报,2018(6).

50.杨婷婷.高职院校在治理体系和治理能力建设中存在的教育管理问题及改进策略[J].教育与职业,2018(4).

51.尹玉杰,刘允涛.高职院校计算机应用专业"分方向三段式学徒制"人才培养模式的探索与实践[J].中国职业技术教育,2019(26).

52.余秀兰.普通教育抑或职业教育:教育价值观视域下的选择[J].高等教育研究,2020(1).

53.张海燕,王傲冰."一体三面":高职教育人才培养逻辑建构与实施路径[J].教育与职业,2019(22).

54.张健,陈清.职业教育课程结构化的反思与模式创新[J].中国职业技术教育,2020(2).

55.张俊青,彭朝晖.职业教育集团治理结构建设的理性思考[J].职教论坛,2015(34).

56.张莉.制造业转型升级背景下高职人才培养质量提升路径研究[J].中国职业技术教育,2019(30).

57.张培,夏海鹰."互联网＋1＋X"技术技能人才培养机制构建研究[J].中国电化教育,2020(2).

58.张祺午.服务"中国制造 2025"培养高素质技术技能型人才[J].中国高等教育,2018(13).

59.张秋霞,刘朋.基于工匠精神的高职院校应用型人才培养[J].教育与职业,2019(22).

60.张薇薇,赵静杰.协同创新中人才资源共享模式与创新绩效研究[J].科学管理研究,2019(5).

61.赵兰香,姚萌,吴博.隐性知识视角下创新型人才培养模式研究

[J].科研管理,2019(11).

62.赵枝琳.云南民族职业教育发展的时空格局与对策[J].学术探索,2017(7).

63.赵志群,孙钰林,罗喜娜."1＋X"证书制度建设对技术技能人才评价的挑战——世界技能大赛试题的启发[J].中国电化教育,2020(2).

64.郑小丽,郑璐.提升高职院校人才培养质量的策略与途径——基于人本理念的教学管理视域[J].职教论坛,2019(10).

65.郑晓杰,李燕,王海棠,周盈,徐静."实训＋科研＋就业"一体化实践教学体系探索[J].职业教育研究,2011(9).

66.周建松.提高质量:高职院校师资队伍建设的着力点[J].教育研究,2012(1).

67.周金容,孙诚.人工智能时代的职业冲击与高职人才培养升级[J].职业技术教育,2019(28).

68.周志太.知识经济时代协同创新网络的内涵与特性[J].社会科学研究,2019(6).

69.Okumu，I.M.，Bbaale，E. Technical and vocational education and training in Uganda：a critical analysis[J]．*Dev. Policy Rev.*2019 37（6），735-749.

70. Dong Guo，Anyi Wang. Is vocational education a good alternative to low-performing students in ChinaInternational［J］. *Journal of Educational Development*，2020，75:1-9.

71. Viola Katharina Klotz，Stephen Billett，Esther Winther. Promoting workforce excellence：formation and relevance of vocational identity for vocational educational training[J]．*Empirical Research in Vocational Education and Training*.2014，6(1):6.

72. Silvia Cerisola. Multiple creative talents and their determinants at the local level[J]. *Journal of Cultural Economics*, 2018, 42(2):243-269.

73. Luigi Di Gaetano, Isidoro Mazza, Anna Mignosa. On the allocation of talents in the contemporary art market[J]. *Journal of Cultural Economics*, 2019, 43(1), pp121-143.

74. Mariana Hernandez-Crespo Gonstead, Rachana Chhin. God's Participatory Vision of a Global Symphony: Catholic Business Leaders Integrating Talents through Dispute and Shared Decision System Design[J]. *Humanistic Management Journal*, 2019: 1-19.

75. Hao Xu, Dongrui Wu, Lining Xing, Lan Huang. The talent planning model and empirical research to the key disciplines in science and technology[J]. *Cluster Computing*, 2017, 20(4): 3275-3286.

76. Bora Lee, Soo-yong Byun. Socioeconomic Status, Vocational Aspirations, School Tracks, and Occupational Attainment in South Korea[J]. *Journal of Youth and Adolescence*, 2019, 48(8).

77. Mirte Scholten, Nicole Tieben. Vocational qualification as safety-net—Education-to-work transitions of higher education dropouts in Germany[J]. *Empirical Research in Vocational Education and Training*, 2017, 9(1): 7.

78. Mauricio Farías, María Paola Sevilla. Effectiveness of Vocational High Schools in Students' Access to and Persistence in Postsecondary Vocational Education[J]. *Research in Higher Education*, 2015, 56(7): 693-718.

79. Brinitha Raji. Significance and challenges of computer assisted

education programs in the UAE：A case study of higher learning and vocational education[J]. *Education and Information Technologies*，2019，24(1)：153-164.

80. Giorgio Brunello，Lorenzo Rocco. The effects of vocational education on adult skills，employment and wages：What can we learn from PIAAC? [J]. *SERIEs*，2017，8(4)

四、网络和其他文献

1.张永德,华志辉.创新技能人才培养模式 打造全国职业教育品牌[N].中国改革报,2019-12-25.

2.杨勤.技能托起创业梦 交流点燃创新火[N].中国劳动保障报,2019-12-11.

3.李丰.从一线工人到技能尖子,成长之路这样铺成[N].工人日报,2019-12-06.

4.查建国,夏立.创新人才体系建设[N].中国社会科学报,2019-11-22.

5.高志研.高职创新发展还需落实行动力[N].光明日报,2017-08-17.

6.陈明昆,崔丽莉.构建高职院校创新创业教育支持系统[N].中国社会科学报,2017-03-16.

7.梁国胜.高职"后示范"创新发展需走产学研道路[N].中国青年报,2017-04-17.

8.赵婀娜.对创新能力的评价突出创新质量和实际贡献[N].人民日报,2020-03-02.

9.张烁.在传承创新中焕发新生机新活力[N].人民日报,2020-02-02.

10.鲁磊."把工匠精神发挥到极致"[N].中国教育报,2017-06-06.

11.窦瀚洋."传帮带"制度化 众工匠干劲足[N].人民日报,2020-03-02.

12.黄福特.培厚工匠精神土壤[N].人民日报,2019-10-11.

13.扬人轩.打造技能人才新高地[N].中国劳动保障报,2019-12-28.

14.卢玮.机制创新实现教育"四回归"[N].中国教师报,2019-12-18.

15.李笑萌.专业与创新让教育变得更有趣[N].光明日报,2019-11-10.

16.晋浩天."职教 20 条"释放了什么信号[N].光明日报,2019-02-20.

17.熊丙奇.谨防职业教育演变为"证书化"学习[N].中国青年报,2019-02-25.

18.许悦.德国职业教育发展的现状与思考[N].中国科学报,2019-03-27.

19.曾天山.新中国职业教育 70 年的发展轨迹和历史经验[N].人民政协报,2019-10-3.

20.担负使命,助力职业教育腾飞—评《2019 中国高等职业教育质量年度报告》发布[EB/OL]. https://baijiahao. baidu. com/s？id＝1637414442596473307&wfr＝spider&for＝pc,2019-06-26.

21.宁波职业技术学院——"奋斗中"的高职院校[EB/OL]. https://www.sohu.com/a/309508276_200190,2019-04-21．

22."职教 20 条"释放了什么信号[EB/OL].http://www.gov.cn/zhengce/2019/02/20/content_5366991.htm.

23.职业院校创新人才培养模式的研究——基于高职学生创新能

力培养的实践教学管理体制和运行机制的研究与实践[EB/OL].
http://www.cssn.cn/jyx/jyx_zyjsjyx/201512/t20151201_2722012.
shtml? COLLCC＝3781316693&.,2015-12-01.

24.提升一流人才培养与创新能力 [EB/OL].http://epaper.
gmw.cn/gmrb/html/2019-04-23/nw.D110000gmrb_20190423_2-13.
htm,2019-4-23.